SUPER★Star
空海の大日力2

空海の大予言

驚異の的中率!!宿曜占星術で
あなたの未来がわかる

空海ゆかりの千光寺 管長
上野 玄津
Genshin Ueno

共著

宿曜秘宝®協会 代表
高畑 三恵子
Mieko Takahata

平成出版

大日パワーの「見える化」の
写真撮影に成功

願いが込められている吊るし丸うさぎ

インスタ映えする白浜千光寺の立体曼荼羅

大日パワーの見える化に成功した写真　（詳しくは、本書の111ページご参照ください）

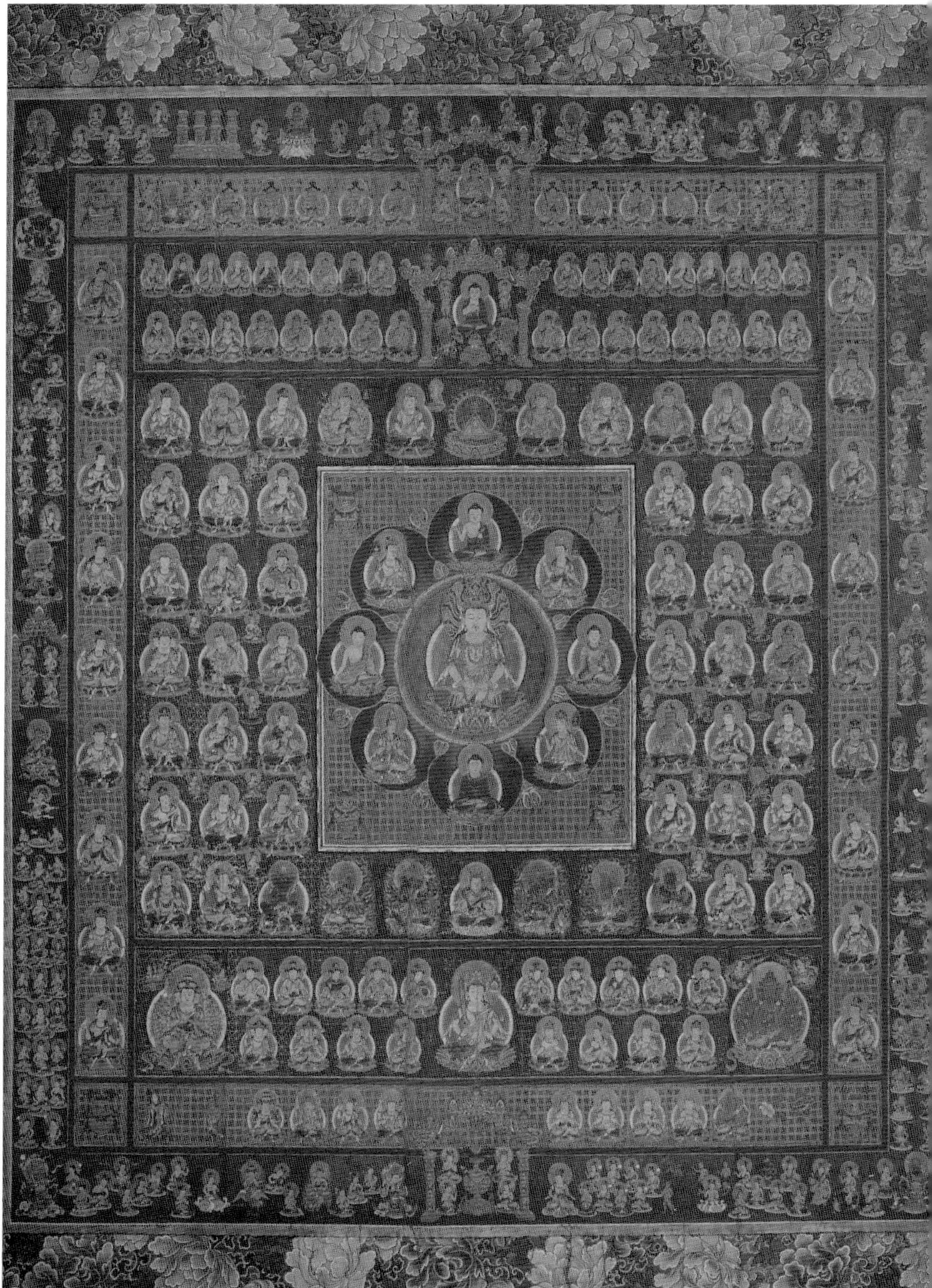

空海ゆかりの白浜千光寺に展示されている密教の思想を表わす「胎蔵界曼荼羅」
すべての中心が大日如来（宇宙をあまねく照らす太陽）です。空海の宿曜占星術の27宿も胎蔵界曼荼羅の外周回りに描かれていますのでご確認ください。（詳しくは、本書の129ページをご参照ください）

SUPER★Star空海の大日パワー

宿曜・占星術の宿曜盤

あなたの運命の秘密の組み合わせを知る宿曜盤を作りましょう!!

キリトリ線

A版

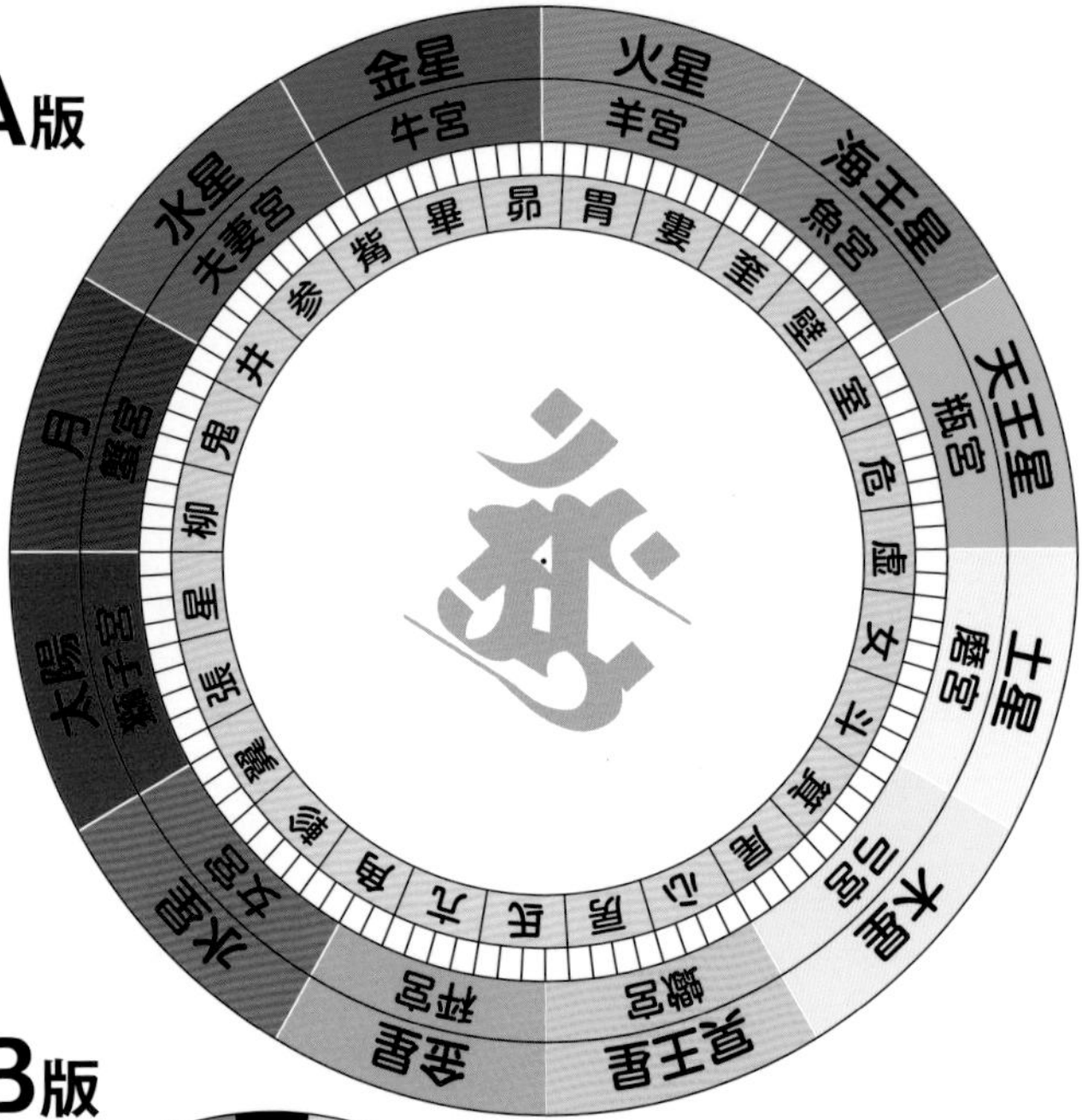

B版

キリトリ線

【宿曜盤の作り方】

① このページをキリトリ線に沿って本書から切り離します。

② 「A版」の円盤と「B版」の円盤を円に沿って切り抜きます。

③ 「A版」の円盤と「B版」の円盤を中心に揃えて重ね、中心に穴を空けて、ハトメで留めるか、押しピンで壁やボードに貼り付けて、「B版」の円盤を回転させて使用してください。

驚異の的中率。あなたの運命の「宿」を知る。
その秘密の宿曜占星術のツールとなるのが、
右側の「宿曜盤」です。
あなたの「運命の人」との相性を占い、
宇宙の星の動きと統計学を照らし合わせます。

はじめに

今から約１２００年前。弘法大師「空海」が、中国から日本に持ち帰った「星占い」が、今注目されています。

この星占いは『宿曜占星術』と呼ばれ、平安時代には、あの有名な安倍晴明の陰陽道（陰陽師）と宿曜道（宿曜師）として、人気を二分するほど隆盛を極めていました。しかし、驚くほどの的中率であったため、当時の貴族が秘術として独占してしまいました。また、江戸時代には徳川家康が活用しておりましたが、亡後には徳川家が封印して、自らの政治道で活用したとも言われています。そのため、長い間、一般の人々には知られないまま眠っていました。ところが、空海の真言密教において、門外不出の予言術として継承されていたのです。

星占いといえば西洋占星術が有名ですが、『宿曜占星術』は、ただ運勢を占うだけではありません。あなた自身の宿命と、人生の指針を示してくれるのです。本書では、共著者として、日本における宿曜占星術研究の第一人者である高畑三惠子が『宿曜占星術』を優しく説明していきます。また、巻末には、あなたの『宿』（詳しくは本文）を見つけるための宿曜早見表を添付しています。ご自身の運命の『宿』を知ることで、あなたに最もふさわしい幸福への「道」が見えてくることでしょう。

多くの人は、運勢を占ってもらっても、当たっているとか、運が良くなりそうだと思うだけで、後は何もせず忘れてしまいます。それこそ運まかせです。そうではなく、月と星の動きを分析する『宿曜占星術』で運勢と人生の指針を知り、その進路（人生）を進むパワーを得て、より幸せな人生を実現したいものです。

人は誰でも、生まれた時から幸せになれるパワーを持っています。それは、宇宙をあまねく照らす太陽（大日如来）からのエネルギーであり、私は、その強力なパワーを『大日力』と呼んでおります。

本書の後半では、その『大日力』を呼び覚まし、その強力な大日パワーにより、人生を幸福に、幸せに導くノウハウとその理論をご紹介します。

夢を叶えたい、良縁に出会いたい、悩みから解放されたい、スカッとした毎日を送りたい等々、いろいろな願いを抱いている方々のために本書がお役に立てれば、空海の出来の悪い後継者の一

人として、空海ゆかりのお寺のヘッポコ和尚としてのお勤めが少し果たせたと大変嬉しく存じます。合掌

共著者

空海ゆかりの千光寺・白浜別格本山
管長　上野玄津

宿曜秘宝®協会
代表　高畑三恵子

CONTENTS

第2章　あなたの運命の本命《宿》を調べてみよう！

第3章　自分自身の運勢《宿》を活かして人生を楽しくする秘術(ゴールデンルール)

第8章 それでも悩んだ時は《空海ゆかりの白浜千光寺》へ

プロローグ　宿曜占星術で2020年代を予言する
――2020年10月12日以後の世界はどうなるか？

新型コロナウイルス（COVID―19）の出現は、私たちの社会を一変させました。仕事やお店が少しずつ元のように戻り、人々の立ち位置が同じように見えても、以前とは、まったく違っています。

新型コロナウイルスの社会経済の大きな変化は避けられません。

これから、世界はどうなっていくのでしょう？

2020年はあくまでも、大変動・大改革の始まりに過ぎません。

あとで詳しく述べる「宿曜」で算出した2020年は畢宿（ひつしゅく）という年です。

インドでは、畢宿の守護神は創造神ブラフマーと関連づけられます。

ブラフマーとは、『畢り』と『誕生』のことです。

つまり「世界の創造」と「次の破壊の後の再創造」を表します。

古い時代が畢りを告げ新しい時代の幕が開けるということ、アセンションを意味しています。

まさに２０２０年は大変動・大改革の始まりとして、価値観や社会構造を打ち破り、発見、発明、改革、変化を伴い、次の時代に進化していくきっかけでした。

多くの方々が、この新型コロナウイルスで亡くなりました。

自分がいかに恵まれているか、多くのもので満たされているか、たくさんの人にサポートされているか、考えてみる時間はたっぷりあります。

サポートされていると知ることで感謝が溢れて来たなら、今度は自分がサポートする側に立つこともできます。

２０２０年は凌犯（りょうはん）期間の長い年でした。年末まで約１００日もの長期でした。凌犯期間とは（28ページ参照）定期的に起こるものではなく、その期間も定まっていません。

凌犯期間の日数が多い年の期間中は、時代を大きく変えるような出来事が起こりやすいのです。

歴史を振り返ってみても、凌犯期間が社会全体に影響を及ぼしていたことがわかります。大きな事件などは、必ずと言っていいほど凌犯期間中や凌犯期間前後に発生していました。

たとえば、２６０年間続いた江戸幕府が終わり、新しい政府が誕生する明治維新の頃は、凌犯期間が集中しています。

また、第二次世界大戦が始まった1939年は、年間を通して約100日間も凌犯期間がありました。

1982年2月8日にホテルニュージャパン火災があり、続いてその翌日には日航機墜落事故の大惨事が起きています。

1995年（平成7年）3月20日の地下鉄サリン事件や2011年の3月11日の東日本大震災が起きた前年、2010年の凌犯期間もやはり約100日間という長期間がありました。

このように、凌犯期間中やその前後には、時代を大きく変えるような出来事が多いのです。

あとで詳しく述べますが、「宿曜占星術」は天体の動きによる影響を運命のリズムや日々の吉凶やより良く生きるための智慧として構築された、科学的な統計データです。

天空の星々の配置を読み解くと、何千年、何百年、何十年というサイクルで宇宙から届くエネルギーがあり、その時に地球で起きた事象をもとに未来の予測を立てることもできます。

いったい世の中はどうなっていくの？　という思いに揺れる方のために、これからどうなるのか「凌犯期間」以外のことも調べてみましょう。

２０２０年は変動期「スタート」の年です。
27宿中の畢宿（ひつしゅく）がメインの年です。
誰にとっても、「生まれ変わり」がテーマになります。

生涯、絶対に変わらないと思っていたことが大きく変わっていかざるをえない。そんなふうに、根底の価値観を書き換えていくことになる年、それが２０２０年だったのです。

天体ホロスコープで見てみると、この先、山羊座の社会、会社、仕事を意味する社会性の構造が変わっていきます。

今までの会社のピラミッド構造が変化する時代なのです。

さらに、干支でみると、２０２０年は「庚子」の年で、ねずみ年も新しく変わるスタートの年ということが言えました。しかも「庚」は戦いという意味があります。

変わることを恐れずに流れに乗っていくことが大事なのです。宇宙、神仏が教えてくれている時代に、すでに入っているのです。

２０２０年はすでに大きな改革、変動、過度期の運気が巡ってきた年ですが、これは変動期１年目の運気になります。このあと４年、５年、10年以上かけて変動を繰り返していく運気です。

古い価値観を打ち壊し、社会の構造を打ち破り、発見、発明、改革、変化を司る年。古いものをリニューアルして生まれ変わらせるような新旧を結びつけるスタイルにもなっていきます。世界や地球を立て直していく時代といっても過言ではありません。

また、今まで続いた、形ある社会構造の「地の時代」は終わりを迎えます。200年に一度やってくる「風の時代」になります。大変革のスタートの年で、新たなものが生まれる時です。

この年回りは、日本では幕末〜明治維新の時代のように大きな改革、変動が起こる切り替わりの時代と言えます。

日本の場合はちょんまげ、着物の時代から、刀を手放し、装いも洋服へと大変化。歴史に残る大変革時代でした。

そして、私たちが生きる今の時代。新型コロナウイルス騒動はあくまで引き金であって、すでに宿曜占星術では、これから始まる大きな変革、というのはすでに予言されていたのです。

今後、短期では5年ほどかけて、長期では10年以上かけながら全ての価値観が大きく変わっていきます。

わかりやすく身近な例をあげると、形としてあった「お札」が目に見えない電子マネーになりました。これも「風の時代」の流れです。形ある銀行という概念がなくなるかもしれません。

学校の集合教育や少人数、マンツーマンのクラス講座などがテレワーク、オンライン、動画に切り替わり、学習スタイルが大きく変わりつつあります。

ＳＮＳはあたり前で、多くの人がマイＹｏｕＴｕｂｅチャンネルを持つようになってきています。テレビの中のタレントばかりではなく、ＳＮＳからスターさながらの人気者が現れ、注目されるようになったのはこの変革の流れです。社会の変化の兆しは、すでにさまざまなところに出始めています。

宿曜占星術で読み解くと、これからは闇から光へと大変革の時です。

新型コロナウイルスの影響による経済破綻の影響で、先行きの見通しが立たず一気にバタバタと、連鎖倒産があり、いくつもの業界で崩壊に追い込まれるところがあります。

その一方、これまで社会的な貢献を果たしてきたり、常に蓄財し、次の準備をして努力を積み上げて来た人や企業は、大きな存在に守護されます。

社会全体が不安定な状況にある中で、独自のペースで物事が運んでいくとか、不思議と危機が回避されるなど、なぜかうまくいってしまうということが起こってくるのです。

人智の及ばない宇宙からの大いなる大日パワーが働くかどうかで、大きく明暗が分かれてくるはずです。

また、２０２２年、２０２３年は、２０２０年と同じようなうねりのある年になります。さらに5年、10年と変動変容の時代を歩むでしょう。

現時点で仕事が自宅勤務、テレワークになっているのは、これからの時代にあったやり方へ移行していくための、あくまでも準備期間、慣らし期間です。

地球という惑星は宇宙の太陽銀河系の中でも若い星。ですから、バージョンアップをするために大きく変動を起こしています。

地球は長い年月をかけて、闇から光へと段階的に変革して来ていると言われていますが、これからは一気に闇から光へと大変革していく時です。

人間が自然や世の中にもたらした大罪を浄化するために、地球のエネルギー的な調整作用として大規模な自然災害が起こりやすい状況になっています。

ネガティブなエネルギーをポジティブなエネルギーに変えようと宇宙をあまねく照らす太陽からの波動も働きかけているからです。

私たち一人ひとりがやるべきことは、争いや奪い合いの気持ち、自分さえよければというエゴの考えやネガティブな感情を解放して、自分の内側を浄化させることです。

本書の第4章の水晶（クリスタル）等のパワーストーンのブレスレット等をするのも良いでしょう。

今までのカルマをきれいさっぱり清算する必要があるのです。

私たちが生み出したエネルギーは各々で引き受けなければなりません。

因果応報（カルマ）の作用において、ネガティブな行いをすれば、それが自分のところに戻ってきます。逆に、ポジティブな行いをすれば、良いことが返ってくるのです。それが返報性の原理、引き寄せの法則なのです。

私たちが、このような変動期において、本書にて、「幸せを感じる力」を育てて新しい人生を知り、運命の人との相性を知り、充実した人生を送るための智慧は、空海の「宿曜占星術」が教えてくれます。一人ひとりが持っている「宿」を知り、ポジティブに活かせば必ずあなたの人生は好転します。合掌

※【凌犯期間】には、社会に大きな影響を与える場合があります。この宿曜占星術における【凌犯期間中】に、自分の「宿」だけに起こる【六害宿（ろくがいしゅく）】（詳しくは67ページをご参照ください）という日が来ます。この日に当たった時は、個人的に影響が現れる場合があります。

SUPER★Star
空海の大日力2
空海の大予言

第1章
本当にすごい《星占い》があった！

宿とは、大宇宙の動きから、
自分の性格や運勢、相性がわかる「星占い」。
あなたの人生を
より良く切り開いていく
羅針盤のようなものです。

1　最強の星占い「宿曜占星術」とは？
――あなたの運命は27宿に示されている不思議

あなたは、自分自身の「宿」というものをご存知でしょうか？

ご存知なければ、今、心から充実した人生を送っていないはずです。

すべての物事は、「宿（命）」を知ることにより、今までの視点が変わり、「幸せを感じる力（オーラパワー）」を観じることができるのです。

つまり、自分の未来が見えてしまったら…。


「宿」とは、大宇宙（天体）の動きやその巡り合わせから、自分の性格や運勢、相性を知ることができる「星占い」のことで、その「宿」の本質や運命を生年月日から算出することで解き明かされます。いわば、あなたの人生をより良く切り開いていく針路を指し示してくれるナビゲーション（羅針盤）のようなものです。

この人生の羅針盤こそが、空海の「宿曜・占星術」なのです。

そうしたナビゲーションをまだ手に入れていなければ、おそらく今までの日々の生活に「不満を抱えている」「平々凡々と退屈している」「どちらかと言うと楽しくない」「まわりで不幸が多い」「暗い話が舞い込む」…など、「心から今の人生に満足している！」と断言できる方は少ないのではないでしょうか。

宇宙をあまねく照らす太陽（大日如来）の大日パワーは「太陽」の力ですが、本物の仏教を探し求めた空海が見つけた秘宝、宿曜占星術とは、「月」の運行がその基本的なエネルギー源となっています。

空海の「宿曜・占星術」は、「月」の運行と「太陽」の両方の動きを取り入れた精度の高い太陰太陽暦（旧暦）をもとに、性格や運勢、日々の吉凶、相性を占っていきます。

その基本は、西洋占星術で用いられる12宮に分類されるのは同じですが、さらに空海の宿曜経（宿曜・占星術）は、独自の27の「宿」に分類されることにより、驚異の的中率と話題なのです。

あなた自身の生年月日から割り出された「本命宿」によって、その27種類の「宿」それぞれの行動や性格の特徴、運命や運勢と他の「宿」との相性などを３０００年前の古代インドの「暦（こよみ）」により発展・進化し、統計学的に分類・分析されて、さらに円形の「宿曜盤」や「オラクルカード」を活用し、「本命宿」から、いろいろなことを判断材料として驚異の的中率へと導く秘術です。

すべては、宿曜経典から学ぶこの27宿に示されているのです。

皆さんご存知の有名人の方を例に、運命の「宿」とはどういうものなのか、「宿」の見つけ方とそのあらましを見てみましょう。

あの人は、どんな「宿」？①

のん（能年玲奈）さん

★女優・モデル・歌手として活躍されている、**のん（能年玲奈）**さんはどんな「宿」でしょう。

・のんさんは、１９９３年７月13日生まれです。

・巻末の「宿曜27宿早見表」で、１９９３（平成５）年の暦表を探します。

・１９９３年の暦を見て、縦軸７月と横軸13日の交差させると、「胃」とあります。

したがって、のんさんの「宿」（本命宿）は**「胃宿」（いしゅく）**生まれです。

・同じく巻末２４４ページから掲載している「あなたの運命を導く27宿」にて、「胃宿」の特徴と開運法を掲載していますのでご覧ください。

「天真爛漫で直感的なひらめきと情熱、独立独歩の自立心旺盛な力を持っている」

「スピーディーで頭の回転が早く自立心旺盛でエネルギッシュな活動家」

・NHK連続テレビ小説「あまちゃん」の主人公として大ブレークし、全国のお茶の間に認知された彼女は、何かの直感から、それまでロングヘアだった髪を20㎝以上も切って役作りに取り組んだそうです。事務所独立騒動・改名などもありましたが、それ以降は多芸多才なアーティストとして、新しい彼女の魅力を生み出し活躍されています。

このように、宿曜27宿から紐解かれた「宿」は、それぞれの性格的特徴を明らかにし、さらに、相手の「宿」との関係から割り出される相性占い、恋愛・結婚観、あなたの性格から適した職業や、人間関係の悩みにかかる解決法まで導いてくれます。

この宿曜・占星術を知らないと、今後の人生において、必ずあなたは「損」をします。

ご自身の運命（宿命）を把握すれば、現状の「スカッとしない人生」から脱出できるヒントが見つかるでしょう。

あなたの「宿」を具体的に詳しく調べる方法は、第2章でまとめておりますので、ご覧ください。

2 空海がもたらした運命を好転させる星占い「宿曜・占星術」

あなたの人生の「見える化」を体験できる！　驚異の的中率の最強の星占い!!　占星術＝宿曜経を私たちにもたらしたのが、１２００年前のスーパースター空海です。

今から約１２００年前、空海は唐（中国）から当時の最先端の仏教の秘「密」の「教」え『密教』を日本に持ち帰り広めました。その際、数多くの経典も所持しておりましたが、その中の一つに最強の占術・宿曜経が含まれておりました。

宿曜経は、約３０００年ほど前の古代インドで生まれ、中国に伝播したと伝えられる占星術です。さまざまな時代を通じて、名だたる権力者に敵や味方の生年月日から算出される「本命宿」を知ることにより、勝利（成功）に導かれるために重用されていたことからも、その驚異の的中率・効果の程を理解できますので後ほど説明しましょう。

宿曜経の正式名称は、「文殊師利菩薩及諸仙所説吉凶時日善悪宿曜経」。名前にある文殊師利菩薩とは、いわゆる「文殊の知恵」の文殊菩薩のことで、頭が良くなり、学問成就や知恵、息災、増益、出産、除病の功徳がある菩薩（仏）さまとされております。宿曜経の名前にはその文殊菩薩の知恵を授かって日々の吉凶を占い、人の運命や人の相性を予言できる占いという意味を説明しているのです。

宿曜経は、時の権力者だけでなく民衆にも広く浸透しました。

現在でも重要な年中行事として行われている、7歳・5歳・3歳の子どもたちの成長をお祝いする「七五三」は、この宿曜経を取り入れた古いしきたりの一つで、300年後の現代にも残っております。

さらに、あの紫式部の『源氏物語』は、この宿曜27宿によって登場人物が設定されていて、「宿曜かしこき道の人」という記述も見られるほどです。

戦国時代の武将たちは戦術を立てる際、自分に有利な戦況に持ち込み、「戦に勝つ」と宿曜占星術を活用しました

江戸時代になると、徳川幕府の側近だった天海僧正は、「宿曜占星術」を使って大名、武将の配置転換や国家行事の日取りを決めるなど、人事や国家戦略にも用いたのです。一説では、その後、徳川幕府が260年も続いたのは、実は「宿曜占星術」の活用と、後述する「不動明王」を江戸を守るために配置（158ページのコラム参照）したからとも言われています。

大昔より、さまざまな場面で活用されてきた宿曜経ですが、あまりの的中率の高さに徳川家以外の人たちが使わないように徳川幕府が封印してしまいます。

そうした宿曜経が封印を解かれ、再び注目されるようになったのは明治時代に入ってからです。現在は、「宿曜占星術」として再び脚光を集めるようになっております。その中心として活躍されているのが、友人であり本書の共著者である「宿曜秘宝®協会」の高畑三恵子代表です。近年、宿曜占星術を誰もが活用できるようにまとめた著書『あなたの未来を切り開く宿曜秘宝』を出版され大きな注目を集め、宿曜占星術の普及・発展に大きな貢献をされております。

高畑先生は、２０２０年４月より宿曜占星術をわかりやすく解説した動画講座（次ページのコラム参照）をスタートされました。その驚異の的中率を学びたいと、多くの方々から大きな反響を呼んでいます。

コラム

宿曜秘宝®協会の「動画講座」で学ぶ空海の秘術

私たちが生きる今の時代は、コロナウイルス禍により、これまでの生活が激変しています。それは、毎日の暮らし方から経済活動、人の移動に至るまで深刻な影響を及ぼしており、まさに世界規模、宇宙規模での大変革期の到来と言えます。

そんな誰もが初体験の時代だからこそ、「宿曜占星術」は、あなたの力強い味方となってくれます。

あなたの本命「宿」を知り、今後の運勢を読む方法、未来を見通す方法を学び、日々の「幸せを感じる力」を育てていただきたいのです。

私たちの毎日は、自然界の基本となる宇宙のリズムと密接な関係にあり、「太陽」と「月」の動きで1日と捉えます。私たちには、それぞれ「自分のバイオリズム」を持つと同時に、その大いなる「宇宙のバイオリズム」の影響を受けています。

特に「月」の満ち欠けは、海（潮）の満ち引きを生み出すなど、地球に、人間にダイレクトに影響を与えています。

宇宙のリズムに沿って日々を過ごせるようになると、美しいハーモニーを奏でるかのように、美しく心身ともにバランスが取れるのです。

一方、人との関わりや物事など、私たちを取り囲む環境からもたらされる不自然なリズムによってバイオリズムが乱れると、心身から発するエネルギーが乱れて来ます。

だからこそ、あなた自身のバイオリズムを知っておけば、人生を好転させることが必ずできるのです。

宿曜占星術を学び、この「月」の満ち欠けに彩られた27通りの「宿」から、あなたの明るい運勢と運命を左右する人との相性を見つけましょう。それは、次の3つのステップで体得することができます。

●自分のことをよく知る

あなたも知らなかった本質の自分を知る

素晴らしい個性や才能を開花させる術を知る

◉人間関係と相性を知る

「袖すり合うも多生の縁」を知り、人とのご縁を大切にしてお互いにオーラパワーを与え合う

あなたにとって相性の良い人から受け取るオーラパワーを交換する方法を知る

◉運勢を知る

年単位・月単位・日単位の運気を知ることにより、運を運んで来る「人」とは、どんな人か、どう関わるかを知る

２０２０（令和２）年４月よりスタートした高畑三惠子先生の宿曜秘宝「空海の秘術動画講座」では、そんな未来のあなたを観じることができるヒントがたくさん詰まっています。空海の教え、いにしえの智慧に学び、宇宙を学ぶ時間を体感しましょう。そして、どこでも好きな時間に学んでいただける、オンラインだからこその自由さが魅力です。この時、このタイミングだからこそ、ぜひ「宿曜占星術」の魅力に触れ、あなたの未来を明るいものに変えてみてください。

3　空海の秘密の教え「宿曜占星術」はなぜ驚異の的中率なのか？

古代から人々は、「月」や「星」の動きと地上の出来事との間には、目に見えない不思議な因果関係があることを知っていました。

宿曜占星術も、その「月」や「星」の動きがカギとなっています。

空海は、「月」や「星」といった「天体の異変」が災害をもたらすとして、唐で学んできた仏教の秘密の教え『密教』により、宿曜経と不動護摩焚きによって国家を鎮め、人々の平安のために修法を行うことを朝廷に願い出ました。

密教の経典「仁王経」などを用いたその修法で、特に注目すべきは「七難摧破（しちなんさいは）」です。

七難とは、

①日月失度難（太陽・月の運行の異変に基づく災難）
②星宿失度難（諸星の運行の異変に基づく災難）
③災火難（火災）
④雨水難（異常な降雨・洪水）

⑤悪風難（嵐）
⑥亢陽難（日照り）
⑦悪賊難（凶悪人や泥棒にあう災難）
の７つの災いを宿曜占星術で予測し、不動護摩焚きにより玉砕することを指します。

つまり、七難のトップに「天体の異変」が置かれているのです。

天災のうちでも最も重大なものが、「月」や「星」の運行の異変によってもたらされる天災だという考えは、約３０００年前の古代文明より世界全体に見られた思想だったのです。


宿曜占星術は、古代マヤ文明やエジプト、インドなどの発祥の時代からの古文書は、「預言書」だった、または地球外生命体（宇宙人）からの高度な天文学から算出されたメッセージだという伝説があります。

いずれにせよ、その驚異の的中率の高さの理由は、いにしえより「国家の安全」や「世界の平和」へと導く空海も活用した「月」や「星」の運行の変化より起こる災害を予測する統計学を基本としているからです。

約３０００年前からの「月」の運行や潮の満ち欠けのほかに、１年間の太陽の動きを考えに取り入れた太陰太陽暦（旧暦）を基に『空海』が解き明かす宿曜経は、「人の本質と運命」が見える《宿曜占星術》です。

紀元前より、天体（星）の異変が災害をもたらすと、古代から人々は、月や星の動きと地上の出来事との間に、目に見えない《不思議な因果関係》があることを知っておりました。『空海の宿曜経（占星術）』も、その「月」の動きがキーワードです。つまり「月」の運行と太陰太陽暦（旧暦）を基に、性格・運勢・日々の吉凶・相性を「誕生日（生年月日）」から割り出される「宿」が基本となります。

太陰太陽暦とは、月が地球を一周するのに要する日数354日に対して、地球が太陽を一周するのに365日を要します。この11日の差を閏月を置くなどして調整した「月」と「太陽」の両方の運行を科学的に取り入れられた暦のことで、天文学的にも世界で最も正確なものでした。

しかし、日本では、6世紀後半より太陰太陽暦が使われ始めますが、明治5年に政府は、太政官布告を出し、欧米にならい太陽暦（西暦）を日本国は採用するとして以降、今のカレンダー（暦）に至ります。その西暦（太陽暦）での誕生日では、緻密な「星」「月」、そして、あなたの正確な誕生日を太陰太陽暦に変換しなくてはならないのです。

「宿曜占星術」とは、すべてにおいて生年月日から割り出される「宿」が基本となります。全部で27宿ありますが、12宮の星座に分類されます。

しかし、『空海』の宿曜「占星術」は、さらに詳細に体系化されており、27宿、12宮の星座に分類するため、それぞれに作用する要素がいくつかあり、その影響が組み合わさって、性格や運、相性などが変わって、その驚異的な的中率に驚かされます。

あなた自身の誕生日から導かれる「良緑」、27種類の運命・宿命「27種類に分類される宿」、あなた自身の『宿』を誕生日から割り出します。

つまり、あなたの西暦（太陽暦）の誕生日を、厳密な宿曜占星術（統計学）に当てはめるためには、太陰太陽暦にあなた自身の誕生日を置き換えなくては、驚異の的中率には至りません。

そのため、本書巻末の「早見表」を活用して、あなたの太陰太陽暦の誕生日から、自分自身の『宿』を探し当てて大事に覚えていてください。

この『宿』を知る、知らない。運命の人の『宿』を知る、知らない。でまったく、あなたのこれからの人生が変わります。私は修行をしている時に、『宿曜経・宿曜占星術』の存在を学びましたが、不動明王の大日パワーだけを頼りに、護摩焚きにより、幾多のピンチから脱出しましたが、そのピンチさえも、宿曜占星術にて事前に知り、ピンチにならない人生もあったのです。

つまり、私の人生最大の失敗は、知識のみで、宿曜占星術を活用しなかったことなのです。

私と同じ過ちをあなたも犯さないためにも、本書で宿曜占星術とおまじないを学び、活用してくだされば、空海の出来の悪いヘッポコ和尚として私の役割と使命を果たせます。

あなたと、世界人類が平和であり、幸せを感じる力が育ちますように。

「宿曜占星術」は単なる占いではありません。そのルーツが空海の教え「密教」に根ざした、約1200年前に空海が日本流に整理し成立させたことにより今もなお通じる、科学的かつ究極的な、生きた現代版の星占いとして脚光を浴びることになったのです。

4 自分自身の運勢（宿命）を知れば、必ず願いは叶う

もし、あの人と仲良くならなかったら…こんな失敗はしなかった。

あの人と出会ったから幸せを感じることができた。または、事業を成功することができた。そのような経験は無いですか？

皆さんの持って生まれた運命の「宿」には、どのような宿命が定められているでしょうか。それぞれ宿命（運命）の特性を知っていて行動するようにすれば、失敗することなく、特に人と人

との関係において有利で、とてもラッキーな結果をもたらすのです。

空海が唐（中国）より帰国後に成立させた思想は、宇宙をあまねく照らす太陽（大日如来）を表す考え方です。これを現在の私たちに当てはめると、願望の達成や成功などの自己実現やキャリアアップを目指すということになります。そのためには、生まれながらに持っている運命や他人とは異なる個性を知り、他者とどのように良好な関係を築いていくかによって、その後の人生が変わっていきます。それを指し示してくれるナビゲーター（羅針盤）が、空海の宿曜占星術なのです。

空海の真言密教は、現世利益を追求した教えにその大きな特徴があります。生きている今を、より幸せな方向へと導くにはどうすればよいのか。その答えは、すべて、宿曜占星術に示されているのです。

空海がもたらした秘術、宿曜占星術を学び知識を手に入れることで、きっとあなたの明るい未来を映し出してくれます。悪運を断って良縁を引き寄せ、今あなたが感じている「スカッとしない人生」から脱却を図りましょう。あなたの本命「宿」を理解して運命を上手に乗りこなし、私たちと一緒に人生の勝者を目指しましょう。

空海が、中国から持ち帰り日本に広めた仏教の秘密の教え「密教」は、他の仏教にはない当時の仏教では非常識な教えとも言われ続けた「現世利益」、天国ではなく「今」幸せになる！という概念をもたらしました。これは、言い換えれば、宿曜占星術を知り、活用することで、今の生活の中で幸福を追求する願望達成術「HAPPY METHOD」なのです。

その現世利益を実現へと導く不思議なパワーを得るためには、空海が密教とともに持ち込んだ宿曜経を基に進化させて空海がまとめた宿曜占星術を学び使いこなし行動してみることです。皆さんの暮らしの中に運勢を取り込みフル活用することで、人生成功への針路を手に入れていただきたいのです。そうして身につけた悪縁を切り幸運を引き寄せる不思議な大日パワーによって、ビジネスにおいてもプライベートにおいても、ご自分の未来へ続く道が必ず開けて来ることでしょう。

このように、宿曜占星術で自分の運勢・宿命を深く理解し、相手（恋愛、結婚、ビジネスパートナーなど）をきちんと見極めてお付き合いし、本命「宿」を活かすための強力な大日パワーを育てて普段の生活に取り入れることで、ご自身の人生がキラキラと輝き出します。

ただ、そのためには、やはり「自分を知る」ことが一番大事なのです。

まず最初に、あなた自身の「宿」を知り受け入れて、自分自身を深く探り、理解した上ではっきりとした「願望」を自分の中で整理して、「願いを紙に書いて壁に貼る」。そして、その願望を心の底から願い、空海のおまじないの言葉（真言）を声に出して宇宙（世界）へと声音を放出することで「イメージは現実化する」。そこで初めて、周囲の状況もプラスに作用し、運命そのものが動き出し結果として表れるのです。

ただ漫然と、「何かいいことはないか」と考えているだけでは、「スカッとしない、つまらない人生」から抜け出すことはできません。ぜひ本書をご活用いただき、今後のラッキーな人生プランの一助にしてください。合掌

あの人は、どんな「宿」？②

二宮和也さん

★アイドルグループ「嵐」のメンバー・**二宮和也さん**は、1983（昭和58）年6月17日生まれ。

・二宮和也さんの「宿」（本名宿）は、**「翼宿」（よくしゅく）**です。

【「翼宿」の基本的な特徴と性格】

「高貴な佇まいで、優等生的な雰囲気を醸し出し、エンターテイメントの役割がある」

「羽ばたく使命を持って活躍する人」

・テレビのバラエティー番組や歌手活動など彼のマルチな才能は誰もが認めるところですが、特に俳優・二宮和也としての演技力は高い評価を受けています。クリント・イーストウッド監督の映画『硫黄島からの手紙』に出演し、ハリウッド進出を果たしたことは特筆すべきでしょう。

・翼宿の二宮和也さんは、「翼」の字が示すように遠い所へ飛んで行く、羽ばたく強さとやり抜く自信を持っています。多彩な才能に恵まれていて、中でも「海外運」を持っています。音楽や映画といったエンターテイメントの星を持った彼は、さらに世界を舞台に飛躍する可能性を持ったアイドルなのです。

第2章

あなたの運命の本命《宿》を調べてみよう！

自分の「宿」を知って、自分が何を求めているか、
ヒントを知ると足枷は解かれ、
オーラパラーが生まれる。
本命宿で、目標や夢を成就させる
必要不可欠な情報がわかる。

1　あなたの運命の「宿」の見つけ方

有名人の生年月日から、運命の「宿」とその特徴・性格をさらに見てみましょう。

あの人は、どんな「宿」？③

イチロー（鈴木一朗）さん

★スポーツ界からは、日本球界から海を渡りメジャーで大活躍した**イチロー（鈴木一朗）さん**。彼の生年月日は、1973年10月22日です。

・巻末282ページの1973年の表中、縦軸10月と横軸22日の交差するところには「亢」とあります。

・イチローさんの「宿」は、**「亢宿」（こうしゅく）**だということがわかります。

・「宿」が見つかれば、同じく巻末の「あなたの運命27種類の『宿』の特徴」から、「亢宿」の概要、基本的な性格、さらに仕事運、恋愛運…と調べることができるのです。

【「亢宿」の基本的性格】

「天から物事を見ているかのように、客観的な見解で判断し、問題解決を最短で処理する能力がある」

「正義感が強く、価値観を貫いて既成概念や権威に立ち向かう統率者」

・正真正銘のメジャー選手の仲間入りを果たしたイチローさんは、「究極のプレーヤー」として人々の胸に刻まれ続けることでしょう。しかし、その華麗なプレーの裏側に自分を貫く姿勢がありました。日々のルーティンを守り、心身ともにストイックに鍛錬を怠らない隠れた努力も忘れてはなりません。そうしたバックボーンが彼の発言にまで注目される理由です。まるで達観した武士のように見えるイチローさんを思い浮かべていただければ、「亢宿」の特徴がよく現れており、宿曜占星術のすごさに納得されるのではないでしょうか。

あの人は、どんな「宿」？④　浅田真央さん

★フィギュアスケートの**浅田真央さん**は、1990（平成2）年9月25日生まれです。

・巻末の「宿曜27宿早見表」で、1990（平成2）年の暦表を探します。

・1990年の暦を見て、縦軸9月と横軸25日を交差させると、「箕」とあります。

・したがって、浅田真央さんの「宿」（本命宿）は**「箕宿」（きしゅく）**生まれです。

・同じく巻末261ページに掲載している【「箕宿」の基本的な特徴と性格】では、**「天真爛漫で直感力なひらめきと情熱、独立独歩の自立心旺盛な力を持っている」「徹底主義でドラスティックな感性を持ち大局的な考えが得意」**とあります。

・普段は笑顔が絶えず、華やかなオーラを醸し出している浅田真央さん。そんな彼女にファンからこんな質問がありました。「くじけそうな時、どう乗り越えて来ましたか?」。すると、

「やるしかない、練習するしかないんです。〝浅田真央〟から逃げることはできないので」と自信を持って答えたそうです。アイスリンクという舞台の上では、とてつもない集中力と判断力で演技に挑戦する姿が目に浮かびます。こうした徹底した上昇志向と相当な覚悟が、五輪での奇跡の名演技を呼び寄せたのでしょう。

いかがでしょうか？

皆さんがよく知る有名人たちも、自分自身の「宿」を超能力的に観じて人生を進む、または自分の「宿命」を知り密接につながりながら運勢を押し広げるために、「幸せを感じる力」を諦めずに育てて来たことがわかります。

さあ今度は、あなたの本命「宿」と気になる相手の「宿」を今すぐ調べて、運勢を明るい「幸福」なものにするために宿曜占星術を活用する番です。

有名人の例で述べた要領を、次ページから「あなたの運命27種類の『宿』」、「本書でのあなたの『宿』の調べ方」としてまとめました。巻末資料を活用しながら、あなたの本命「宿」を調べてみましょう。

そして、69ページの「あなたの運命を変える『相性占い』」で、恋愛、結婚、友人、仕事仲間、

取引先などとの相性を見てみましょう。

宿曜それぞれの特徴を見ると、左記の27宿に分類されており、まず自分の生まれた時からの『運命（宿命）の性格』がわかります。

知らないと「損」! あなたの運命27種類の「宿」の特徴とは？

（宿）	（特徴）
①昴宿（ぼうしゅく）	★品がよく真面目な優等生
②畢宿（ひつしゅく）	★マイペースな大器晩成型
③觜宿（ししゅく）	★巧みな会話術を持ち知識が豊富
④参宿（さんしゅく）	★斬新な発想力で変革を実行
⑤井宿（せいしゅく）	★理論的思考と幅広い知識
⑥鬼宿（きしゅく）	★感性豊かで発想力が個性的
⑦柳宿（りゅうしゅく）	★物静かな中に強さを内包
⑧星宿（せいしゅく）	★人生を積み上げるいぶし銀
⑨張宿（ちょうしゅく）	★自己演出が得意なプレーヤー
⑩翼宿（よくしゅく）	★羽ばたく使命を背負う人
⑪軫宿（しんしゅく）	★交際上手で活動的な決断力
⑫角宿（かくしゅく）	★遊び心を忘れない柔軟性
⑬亢宿（こうしゅく）	★価値観を貫く統率者
⑭氐宿（ていしゅく）	★タフでエネルギッシュ
⑮房宿（ぼうしゅく）	★縁と財を備えた吉祥人
⑯心宿（しんしゅく）	★魅力的な天性のタレント
⑰尾宿（びしゅく）	★根気ある集中力と持続力
⑱箕宿（きしゅく）	★怖いもの知らずの度胸
⑲斗宿（としゅく）	★高い志で輝くカリスマ性
⑳女宿（じょしゅく）	★忍耐と努力で地位を確立
㉑虚宿（きょしゅく）	★繊細な感受性で閃き力抜群
㉒危宿（きしゅく）	★大胆・好奇心旺盛な冒険家
㉓室宿（しつしゅく）	★スケールが大きくパワフル
㉔壁宿（へきしゅく）	★洞察・分析力で不動の信念
㉕奎宿（けいしゅく）	★神秘的な雰囲気漂う存在
㉖婁宿（ろうしゅく）	★人をつなぐ抜群の調整者
㉗胃宿（いしゅく）	★自立心溢れ情熱的に活動

注1　詳しくは、巻末244ページからの「あなたの運命を導く27宿　特徴と開運法」をご参照ください。

本書でのあなたの「宿」の調べ方

あなたの持って生まれた本命「宿」を今すぐ見つけましょう。

調べ方は次のとおり、とても簡単です。

1. 巻末の(274 ～ 296ページ)「宿曜27宿早見表」から、あなたの生まれた年を見つけてください。

2. 生まれた月と日を交差させます。その交差した欄に記されているのが、あなたの「宿」(本命宿)です。

3. あなたの「宿」(本命宿)が見つかったら、相手(親友、家族、仕事仲間など)との相性を調べてみましょう。
 69ページの「■宿曜９つのソウルメイトの気質」で宿曜27宿の全体をご覧いただけます。

 同じく巻末244ページからの「あなたの運命を導く27宿」であなたの「宿」の特徴と開運法を掴みましょう。

4. あなたが気になっている大切なお相手がいらっしゃる場合は、その方の生年月日がわかれば、お相手の方の「宿」を同様に調べて必ず相性を占ってみてください。

5. もう一つの方法としては、共著者である高畑三恵子先生が運営されている下記のＱＲコードを読み取って、「宿曜秘宝®協会」のＷＥＢサイトで調べてみましょう！
 生年月日を入力すると「宿」(本命宿)が調べられます。

 また、あなたの気になるお相手との恋愛や結婚についての「相性占い」を始め、各種占いメニュー（一部有料)も紹介されております。ぜひ、ご活用ください。

宿曜秘宝®協会　宿曜占い
https://syukuyo.com

コラム

米津玄師の《パプリカ》は「お墓参り」の歌？

皆さんは、ミュージシャンの米津玄師（よねづけんし）さんをよくご存知でしょう。

彼の名前を初めて聞いた時、私の名前「玄津」（げんしん）の2文字が入っていて、しかも発音もなんとなく似ていることから、これは「空海」のお導きに違いない！と、不思議なご縁を感じ大ファンになりました。

彼の大ヒット曲で2019年のレコード大賞に輝いた《パプリカ》を聞いた時に、「これはお墓参りの歌なのでは？」と感じたのです。

曲りくねりはしゃいだ道――ご先祖の墓地へ出掛ける
青葉の森で駆け回る――お墓参りとは知らない
遊び回り日差しの街――森に囲まれた静かな木漏れ日が
誰かが呼んでいる――おじいちゃん？お母さんが呼んだ？
夏が来る影が立つあなたに会いたい――優しかったおばあちゃんに…
見つけたのはいちばん星――天国に行って星になったの？
明日も晴れるかな――ご先祖さまが見守ってくれているから？

★日本音楽著作権協会（出）許諾第2007607-001号

とても素敵な歌詞ですね。この歌を聞くと、私の出生地・沖縄で、星になったご先祖様を思い出す夏の日がよみがえって来るのです。皆さんは《パプリカ》の歌詞を聞いて、どんなことを感じるでしょうか？

人は、出会った瞬間に何かしら直感で「これだ！」と感じる不思議な感覚があります。

そんな出会いに引き寄せられたご縁や巡り合わせは、ぜひ大事にしていただきたいと思います。

あの人は、どんな「宿」？⑤

米津玄師さん

★**米津玄師さん**の誕生日は、１９９１（平成３）年３月10日です。

・彼の「宿」は、**「斗宿」（としゅく）**です。【「斗宿」の基本的な特徴と性格】は、**「高貴な佇まいで優等生的な雰囲気を醸し出し、エンターテイメントの役割がある」「カリスマ性があり我慢強くさまざまな苦労をはねのけるパワーがある」**

・米津玄師さんの《パプリカ》を始めとする曲は、小さな子どもから大人まで幅広い世代に支持され大ヒットしています。私には、彼が作り出すメロディに、まるでおとぎ話のような深いストーリー性を感じるのです。２００９年にクリエーターとしてデビューして以来、長い下積み苦労を経て、彼は「大衆を意識して、普遍的なものを目指してＪポップ音楽を作っていきたい」と述べています。

・米津玄師さんも、自分の「宿」をどこかで悟り、目標に向けてまっしぐらに努力したのではないか、私にはそう思えてならないのです。

2 空海の「幸せを感じる力」を取り入れた毎日の過ごし方

宿曜占星術には、壮大な「宇宙（マクロ）」かつ緻密な「人間の心（ミクロ）」など空海の密教の世界観が色濃く反映されています。宿曜占星術を活用すれば、本当のあなたに気づき、あなたの「心」の中に潜む無限のオーラパワーを引き出すことができます。そして、あなたが持って生まれた才能や弱点はもちろんのこと、どんなふうに他人とコミュニケーションを取り、どういう人間関係を築いていくことによりすべてが良くなるかを観じさせてくれます。

27種類のそれぞれの宿には個性があり、宿曜占星術から浮かび上がる人格や運勢は、あなたの「心」の中を映し出す鏡であり、ナビゲーター（羅針盤）のようなものです。意識的、無意識的に関わらず、多くの人は生きることは辛いものだという前提の下に生活をしています。「人はどうすれば幸福な生活ができるのか」とか「どうすれば悔いのない日々を送れるのか」と、考え悩むものです。宿曜占星術を毎日の暮らしに取り入れることにより、あなたは、「悩み、苦しみ、欲望など全てを肯定し、受け入れることで幸せも成功も手にする」と、空海は伝えているのです。人の心はさまざまに変化します。悩みや苦しみ、そして欲望は人として生まれた以上、逃れられないものです。これを否定することは、色のない景色と同じことなのです。

自分の宿を知って、自分が何を求めているか、そのヒントを知ることができれば、自らにかけた足枷(あしかせ)は解かれ、自分らしいオーラパワーが生まれて波動、シグネチャーバイブレーションが高まります。現状に満足せず、自分を変えていこうという意欲を持つ者は、それだけで幸福（成功）の半分を勝ち取っていると言えるでしょう。そのためにも、自分自身の「宿」を知ることにより、自分が陥りやすいリスク（危険性）を認識して、すぐにアクション（行動）を起こすことが何より大事です。

あなたの本命宿には、目標や夢を成就させるための必要不可欠な情報が書き記されています。あなたの宿に秘められた運命を紐解いてくれるのが、空海の宿曜占星術の教えです。宿曜占星術を学び活用することで、あなたを取り巻く人間関係も円滑となり、そして、新たな美しい人生の時を刻むことができるでしょう。

泣いても笑っても一度しかない人生です。その人生をエンジョイするために、あなたの魂が喜ぶことを積極的に行うべきなのです。人生というビッグイベントをポジティブに捉え、前に向かって行動さえすれば、吉祥の月の導きを得ることができます。

まず、あなたの「宿」を調べてみてください。あなた自身を知り、あなたの運勢リズムを解き明かしていきましょう。また、相性の的確な分析とその正確さに、きっと驚きを隠しきれないこ

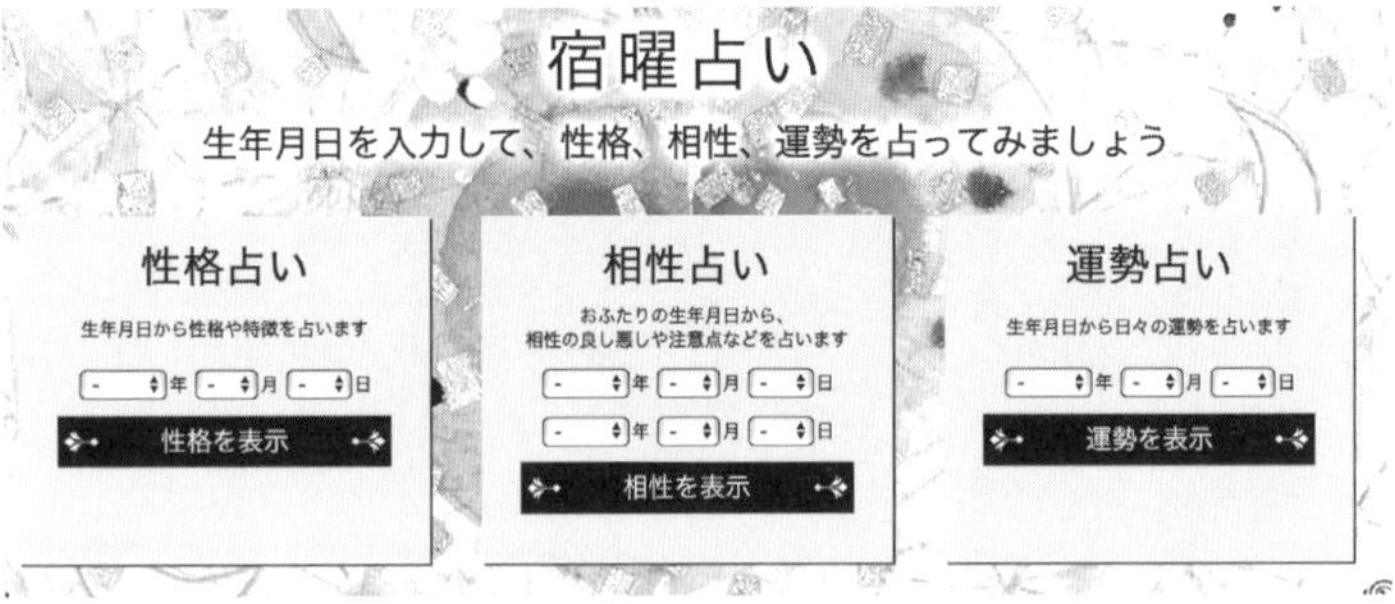

とに気づかれることでしょう。

本書の共著者である高畑三恵子先生の「宿曜秘宝®無料占いサイト」(https://syukuyo.com) をご覧ください。トップページ（図参照）に設けられた生年月日を入力するだけで、あなたの「宿」が割り出され、基本的な性格、相性、運勢を占って簡易的に見ることができます。

私たちに選ぶことのできない、この世に「宿った」生年月日は一生涯変わることはありません。自分がこの世に生まれる日を選んだ【運命のコード】神秘的な【運命数】です。この3000年の歴史から生まれ統計学から算出された太古の運命数があなたの運命のサイクル【バイオリズム】です。それゆえにあなたにとって新たな時を刻むことになるのです。

あなたがこの世に「生」として宿った瞬間から、バイオリズムの脈がスタートします。自分自身のエネルギー状態は宇宙の天体の動きと連動しています。そこを明確に教えてくれるのが宿曜占星術の年運、月運、日運です。宿曜は、天体の動きの影響を運命のリズムや日々の吉凶として構築した、科学的なデータと言えるものです。何千年、何百年、何十年というサイクルで天空の星々は軌道を移動し、その宇宙エネルギーの影響を地球に生きる私たちは常に受けているのです。宿曜占星術の法則をもとに過去に地球で起きた事象をもとに未来の予測を立てることも可能なわけです。この先、世の中はどうなるのか？自分はどういう意識で生きていくべきか？

どんな状況であっても、宇宙をあまねく照らす太陽（大日如来）の大日パワーの流れに乗っている人は小さなつまづきもありますが、結果として物事がすべてうまく運んでいくものです。

「宿」を知り、あなた自身が他の人から見てとても運の良い人になってしまいましょう！

現世利益を実現へと導く不思議な大日パワーを得るための方法は、空海が密教とともに持ち込んだ宿曜経を元にまとめた宿曜占星術を学ぶことです。皆さんの暮らしの中に運勢を取り込みフル活用することで、人生成功への針路を手に入れていただきたいのです。そうして身につけた悪縁を切り幸運を引き寄せる不思議な大日パワーによって、ビジネスにおいてもプライベートにおいても、ご自分の未来へ続く道が必ず開けて来ることでしょう。

この不思議な大日パワーを得るための方法は、自分自身の「本命宿」をイメージしながら、空海の大日パワーを取り込む不思議な古代インドのサンスクリット語のおまじない「ノウマクサンマンダバザラダンカン」と、を声に出して、声の振動を宇宙に届けてみることをおすすめします。

すると、いろいろな問題が解決へと導かれるように作用するために、8回声に出して唱える習慣を身につければ、必ず結果として表れることに気がつくはずです。

空海の不思議なおまじないの言葉

ノウ　マク　サン　マン　ダ　バ　ザラ　ダン　カン

そうして獲得した強力なおまじないの大日パワーを、自分自身の運命の「宿」を知ることにより、スッキリしない毎日からの脱出が可能となりますが、では、どのように実際の生活で活かしていけばよいかについても本書で述べてまいります。

この不思議な「おまじない（真言）」は、声に出して唱えてこそ効果があります。これまで自分の心の底に停滞していた迷いや悩みを払拭したい時、あるいはどうしても叶えたい願望がある時には、自分自身の「本命宿」と笑っている自分自身を心の中にイメージして、強く「心願」しながら、前述の空海の不思議なおまじない（真言）を声に出して唱えてみてください。

こうして、瞬時に心が落ち着き、びっくりするほど記憶力が良くなり、学業成就や立身出世、商売繁盛、恋愛成就から結婚運のアップまで、現世（今の）利益（幸せ）へとつながります。

3　宿曜占星術でわかる「ソウルメイト」の気質と「大切な人」との相性を知る！

自分自身の本命「宿」を知らないと、人は些細なことで自分を責め、クヨクヨ悩み、最悪には自ら死を選んでしまう人が後を絶ちません。

世界に目を向けたら、今日の水や食べ物にも苦労している貧しい国があり、戦争や紛争で命を脅かされている人々も大勢います。それらの国と比べたらとても日本国は恵まれています。

しかし、幸せであるはずの日本は、世界でも自殺者が多いとされる国のひとつです。この事実をどう解釈したら良いのでしょうか？

今の平和な日本の今どきのゆとり世代的な環境ほど我慢する「力」を失ってしまうから自殺者が多いのでしょうか。しかし、日本の今の傾向を見るとコロナ禍の中では自殺者が減っているそうです。

私たち人間は危機的状況に置かれると、野生の本能が起動して、「なんとかしなくては…生きなくては…」と、普段以上に生きる意欲が湧いてくるのです。しかし、このコロナ禍が収束するとどうなるでしょう？私が心配するのは、世界中の人々がコロナ禍に打ち勝ち、一斉に他の人は新しいスタートラインに立ち動き始めたのに、自分は何もできない、うまく進めないと悲観して、今度は、仕事もなく今後の生活がどうにもならない、生きていけないと自殺者が増えてくると考えております。

空海ゆかりの千光寺
玄津和尚の人生相談室
50才 女性既婚、
コロナで主人の
在宅仕事が増え
ストレスがたまる…

その中でも、家族自体、生活が苦しくなり、バイトもない、学校にも行けない、などと思いつめた若者の自殺もどんどん増え、さらにスマホ時代の到来により、今まで以上に心のケアが必要な時代がやって来ると予測しております。そのために、２０２０（令和２）年６月１日より、ＹｏｕＴｕｂｅチャンネル「玄津の空海塾」（https://www.youtube.com/c/kukaigenshin）を開設し、その中に「千光寺のヘッポコ和尚の人生相談室」を同年7月8日より毎週水曜日と土曜日の朝7時からスタートさせていただきました。

私たちの命は、自分一人が握っているように思いがちですが、そんなことはありません。宇宙をあまねく照らす太陽（大日如来）に生かされている命です。大宇宙と自分自身との因果関係すなわち運命の「宿」との不思議な「力」のつながりがあるから、私たちは生命力をいただいているのです。しかし、そのつながりを見失った人は、糸の切れた「凧」のように流されてしまい悩み苦しみ、自分自身で命を断つことになってしまうのです。実は人間とは、「幸せを感じる力」を育てながら生きるテーマを持ち、どのような人生を生きるのかというシナリオ（使命）が生まれた時から、その運命の「宿」により、あなた自身は生まれる時を選んでこの世に誕生して来ています。

人生のコントロール権はあなた自身にあると勘違いされておりますが、本当は宿曜占星術の「宿」により決まっているのです。外側の環境に左右されていると思うのは大きな間違いです。この宿曜の星占いの秘術によって宇宙のシナリオ、運命のシナリオ、自分自身の「宿」との相性をもとに、自分の周りの人たち（ソウルメイト）を知ることでコアな本来の自分自身の発見につながります。

空海の教えを学び、おまじないの言葉（真言）を発声することでオーラパワーが増幅し、自分を信じる力が強くなり、生まれたことや両親に感謝し、生かされていることを観じ、あらゆること、物、人に感謝する思いが強くなります。それだけのことで、人からのイジメや嫌なことから逃げなくなるのです。くだらないこと、些細なことから逃げない強い自分自身になるためには、必ず自分自身の運命を「宿」を知り、おまじない（呪文）を発声することにより、楽しい毎日へと好転するようになるのです。すべてのことに「ありがたい」と手のしわとしわを合わせられるようになります。空海の「宿曜の秘宝」に触れることで現実の見方が変わります。それによって、今後の生き方が大きく変わってきます。

私たちは肉体だけの存在ではありません。一人ひとりの心（魂）は生まれ変わりを繰り返しながら、誕生日から算出された運命の「宿」により、本当はどんどん進化成長しているすごい存在なのです。そして、いつも私たちのその成長を見守っている「宇宙」「太陽」と「月」や「星」そして「神仏」の存在たちがいます。決して一人ではないのです。愛と光は必ずあなたにも注がれています。空海の宿曜占星術により月と星の運行に基づく運命の「宿」さえ知っていれば、必ず道は開け、空海のお導きがあります。これからの人生は「命さえあれば坊主丸儲け」の人生観の始まりです。生かされている楽しいはずの人生を無駄にしないでください。

人と人を巡り会わせる縁。人は時として人力を超えた不思議な力に導かれるものです。仏教言葉である「袖すり合うも多生の縁」「こうなったのも何かの縁」と付き合いを始めたりするのも、この空海の引き寄せの法則による縁の作用が影響しています。過去の縁をふりかえり現在の縁を発展させ未来の縁に希望を託すこと。そして、その縁をどう受け入れ発展させるかで私たちの生きる道や世界も大きく変わってきます。

人は無意識のうちに様々な選択をし決断しています。いつ何を（誰を）選ぶかで人間関係もどんどん変わってきます。今の人間関係のほとんどは私たちの選択と縁が形づくったものだと言ってもいいでしょう。

■個人に起こる「六害宿（ろくがいしゅく）」は要注意日

六害宿は27宿の全員に必ず訪れ、吉運が逆転し、凶運が増幅します。普段ならありえないミスを立て続けにやってしまったり、制御できない感覚に陥り極端な行動へと暴走する日となります。

六害宿の日は、大きな決断や実行は避けること。自分の行動に責任を持ち丁寧に慎重に過ごすことが大切です。また、トラブルに巻き込まれたり、悪い方向に進みやすいのです。無謀な行動は、後でひどい仕打ちを受けることになります。

＝六害宿（ろくがいしゅく）について＝
命宿（１番目）　命や財産を失いやすい。
意宿（４番目）　裏切り、苦しみ、悲しみを味わうことになる。
事宿（10番目）　仕事の上で錯誤。失墜、失脚。
克宿（13番目）　財産を失い、惨敗、訴訟。
聚宿（16番目）　冷酷な仕打ち、仲間と離別。
同宿（20番目）　仲間、協力者、家族との離別

これら6つの宿は、定期的に起こるのではなく、凌犯期間（28ページ参照）と重なった時のみ日運に負の力があらわれます。

吉凶逆転とは関係なく、災厄もたらす大凶運へと変わります。大きな計画、決断、契約、実行は避けて注意を払うことです。宿曜占星術により、その日がいつなのか分かっていれば、自分の言動を制御することができます。

上記の六害宿を知らずに、「今（現時点）」は、自分自身の運命の「宿」さえも知らずに自分が判断して作ってきたご縁。そして、多くのかかわりを持ったたくさんの人たちとその環境に自分を置いて生活しているのです。

本当に「今」の暮らしで良いのでしょうか？満足しているのでしょうか？本書を何かのご縁で手

に取った「今」こそ一緒にあなた自身の運命を好転させましょう。「幸せを感じる力」を育てましょう。

そのために、宇宙の波動（振動）に作用するおまじないと、あなたの本命「宿」のシナリオどおり時代の流れにピッタリ乗れるチャンスとタイミングを掴み、望む結果へと導かれることができるのです。

では、実際にあなたの運勢と向き合ってみましょう。

問1　運命の「宿」を知り、今、これからの自分自身のすべきこととは何か？
問2　運命の「宿」を知り、今、これからの自分自身は、どんな人生を歩むべきか？
問3　運命の「宿」を知り、これから自分自身は、何から実行したいのか？

★空海の27宿は輪廻転生を繰り返しているので、あなたの運命を左右する相手を占うための3つの宿が1つのソウルメイト（魂のつながり）との相性を知ることができます。

★そして、左記の宿曜の秘宝9つのソウルメイト気質がありますので、縦に記載されている例えば①⑩⑲が「相性」の良いとされるソウルメイトです。次ページの早見表でご説明させていただきます。

宿曜９つのソウルメイト気質

あなたの運命を変える相手（恋愛・結婚・仕事・親友・同僚・ビジネスパートナーなど）の「相性」を知る宿曜９つのソウルメイトの気質を学びます。

1

①昴宿（ぼうしゅく）　⑩翼宿（よくしゅく）　⑲斗宿（としゅく）

高貴な佇まいで、優等生的な雰囲気を醸し出し、エンターテイメントの役割がある。

2

②畢宿（ひつしゅく）　⑪軫宿（しんしゅく）　⑳女宿（じょしゅく）

忍耐と粘り強さでコツコツと積み上げ、現実的な世界で社会的地位を確立する力がある。

3

③觜宿（ししゅく）　⑫角宿（かくしゅく）　㉑虚宿（きょしゅく）

天に向かう軽快さと地に落ちつきたいという二面性を持ち、両方のバランスが整うと夢を叶える力となる。

4

④参宿（さんしゅく）　⑬亢宿（こうしゅく）　㉒危宿（きしゅく）

天から物事を見ているかのように、客観的な見解で判断し、問題解決を最短で処理する力がある。

5

⑤井宿（せいしゅく）⑭氐宿（ていしゅく）㉓室宿（しつしゅく）

エネルギッシュで機転が利き、コミュニケーション能力にも優れ、まわりに合わせる順応性がある。

6

⑥鬼宿（きしゅく）⑮房宿（ぼうしゅく）㉔壁宿（へきしゅく）

人・物・事の環境に左右されやすく、センサーがついているかのように人の心を読み取る洞察力がある。

7

⑦柳宿（りゅうしゅく）⑯心宿（しんしゅく）㉕奎宿（けいしゅく）

何かに夢中になると、マニアック的な傾向になることが多く、芸術的な力を持っている。

8

⑧星宿（せいしゅく）⑰尾宿（びしゅく）㉖婁宿（ろうしゅく）

強く熱い戦士のように継続力を発揮し、目標が明確になれば、最後までやりぬく力を持っている。

9

⑨張宿（ちょうしゅく）⑱箕宿（きしゅく）㉗胃宿（いしゅく）

天真爛漫で直感力なひらめきと情熱、独立独歩の自立心旺盛な力を持っている。

4 あなたの運命の「宿」と「相性度」で人生が好転する

人間関係の11のタイプ

これからの円滑な人間関係を築く上で、どのように相手とコミュニケーションを取るべきかを優しく解き明かしてくれるのが、宿曜占星術の「相性占い」の大きな特徴です。

宿曜占星術では、あなたを取り巻く人間関係はどんなに複雑に見えても整理すれば、次の11のタイプに分けられると空海が語っておられます。

Ⓐ似たもの同士の人「命（めい）」

同じような波長を出し合っているので、エネルギーは似ていて相乗効果が勝ります。仕事に対する価値観も共通する部分が多く、等身大のような存在のため体勢が似ています。一心同体のような相手であり、「あうん」のような感覚を得て信頼関係が生まれるでしょう。分身的なソウルメイトの存在。しかし、摩擦が起こり得ることもあるので距離を置くことも大事。

Ⓑサポートしてもらう人「業（ぎょう）」

前世の借りを返すかのように見返りを考えずエネルギーが注がれ、「無償の愛」のように尽くしてくれます。二人で揃って一つのことに関わることがあれば、強い結びつきで成果を生むでしょう。車の車輪のように力を合わせて何かを成し遂げ、運命共同体的に互いを必要とし共通のもので結びつくソウルメイトの存在。

Ⓒサポートしてあげる人「胎（たい）」

未来に託すかのように、自然の流れで「無償の愛」を注ぎ尽くしたくなります。双方に相乗効果が生まれラッキーなことが起こるでしょう。二人三脚でタッグを組むと、強い結びつきで利益を生み車の車輪のように力を合わせて何かを成し遂げます。運命共同体的に互いを必要とし共通のもので結びつくソウルメイトの存在。

Ⓓ繁栄をもたらす人「栄（えい）」

利益と繁栄を与え飛躍する力やエネルギーが交換し合いＷｉｎＷｉｎの存在。

時間をかけて信頼関係が構築され、協力し導いてくれます。互いに能力を引き出し最高のパートナーとなるでしょう。

Ⓔ親愛をもたらす人「親（しん）」

親愛をもたらし目標や夢に向かって親密・親交の関係でエネルギーを与え合うＷｉｎＷｉｎの存在。時間をかけて協力しあい思いやりのある深い絆になります。ゆっくり信頼を深め、互いに能力を引き出し最高のパートナーとなるでしょう。

Ⓕ交友をもたらす人「友（ゆう）」

精神レベルが似ているので仲良しこよしの楽しいエネルギーが交換し合います。心地よく本心を打ち明けられる存在。プライベート的はベストカップルとなるので、利害関係が絡むともつれる可能性があり実益は生みにくいでしょう。

Ⓖ何かと世話を焼きたくなる人「衰（すい）」

優しさに触れるうちに絆が深く好き好きの輪が大きくなる。仕事時間よりもアフターファイブで盛り上がるので、心惹かれて癒してあげたくなる存在。生産性向上は時間がかかり、利害関係が絡むともつれる可能性があるでしょう。

Ⓗ安定を持って抑圧したくなる人「安(あん)」

安心して付き合えるので、主導権を握ってしまい無意識に安定的に抑圧したくなる存在。つい攻撃したくなったり、ビーム光線のようなエネルギーを向けてしまう。ただまったく知らない領域に詳しいので、上手く接するとお互いの世界観が広がるでしょう。それがエネルギーに変わります。

Ⓘ磨いてくれる人「壊(かい)」

強烈なパッションを焚き付ける光線ビームを感じたり受けたりします。自分の重たい鎧を外され、また原石を磨いてくれる可能性もあるでしょう。しかし、原石も磨きすぎると傷が残るので、距離を置く必要のある存在。特に尊敬の念や師弟関係、上下関係の「師」にあたる存在の場合は、良好なエネルギーになり得る傾向あり。

Ⓙピンチを与えられる人「危(き)」

リスクを伴うけれど、ピンチがチャンスを生みお互いのエネルギーはハイリターンで返ってきます。考え方や価値観が違うので、刺激的であるが世界観を広げてくれるでしょう。共通の目的によって結びつくドライな面がビジネスを飛躍させる可能性がある存在。

Ⓚ成功に導かれる人「成(せい)」

情報の交換で知的好奇心を掻き立てられ、有益なエネルギーが舞い込み成功に導かれます。自分にないものを教えてくれたり補ってくれたりする刺激的な要素が利益を生む形になるでしょう。運命的に強い絆ではないけれど、違う世界を持っていますから、干渉し過ぎずに付き合えばスケールアップする存在。

■あなたと「相手」の基本的な6種類の相性を知れば、良縁が引き寄せられる

あなたのまわりにいる人たちはすべて、右記に整理した11の「宿」のタイプのどれかに当たることになります。

さらにこのⒶ～Ⓚまでの各11のタイプは、次ページにご紹介するあ～かまでの6つの組み合わせによる相性のペアに分けられ、「運命」の人が分かります。

◆基本的な6種類の相性◆

私たちの周りにいる人はすべて、11のタイプのどこかに当てはまることになります。

さらに、この11のタイプは、「(あ)命」、「(い)業・胎」、「(う)栄・親」、「(え)友・衰」、「(お)安・壊」、「(か)危・成」という6つのペアに分けられます。

(あ)「命・命の関係」
(い)「業・胎の関係」
(う)「栄・親の関係」
(え)「友・衰の関係」
(お)「安・壊の関係」
(か)「危・成の関係」

より詳しく相性をご覧になりたい場合は、「宿曜盤」(カラー口絵参照)を使って「運命の人」との、相性やプライベート、恋愛、結婚、仕事のパートナーなど、いろいろな「相性」の組み合わせを掘り下げていくと、なんと729通りの組み合わせにより、わかり良いでしょう。

宿曜占星術において、驚異の的中率へ導いていただけるためには、自分自身の「宿」を知り、相性や運勢を占う時に必要不可欠なものが「宿曜盤」です。

宿曜盤を使って宿どうしの関係を明らかにしたり、日々の吉凶を自分自身で正しく占うことができます。

第3章

自分自身の運勢《宿》を活かして人生を楽しくする秘術（ゴールデンルール）

明るい価値観を持っている人は、
「幸せを感じる力」を育てています。
空海が教える「7つのゴールデンルール」で
自分自身の運勢を知る努力をして、
幸せを感じ、まわりを明るくしているのです。

❖「幸せを感じる力」の育て方❖

人は誰でも幸せになれるオーラパワーを持って生まれて来ます。それなのに、何故こんなにも悩みが尽きないのでしょうか？思い通りに生きることができないのでしょうか？あなた、またはあなたのまわりに暗い人はいませんか？それは負のオーラが発生しているからです。

インターネットによって簡単にあらゆる情報が得られる現在、そうした「スカッとしない人生を日々送っていると感じる方々を対象に、「占いに関する情報」「人生の処世術」や「成功法指南」と言ったさまざまな内容がウェブ上に溢れています。その現状がかえって、「何を信じてよいのかわからない」と迷う人々を増やしていると考えます。

ところが一方で、この世の中には、ビジネスにおいてもプライベートにおいても不思議と「ラッキー」「ハッピー」で「明るい」人たち、「強運を引き寄せる」人々がいるものです。そういう人たちは、いったい何が違うのでしょうか。

彼らに共通しているのは、まわりに明るいオーラを発している人がいて、自分自身が信じられる相談相手や書物があり、「自由でポジティブな心」と「常識にとらわれない視点」を持ち、「くだらないことに対してこだわらない価値観」を持っているということです。

こうした考えを持っている方々は、知らず知らずのうちに、「幸せを感じる力」を育てています。または、左記の7つのゴールデンルールとして空海が教える自分自身の運勢を知る努力をしていて、〝生きたまま「幸せ」になる〟「現世利益」を今実践しているために、幸せを感じ、まわりを明るくしているのです。

1 【あなたの人生を楽しくするゴールデンルール】①
今につながる歴史（DNA）に学び、自分をよく知る

自分をよく知るためには、自分自身のルーツと先祖、両親や祖父母の誕生日から27宿を割り出すことにより、過去の歴史（DNA）を知ることにもつながります。

なぜ空海の星占いが驚異的中率なのか？について、ご説明しなくてはならないですね。

今から2000年以上前、群雄割拠する中国の春秋戦国時代、当時の思想家・孫武によって書かれたとされる戦争指南書『孫子の兵法』は、現代の政治・経済活動の指南書としても評価され

ております。私は、孫武もまた宿曜経を学び取り入れていたと確信しております。

そして日本でも、天下統一を目指した織田信長や徳川家康よりも強く、戦国時代のナンバーワンと評判だった甲斐の国（山梨県）の武田信玄。日本の武将であり僧侶でもあった信玄が、空海の宿曜占星術『宿曜経』と『不動明王』そして前述の『孫子の兵法』の熱心な信奉者であり、『孫子の兵法』を愛読した武田信玄の軍配には、空海が中国よりもたらした仏教の秘密の教え「密教」の大日如来を中央にした図像の胎蔵界曼荼羅にも描かれた、宿曜占星術から来る27宿が描かれていたと伝えられていました。

有名な「風林火山」の旗は、中国の『孫子の兵法』の「軍争篇」の記述より取られたことはよく知られています。

『疾如「風」徐如「林」侵掠如「火」不動如「山」……』

疾（はや）きこと風の如く、徐（しず）かなること林の如く、侵掠（しんりゃく）すること火の如く、動かざること山の如し。

とする「風林火山」は有名ですが、武田信玄の「正範語録」はあまり知られていません。

武田信玄が、396年前に遺したと言われるこの左記の10の教えは、今日の日常の社会生活に役立つ「知恵」が散りばめられており、ただただ先見性に驚くばかりです。

①実力の差は努力の差
②実績の差は責任感の差
③人格（人間・人物）の差は苦労の差
④判断力の差は情報の差
⑤一生懸命だと知恵が出る
⑥中途半端だと愚痴が出る
⑦いい加減だと言い訳が出る
⑧本気でするから大抵のことはできる
⑨本気でするから何でも面白い
⑩本気でしているから誰かが助けてくれる

「信玄」という名前は、不動明王を信仰する寺院へ出家した後の僧侶（坊主）名で、正式には「徳栄軒信玄」と言います。つまり僧侶でありながら戦国武将だったのです。

現在の私（玄津）と同じ二足のわらじを履いた僧侶であった武田信玄。人の名前にはあまり使わない信玄の「玄」の一文字が、私・玄津の「玄」と同じであること、自らを「不動明王」を熱心に信仰していたことから、私は武田信玄が大好きでとても親しみを感じています。

恵林寺（山梨県）の明王殿には、今も「武田不動（明王）」が安置されています。言い伝えによると、天文20（1551）年、武田信玄31歳の時、京の仏師「宮内卿法康清」を甲斐の城に招き、信玄自らの体を模刻させ、等身大の「不動明王」像を造らせます。その時、武田信玄公は剃髪（坊主頭）し、その髪の毛を漆に混ぜ、自ら「不動明王」像の胸の中に塗り込み、「自ら不動明王を造ったのは治国の宝剣をもって国を治めるため」とし、その後に仏師に彩色を施させ、この「不動明王」尊は武田信玄公の不離一体のものと扱われたとしています。軍事的な勝敗を握る上で宿曜占星術を大いに活用した武田信玄。その27宿が描かれた軍配もここ恵林寺に納められています。

意外にも、武田信玄の墓所は高野山にあります。私は、高野山へ上がる時は必ず墓参りしています。

その高野山奥之院への参道は、一の橋から中の橋を経て「空海の御廟」まで約2㎞に渡る杉木立に包まれています。石畳道が続く奥之院参道沿いは、無縁仏を

含め50万基はあろう、おびただしい数の墓碑や供養塔が立ち並ぶ世界最大規模の大霊園です。多くの企業人や著名人、そして不思議なことにライバル（敵）であったはずの武田信玄を始め、織田信長、豊臣秀吉、徳川家、鹿児島の島津家、毛利元就など全国の戦国武将、大名の「墓所・供養塔」が仲良く高野山に閑静に建立されております。

古代インドより伝播され、当時の中国で孫子も宿曜経や仏教の秘密の教え密教を学び、戦いの戦術として変化・進化したと私は考えております。

『孫子の兵法』は、現代社会にも充分活用できる格言が散りばめられています。湾岸戦争でアメリカの勝利に貢献し、後に国務長官にもなったコリン・パウエル氏の愛読書であり、ＩＴ業界の巨人・マイクロソフト社の創業者、ビル・ゲイツ氏も著書の中でしばしば言及するなど、21世紀の今日に至るまで数多くの成功者が影響を受けております。

その『孫子の兵法』で最も有名なのは、「彼を知り己を知れば、百戦して危うからず」の一節

でしょう。「自分と相手を知る」ことで百戦錬磨の将となり、成功者となれると説いているのです。実は、空海が唐（中国）よりバラモン教やキリスト教、世界最新の建築・土木技術や「密教」とともに、約１２００年前に日本に持ち込んだ占星術「宿曜経」は、空海がさらに整理し見事に理論的に体系化を図り、現代では宿曜占星術として脚光を浴びております。

この空海の宿曜経＝「宿曜占星術」は、最終的回答（ご本尊）とした宇宙をあまねく照らす太陽（大日如来）、すなわち太陽と表裏一体である「月」の運行を元につくられた人の運命、物事の吉凶や対人関係の相性などを占う秘術で、その起源は３０００年ほど前のインドだとされております。この占いの特徴は、人の運命・星を27の「宿」によって分けていることです。それぞれの運命の傾向を知ることで、悪縁を退けて良縁を引き寄せることができます。

空海の「宿曜占星術」では、そもそも自分の生年月日から算出された「宿」を知り正しく理解することから始めることが大切です。自分とはどういう人間なのか、自分の生まれ備わった性質や特徴をよく見極め、己を知ることで人が生まれた時から持つオーラパワーにより、自分自身の運勢を整え、良縁をもたらす人（ソウルメイト）を知り、良き相談相手や応援者の協力や支援により、運命を切り開いていくことができるわけです。生まれながらに本来持ち合わせた自分の特質・資質というものは変えられません。しかし、そういう自分をよく知ることで、自分の持っている将来の運勢、つまり人生の目標だとか願望、人との付き合い方といったことはいくらでも自分自身で変えることができるのです。

空海の宿曜経＝「宿曜占星術」を知り、自分の性格や運命傾向を学ぶことは、「つまらない人生」から脱出する助けとなり、まわりに明るいラッキーな人たちが集まり、または人生を左右する人に出会えたり、いろいろな問題が解決へと導かれ、人生の流れを大きく好転させるチャンスなのです。

2 【あなたの人生を楽しくするゴールデンルール】② 相性と運勢を味方につけると、最高に上手くいく

この空海の宿曜経＝「宿曜占星術」は、それこそ日本の春秋年間とも言える戦国時代の武将たちにも大きな影響を与えました。一節には、織田信長なども敵対する武将との相性を宿曜経で占い、多くの武将が宿曜占星術を用いて「相手を知る」ことに利用しました。

江戸時代になり太平の世の中が訪れても、徳川家康の側近である天海僧正の助言により、生年月日を調べて27宿を用いて大名の配置転換などを行ったと言われております。

これは、国や会社でも活用することができるのです。徳川幕府の活用方法としては、わざと相性の良くない大名同士を隣国同士に配置し、結託を防いで力を削ぐなど権力の維持に大いに貢献しました。その後、約260年に渡る江戸時代の太平の世が続くことになったのには、宿曜経の力と、実は前述した武田信玄が信望したあの「不動明王」の力があったのです。詳しくは、東京の駅名に不動明王の名残りをとどめる、目黒駅や目白駅のお話について述べておりますので、158ページのコラムをご参照ください。

前述した不思議な「力」が作用するおまじないと、さらに宿曜経による「占い」は、江戸時代にはその驚異の的中率が畏怖され、徳川家以外の宿曜占星術の活用を禁止し徳川幕府により一旦封印されますが、明治時代に入ってから再び脚光を浴びるようになり、現在では、宿曜秘宝®協会の高畑三恵子先生の『あなたの未来を切り開く宿曜秘宝』の出版などにより、「宿曜占星術」として再び注目されるようになっております。

「宿曜占星術」では、特に人間関係を占うあなた自身の運命を左右することとなる「相性占い」の比類ない的中率が大きな特徴です。

人間関係には、敵対する会社や人たち、そして今の仕事や職場、恋愛、結婚、家族、友人、隣近所など、さまざまな「敵・味方」「メリット・デメリット」などの関係があります。好き嫌いの感情ではなく、自分を知り相手を知ることでどのように接して行くのか、付き合って行くのか、どのように人間関係の世界を広げて行くのかが大切です。

このような複雑な人間関係に的を絞った時、宿曜経の「相性」について学び実行してみることにより、計り知れない奥深い意味合いを知り、不思議な出会いや縁に恵まれ、今のあなた自身を知り、好運（ラッキー）を得ることもできてしまいます。

宿曜占星術の相性占いは、「相性がいい」「相性が悪い」というだけでは終わりません。相性は、あなたと相手の立場によっても変わる相対的なものだからです。

また、人間関係の距離によっても変わってきます。

「いつ」、「誰と」、「何を」始めればいいのか?そのタイミングとは?

「この人は運命の人なのだろうか?」

「円滑な人間関係を築く上で、どのように相手との距離感を測り、どのように相手とコミュニケーションをとるべきか」を導いてくれるのが宿曜占星術の「相性占い」なのです。

あなた自身と相手との相性がわかれば、次は「運」です。

大切なことは、たまたま遭遇したラッキーではない「運命（宿命）」なのです。

何か希望を持って新しいことを始める時、引越の日、婚姻届の日、転職の日など、ツイてる日、「運」が良い日に決めたいものです。

先に述べた太陰太陽暦（旧暦）は「月」を暦にしているので、自分のツキの運は「月」の運行から紐解かれます。そのため、映画などでも話題となった陰陽師（おんみょうじ）や宿曜師、スピリチュアル系の方々は必ず水晶（クリスタル）の玉や数珠（パワーストーン）を身のまわりに置きます。詳しくは、後ほど第４章で説明いたします。それが、宿曜占星術の好運を呼び込む運気リズムの的中率が高いといわれている理由なのです。

「運が良い日」「運の良い月」「運の良い年」。

その人に合った運気の流れに乗れる日。何かを決断する時。あなたのバイオリズムから算出されたふさわしい日がわかります。この運気のバイオリズムを知っておいたほうが絶対に得です。

逆に言えば、運気を知らなければ、災いに巻き込まれる可能性が高くなるのです。すなわち、「運」のタイミングがわかれば、いい流れに乗れる可能性がさらに高まるからです。

空海の秘術・宿曜占星術で「自分を知り・相手を知る」ことで、いろいろな問題の本質を知り、問題解決へと作用しながら、あなたご自身の運命が幸せな方向へと導かれます。

どうすれば生きている今を幸せなものにすることができるのか、人生を豊かなものにしていく処方箋とは何か、ご自身や周囲の人々が幸せになれるか。

あなたの運勢・運命が定められた、あなたの「宿」との向き合い方と、その「宿」を活かして、いろいろな問題が解決に導かれ願望を叶える不思議な大日パワーとして作用するおまじないと「宿曜占星術」は、今生きるためのヒントを必死に探す、あなたの側にいてくれる最強の占星術なのです。

3

【あなたの人生を楽しくするゴールデンルール】③

良い相談相手がいるか、いないかで、人生が決まる

誰もが、たった一人では「幸せ」になることはできません。「豊さ」を築いたり、そして偉業を成し遂げることもできません。成功の裏には、必ず成功するための自分自身を知ることと他者の助けがあるのが世の常です。プロ野球で成功し活躍するスター選手も、将棋界で数々のタイト

ルを獲得したプロ棋士であっても、決して自分一人の力だけではなく、良き相談相手と出会ったことで今の姿があるのです。私たちは、そうした他者と出会う「縁」によっても人生は大きく変わると言っても過言ではありません。空海の教え（ノウハウ）では、この「縁」の力のことを「他力」と呼びますが、その良い「縁」を引き寄せてこそ何かを成し遂げることができるのです。

ただ、「他力」と聞くと、一般の方は「他力本願」といった言葉を想像し、ただ単に何もせずに他者の力を借りるという風に解釈される方もおられるでしょう。そうではなく、空海の教えによると自力の「自」は迷える人間を指し、他力の「他」とは、迷いのない神仏（阿弥陀如来）を指し示しているのです。

つまり、「自力」とは自の願望を達成させようという行いで、「他力」は迷える人間を救済したいという神仏（阿弥陀如来）の願いを指しております。仏教の秘密の教え「密教」では、「自力」と「他力」の二つが合わさって一つなのです。人間には限界がある。一生懸命心願し、自分でも精一杯の努力をした上で、他者（良縁）と結びつくことで人は真の「力（大日力）」を発揮することができるのです。

空海の「引き寄せの法則」により良縁を引き寄せるには、不思議な「力」を持つおまじないと前述した「宿曜占星術」の力を借りて、自分と相性の良い「宿」の方を見つけることで、すべてが前に進み良くなるのです。ただ、その際に重要なのは、「何かを成し遂げたい」「つまらない人生から脱出したい」と人生の目標を定めたのであれば、「それに必要な縁（社員や結婚相手）の『宿』の相性により選ぶ」ことが大切だということです。自分と同じレベル、あるいは同質の人間といくら縁があっても願望達成には結びつきません。空海の教えや過去に大成功した偉人など、「その道を極めたプロ」の語るノウハウ（哲学）に学ぶことが必要です。

その道のエキスパートと呼ばれる人や空海の教えを学ぶために、いろいろな本を読む。既に夢を叶え活躍している人の講演やセミナーを聞きに行ってみる。こうした少しの勇気と行動さえあれば、自分にとって最良の相談相手や良縁を見つけるきっかけとなり、引き寄せの法則により願いを叶える第一歩となるのです。まずは、高野山に行ってみて、１２００年前のスーパースター・超能力者・空海のオーラパワーのシャワーを浴びるなど、今、自分自身ができることから始めてみましょう。

私自身も、ナポレオン・ヒル博士、松下幸之助先生、マイクロソフトのビル・ゲイツさんやアップルのスティーブ・ジョブスさんなど、名だたる成功者の本を読み漁った結論としては、どの成功者の本よりも１２００年前の空海の教えのすごさ、素晴らしさを確信しました。

ちなみに、空海が31歳の時に本物の仏教を学ぶために、唐（中国）へ遣唐使として苦労の末に渡りましたが、アップルの創業者スティーブ・ジョブスさんもまた同様に、インドへ渡り仏教を、古代インドのサンスクリットさえも学び、アメリカへ帰国してアップル社を世界最大級の規模の大企業に育てました。スティーブ・ジョブスさんは、仏教の秘密の教え「密教」を学び体現し、さらにインド古来の統計学から算出された当時の暦（占星術）により、ジョブス自身の「宿」を知り、おまじないの言葉（マントラ・真言）を学んだに違いないと、私は確信しております。

私は、千光寺総本山の管長としてのお勤めの傍ら、人一倍たくさんの失敗を経験したことを活かすために、事業再生コンサルタントとして講演や経営者セミナーなどの活動も精力的にお勤めしております。私のいろいろな問題を解決に導く力（大日パワー）の経験を、少しでも皆さんにお役立ていただきたい、より豊かな人生を送るための「幸せを感じる力」を育てていただきたいと願っています。

4　【あなたの人生を楽しくするゴールデンルール】④　自分を信じて行動すれば、運命を見る「力」は手に入る

何をやっても上手くいかない時、心に悩みを抱いている時には、気持ちが落ち込んでしまい、

どんどん心が暗くなっていきます。

学校でのいじめや会社での人間関係、家庭での引きこもりやＤＶ、さまざまなコンプレックスによる悩みや犯罪など、平和な国でありながら多くの問題を抱えているのが今の日本の状況です。さらに厄介なことに、新型コロナウイルスという未知の病が、社会の現状や未来に対する言いしれぬ不安、疑心暗鬼を掻き立て、身体だけでなく「心の病」までを深刻化させ、出口のないトンネルの中を彷徨っている状態です。

そんな八方塞がりの状態から抜け出すには、どうしたらいいのでしょうか？

どうすれば、元気を取り戻せるのでしょうか？

空海は、「災いはすべて自分が引き寄せている」と諭しておられます。そして、暗く長いトンネルの中で過ごす時こそ、本書の自分自身の運命を示す「占い（宿曜占星術）」による『宿』を誕生日から割り出し、自分の宿命を知ることにより、必ずポジティブな気持ちが生まれます。そして、「宿」と「相性」についての関係を知ることによって、今までの悩んだ分だけ内面から自分自身の本質が滲み出て来るため、本来のあなたの姿、思考、行動を見つめる絶好の機会だと教えてくれます。

多くの人は、自分に自信がありません。そのため、人生が本当につまらなくなります。誰かに相談すると「自信を持て」「もっと頑張れ」と言われます。しかし、自信が持てないから悩んでいるのに…。頑張れないから悩んでいるのに…。そんなことを言われると、なおさら悩んで落ち込んでしまいます。

自信とは、自分を信じることとは、あなた自身の中に、生まれながらにして持っている「幸福になる力」を信じること、信じられるようになるということです。そうすれば、眠っていた「幸せを感じる力」が芽を出し、あなた自身のオーラパワーが目覚めて来ます。いろいろな悩みで、混乱していた頭の中がスッキリして、悩みの根源、正体が見えて来ます。そうなると、しめたものです。自分自身に自信が生まれ、あれほど悩んでいた問題を解決する糸口が必ず見つかります。

その時、あなたの生まれながら持つ「宿」を知ることにより、あなた自身の資質や特徴をよく知れば、いざという時に強いパワーが溢れ、どう対応すれば良いのか、道筋は必ず見えて来るのです。これが、自分自身の「宿」を知らないと『損をする』ということなのです。

自分の本質を知れば、これまでの見方、感じ方、捉え方が変わり、トンネルのその先に明るい「光」が見えて来ます。あなたの目の前が明るくなれば、出会うものはすべて宝となります。自分を信じて、あなたの心の向き、気持ちの持ち方を変えることで、スッキリとしない状況を脱出して、すべてが目の前に開かれるのです。

■スッキリしない毎日からの脱出方法

問題解決の糸口が見つからず、スッキリとしない人生を送るあなたの境遇は、台風の中で今にも流されようとしている一艘の舟と同じです。あなたが乗っているその舟は、海底に錨を下ろすことなくロープをつないでいなければ、台風に吹き飛ばされ、とんでもない方向へ流されてしまうでしょう。しかし、錨を海底に落とし、ロープでしっかり固定することができれば、糸の切れた凧のようにあらぬ方向へ流される心配はありません。

この心の拠りどころとなる錨やロープの役割が、統計学に基づく驚異の的中率の「宿曜占星術」により、自分自身の運命の「宿」を知ることや「神仏への信仰心」から来る「おまじない」を発声することにつながるのです。それはとても不思議な、私流の表現では「大日パワー」です。不思議な目に見えない自分自身の運命を見る「力」、願望が叶う「力」ですが、あなたも含めて誰にでもしっかりと掴むことのできる「力」であり、自信を持って空海の教えを実践することでその「力」を知る、「力」の存在を体験して、「幸せを感じる力」を育てることが大切なのです。

あなたの夢を叶えるために、今すぐ実践していただきたいこと。それは、自分自身の運勢・宿命をよく知り、今生きている環境に感謝しながら、神仏やご先祖に手を合わせる。そして、不思議な「おまじない」を声に出して心から願うことです。ただそれだけで、日々のスカッとしない原因そのものから逃げない、くだらないことでクヨクヨしない、強い自分自身を取り戻すことができます。はっきりと自分の進むべき針路が見えて来て、生きている今、幸せを引き寄せることができ得るのです。

ただし、私は、若い人たちに対して宗教を押し付けようと考えたことは一度もありません。そうした今の日本の状況を憂い、１２００年前のスーパースター空海の出来の悪い後継者の一人として、弘法大師・空海の教えを広め、世界人類すべての人々が平和で本来の「幸せ」な人生を送れるようにと心から願って加持祈祷（護摩焚き）を修法しているのです。

皆さんの良き相談相手となって、「つまらない人生」「スッキリとしない人生」から脱却する方法を教えて差し上げ、宿曜占星術を知り理解して行動（アクション）することにより、あなたの運命は必ず好転します。あなたとの相性の良い人を引き寄せる、今すぐ使える空海の呪文（真言）を発声して、大日パワーにより「引き寄せの法則」が作用することによって、さらに「強運を引き寄せる」人々へと変身できる方法、いろいろな問題を解決に導く具体的な方法の詳細については、本書の第４章からお届けしたいと思います。

【あなたの人生を楽しくするゴールデンルール】⑤
5 夢を実現化するには、絶対に逃げない、諦めない「力」を育てる

経営の神様と讃えられた故・松下幸之助氏。その成功者としての数々の名言は、今の世界の「パナソニック（元・松下電器産業）」を見れば、私たちの心に深く響くものがあります。一方で、松下幸之助先生は高野山真言宗すなわち「弘法大師・空海（お大師様）」の熱心な信者でもありました。松下幸之助先生が書かれた著書の名言の中にも、空海の教えから発想を得た、あるいは運命の「宿」により組織づくりの相性により人事を進めていただのでは？と思われる言葉が散見されます。

例えば、松下幸之助会長（当時）の人生哲学の一つに、「運命（与えられた天分、特質、社会環境いっさい）を生かす」というものがあります。自分の運命から逃げない。それを謙虚に受けとめ、前向きに素直に生かすということが大事だと述べております。また、その経営哲学を示した「革新の心得十ヵ条」でも、何事もやる前から「できない」と考えたのでは、できることもできなくなってしまうと説いております。

つまり、空海の教えを学んだ私には、宿曜占星術の27宿によって「必ずできる」と強く信じ、

失敗しても空海の真言を発声して、自分自身の「宿」を信じて諦めず続けることが成功するためには必須の条件だというわけです。たとえ、その過程で第三者から見て失敗していると思われようとも、明確な目的（目標）に向かってアクション（行動）し、空海の真言を発声し続けている限り失敗ではなく必ず成功への道に着実に続いているのです。こうした自分自身の統計学より算出された「宿」を信じて「絶対に諦めない」姿勢は、他の成功者もおしなべて語っておりますが、これもまた、超人・超能力者である空海の教えの中でしっかりと説かれております。

夢に向かって果敢に挑戦し続けている限り、多くの失敗や挫折を経験するかも知れませんが、それは夢を逃がすこととは根本的に違います。それは決して「負け」ではないのです。夢は意識して持ち続けるようにしてください。そして、その夢を叶えた自分を強くイメージし続けてください。

途中で諦めたらチャンスはありません。すべてノーチャンス、すべて終わるのです。パナソニックを世界企業に育てた創業者・松下幸之助会長（当時）がお示しになった「為せば成る」。自分自身の夢を頭の中に思い続けていれば、必ず不思議なことに宇宙をあまねく照らす太陽（大日如来）の「光」が見えて来ます。そのために、皆さんがさらに幸せになるためには、いつもお大師さん（空海）が、お側(そば)で見守っていただいているのですから！

空海は、本来人間には誰しも特殊な能力が備わっていると考えておりました。
それは、仏教の「ブッダ」（お釈迦様）の境地である「空観獲得」と言いますが、空海の宿曜占星術により自分自身の運命の「宿」を知ることにより、自分自身の心の中の意識の改革を図ることができます。すると、何でも実現できる希望と元気を育てる「力」が湧いてきます。その結果、「逃げずに諦めない」精神を獲得できるのです。

【あなたの人生を楽しくするゴールデンルール】⑥

6 幸せになるための哲学（ノウハウ）を持てばすべてが好転し始める

日本は世界有数の平和な国でありながら、自殺者が多い国であることを申し上げました。その他にも、引きこもりなど、人々はさまざまな問題を抱えております。なぜ、「幸せの国」であるはずの日本で、このような現状になっているのでしょうか。私は、一言で言うと、幸せになるための哲学（神仏への信仰心）が足りないからだと考えております。

では、幸せになるための哲学とは何でしょうか。それは、「希望の光」を見つけるために必要となる神仏への信仰心です。これは、仏教を始め、キリスト教、イスラム教、その他諸々の宗教各派に入会・入信（帰依）しないといけない、ということではございません。例えば、難破した舟がどこかに彷徨いながらも、自分自身の運命の「宿」を信じながら、帰るべき道すじへ向かって一つの「光」がかなたにずっと見えていたとすれば、目的地や元の場所に戻ることも可能でしょう。

私の場合の「光」とは、空海ゆかりの千光寺の和尚（管長）になる前から、「不動明王」という「光」を見つけて以降は、熱心な空海ファンのオタクではありますが、皆さまに空海を開祖とする高野山・真言宗に入信して欲しいなどという思いは一切ございません。幸せになる、スカッとしない毎日を送っている皆さまへの「答え」となる、あなたを照らす「光」を求める強い気持ち、周囲のあらゆるものに感謝する気持ちを持っていただきたいと思っているだけなのです。

あなたも神社仏閣の祭壇に向かった時に、心からの気持ちを持って手を合わせると不思議と胸がスッとして落ち着くことに気がつきます。そして、家族の健康を祈願して、神仏に祈ったり誰かに感謝をしたりする。それが、自分自身の運命の「宿」を知った上で、「いろいろな願い（思考）は達成（現実化）する」へつながると確信しているからです。

長い人生の道のりを歩き続けるには、信念をずっと維持することができる、あなたを照らす「光」、すなわち「信仰心」がないと「幸せを感じる力」が育たないために、つらい人生から楽しい人生に変化させるのは困難です。私の場合は「不動明王」と出会い、その希望の光が、空海の教えだったのです。

どうにもならない逆境から逃げ出したい時、一人で悩み苦しんだ末に、もしも自殺したいという考えが頭の中をよぎるのであれば、あなたの側には「空海」がいつも寄り添い続けていることを考えてみてください。

これは宗教とか神秘的体験などではなく、救いを求めるあなた自身がほんの少し強い自分になりたいと願うことで、宇宙とあなたをあまねく照らす太陽からの大日パワーにより勇気が湧いてすべてが好転（作用）して来ます。

何も苦しい修行をずっと積まないといけないわけではありません。今あるがままの自分の運命の「宿」を27宿の中から見つけ出すことで、あなたの良きパートナーである空海は、いつでも不思議な古代インドのサンスクリット語の呪文（真言）を発声するだけで、いつもお側（そば）で、いろいろな相談に乗ってくださり、あなたへの助けの手を差し伸べていただけるのです。

あの人は、どんな「宿」？⑥

孫正義さん

★カリスマ経営者の**孫正義さん**は、1957（昭和32）年8月11日生まれ。
・巻末の「宿曜27宿早見表」で、1957（昭和32）年の表を探します。
・1957年の暦を見て、縦軸8月と横軸11日の交差させると、「壁」とあります。したがって、孫正義さんの「宿」（本命宿）は「**壁宿**」（**へきしゅく**）生まれです。
・同じく巻末267ページに掲載している【「壁宿」の基本的な性格】では、**「人・物・事の環境に左右されやすくセンサーがついているかのように人の心を読み取る洞察力がある」「世話好きで優しく洞察力と分析力があり動じない信念の持ち主」**とあります。
・ソフトバンクグループの創業者で、常に壮大なビジョンを打ち出し、ＩＴの世界を牽引して来た孫社長。鋭いアイデアと洞察力で、『好感度の高い社長』第1位にも選ばれました。その『高感度』アンテナは、今やＩＴにとどまらず、ジャンルを超えて話題をつくり、世界規模で業績を上げた手腕とともに評価されています。数年間休眠状態だった自身のツイッターを突如再開したのも、コロナ禍の「非常事態」に私が動かねばと、孫社長のセンサーがズバリ反応したからに違いありません。

7 今までの考え方の「クセ」を180度変えてみると願いは現実になる

世界で初めて「成功哲学」を体系化し、「成功のゴールデンルール」を示したアメリカの哲学者ナポレオン・ヒル博士をご存知でしょうか。1973年に発刊され、そのサクセスメソッドを紹介したあまりにも有名な名著『思考は現実化する』は、全世界で10億部を突破する大ベストセラーとなっております。

その思考哲学プログラムの要点は、「それが何であれ、心に描いたものは現実化できる」ということ。「夢を抱く力」「考える脳力」と「(精神的であれ物質的であれ)『富』や『幸』を得たいという強い信念に基づく願望」を持つ人なら、誰もが願望を達成できると断言しています。

私自身も、まだ17歳の頃、このナポレオン・ヒル博士のサクセスメソッドを熱心に本を読み勉強したことで21歳で独立・起業し、実際に多くの恋愛や仕事などで「夢」を実現することができました。

しかし、それ以上に多くの大失敗もしました。その原因は、その時は気がつかなかったのですが、今ハッキリとわかります。当時の失敗の原因は、空海の「宿曜占星術」を知らなかったからなのです。皆さんも私と同じ失敗をしないために、本書にて空海の占い「宿曜経」をぜひ活用して、自分自身の運命の「宿」を知り、理解して行動し、絶対に私と同じ過ちをおかさないようにしていただきたいと願っております。

ここまで聞いて勘のよい方はお分かりになったのではないでしょうか。そうなのです。実は1200年前に、この日本で空海が伝えた、仏教の秘「密」の「教」え、『密教』と完全に合致しているのです。空海の密教では、世の中のことは全て自分の意思のままになる、頭で描いたことは必ず実現すると教えます。おそらくナポレオン・ヒル博士も空海の『密教』から学んだのでは?と考えざるを得ないほど、なんとも不思議な一致ではありますが、時代は変わっても1200年前の超能力者であった空海の教えは普遍なのです。その今！幸せになる教え（ノウハウ）を現代社会を生きている私たちにも、大いに活用すべきであることは間違いありません。

皆さんの中には、大事なプレゼンテーションやスポーツの場面を前にイメージ・トレーニングをした経験があるでしょう。実はこのイメトレも空海の教えが「思考は現実化する」ハッピーメソッドを立派に使っているのです。

本番前のスポーツ選手たちも、こうありたい、こう結果を出したいと強く願い、具体的に考え集中すればするほど、本番でのイメージができ、実現できるようになります。

強く願い、諦めずに実行し続けること。そのための方法を実践すること。つまり、宇宙をあまねく照らす太陽（大日如来）からの「光」のエネルギーを受け、大日パワーを身につけて「願いを現実化させる」のです。

前向きな意思があるところに道は開く。空海の教えは、ナポレオン・ヒル博士の説く内容と同様、実にシンプルで理にかなっているのです。

私にも、これまで幾度となく絶望の淵から立ち上がった経験があります。何をやっても上手くいかなくなった時、たいていの人は何とか正しい道へ戻ろうとやみくもになりがちです。その時、私を支えたのは、「私の身体の内には不思議な力がある。その力、空海の教えを実践できれば必ず問題は解決に導かれ願望は達成する」という考え方であり、ポジティブで強い信念でした。

いかなる場面に遭遇してもそこから逃げずに決して諦めない思考を持ち、運命の「宿」を学ぶことにより、いわば今までの「考え方のクセ」を１８０度変えてみることで、思考を現実のものへ引き寄せ、願いを達成することができる流れに乗れるのです。

合掌

第4章

パワースポット白浜《水晶山》千光寺と不思議なクリスタルパワー

千光寺では、普段なかなか撮影できない、
美しい写真を撮ることができる。
それは「水晶山」という地において
「水晶」の不思議なクリスタルパワーが
放たれた結果である。

1 空海のお導きにより、白浜「水晶山」に千光寺が開山される

「空海」の精神を今に受け継ぐ千光寺総本山は、今から３００年以上前の１６９７（元禄10）年に、彌栄上人が空海の霊指を受け、摂津の国（現・神戸市）にて千光寺設立を発願し、賢照上人が建立されたお寺です。

その後、移り変わる時代の中で、庶民の密教信仰の拠り所として親しまれてきましたが、１９９５(平成7）年1月17日に発生した阪神・淡路大震災により被災いたしました。１９９７(平成9）年、霊峰・雪彦山（兵庫県夢前町。現在合併し姫路市）の麓に本堂を移設し、千光寺総本山は復興いたしました。

それから約21年後、仏縁を得て、千年以上の歴史があり万葉集や日本書紀にも紹介された日本三大古湯の一つ、和歌山県白浜温泉・水晶山に、若い人々にも「空海」の教えを広めるべく、「別格本山・白浜千光寺」を開山しました。

白浜千光寺の境内には、「大日如来」を中心として放射状に、人々の厄払いや迷う心を洗心してくれる不動明王、黄金色に輝く約８メートルの観音さまを含めた現世御利益や良縁結びなどの

願いを叶えてくれる誕生月の1月から12月までの十二尊の等身大の観音菩薩さまが《空海の立体「曼荼羅」の世界観》として建立されており、南紀白浜へ観光に訪れる人々や地元の皆さんの安全と幸福をお守りしています。

新型コロナウィルス早期収束を約8メートルの黄金色に輝く「大慈眼観世音菩薩（カラー口絵を参照）」さまに祈祷し、白浜千光寺の龍照住職が庭儀での御法要を勤めさせていただきました。

2 不思議なクリスタルパワーでインスタ映えする写真を撮影する

その南紀白浜温泉の洗心不動尊千光寺では、神秘的な写真がよく撮れます。

なぜなのでしょうか？

それは、白浜千光寺の所在地である「水晶山」という古来からの地名と、そのパワースポットに千光寺を開山したことが理由だと考えております。

つまり、撮影する場所（パワースポット）の力と、「水晶」の神秘的なオーラパワーの影響によって、不思議な写真が撮れるというわけです。

巻頭のカラー写真の数々は、その千光寺において、観音さまの「大日パワーの見える化」の撮影に成功された写真です。

白浜エリアの撮影を専門とされているカメラマンの方が、千光寺へ定期的に撮影へ来られ、「不思議なことに水晶山の千光寺さんへ伺うと、神秘的な写真がたくさん撮れますよ」とおっしゃってくださいます。

ぜひ皆さんも千光寺でお参りして、神秘的でインスタ映えする写真撮影にチャレンジしてみてください。

3 「水晶」のクリスタルパワーを体得し幸運を引き寄せよう

クリスタル(水晶)を始めとするパワーストーンは、古来からさまざまな人々の間で特殊な力があると考えられていました。

マヤ文明やアステカ文明の時代には、呪術の道具として用いられており、西洋では魔術や毒を防ぐ力があると信じられていました。

このパワーストーンの力についての考えはやがて、その「石」自体に癒しの力があると解釈されるようになります。とりわけ「癒しの力」が大きいと考えられていたのが「水晶」(クリスタル)なのです。

こうして、「水晶」による癒しの効果が現れると「クリスタルパワー」と呼ばれるようになり、日本でも多くの人が腕に水晶の数珠など装飾品として身につけるようになり、幸運を引き寄せる強力な人気アイテムとなっています。

古来より不思議な力を持つといわれる「水晶」、特に霊能者が用いる水晶は「霊石」として崇められました。災いや魔を払い、危険から守ってくれる「邪気払いのパワー」「幸運を招くパワー」

を持った「霊石」として、世界中でさまざまな儀式に用いられて来ました。
その水晶（山）は、現代でも、地鎮祭の時などに、地面に水晶を撒いたり、建物やお寺などの地面には水晶が埋められたりしています。それは、水晶によって土地を清め、厄を祓い、運気の流れを良い方向に整えるためです。

水晶は、「地」「人」「場（環境）」など、すべての「気（オーラ）」を浄化し清めるため、霊的に敏感な人が水晶に触れたり水晶山に滞在していると、ひんやりとして心地良く、美しい波動（オーラパワー）を感じることができます。それは、自然の滝や湧き水に触れた時や、早朝の新鮮な空気を吸い込んだ時のような清々しさに似ています。

このように水晶は、人が潜在的に自然に対して癒しを求め、森林浴など自然を感じ波長を合わせることで、無意識に自分のオーラパワーを活性化、浄化しているのです。

この「自然の癒し」に最も近い波動を持つ水晶パワーは、心と魂を清め、生命力を活性化させ、潜在能力（超能力）や才能を呼び覚まします。これは、本来の人の「力」を妨げていた「厄」や「悪縁」「悪運」「悪霊」など、さまざまな要因を取り去って浄化していただけるからです。

人間的成長を促し、霊能力・超能力を高めてくれることから、占い師や呪術師が好んで身に着けるようになりました。創造力・直観力・洞察力を高め、自然から「何かを学び取る力」を得ることができるために、若き空海もまた山伏・行者・修験者として、山岳修行や苦行を日夜行っておられたのです。

また、水晶（山）は、負のエネルギーを吸い取り、人々を外界にある「厄」「悪縁」「悪運」から守ってくれます。その水晶パワーにより、良くない気を吸い取ってくれるので、身体の浄化を行うことになります。

■「クリスタルパワー」と「パワースポット」

水晶（クリスタルパワー）の波動（振動）をつなぐ架け橋のような役割が、空海の願望達成をするためのおまじない「真言」（古代インドのサンスクリット語）です。

真言密教の宇宙あまねく照らす太陽＝「大日如来」が変身された最強の「不動明王」の不思議な力（大日パワー）の波動を、炎（水晶）と共振させ響き合わせて、いろいろな願望を達成していただけるのです。本書の口絵カラーページのように、空海の「大日パワーの見える化」の写真撮影に成功した写真をご覧ください。不思議な写真が撮れる作用（超常現象）が起こり、効果として「大日パワー」を体験することができるのです。

白浜千光寺のある地名「水晶山」も、霊山・霊峰として全国でその名を冠する山々と同様に、水晶の基となるクリスタル（鉱石）やパワーストーンを多く含んだ地名の由来により、私は、幸運にも《空海の引き寄せの法則》により、白浜のパワースポット「水晶山」に自坊（祈願寺）を開山することができたのです。

今や世界中の宗教にまつわる人々、超能力、予言力を持っている人々が、パワーストーンに注目しています。実際、たくさんの人々が水晶を身近に置いたり、ブレスレットにして身につけることで、「幸せ」を引き寄せるクリスタルパワーを体感しています。

私たち人間は、太古より「空気から」「樹木から」「海や川から」と、様々な自然からパワーを得て生きています。その自然が発するパワーは大日如来の大日力そのものです。なかでも「水晶」は、強力なパワーを発揮する結晶として人々の間で特別に大切にされてきました。

あなたが、不思議な力を放つ「水晶」を側に置いて、あなたの願望を込めた「真言」（おまじないの言葉）を唱えれば、水晶のクリスタルパワーと合体して心身が浄化され、心が癒やされていきます。そして、願望成就のためのパワーを得ることができるのです。

水晶には、癒やしの力、幸運を引き寄せる力があります。ぜひ、水晶をいつも手元に置いておくことをお勧めいたします。

■運命の27宿を彩る不思議な「縁」を呼び込むパワーストーン

それぞれの「宿」には、開運のパワーストーンが意味づけらています。これらのパワーストーンや隕石、化石（アンモライト）が身のまわりにあれば運気はさらに高まることでしょう。各パワーストーンが秘めるオーラパワーの詳細は、巻末272ページをご覧ください。

宿	オーラ・パワーストーンのご紹介
①昴宿（ぼうしゅく）…………	【レッドジャスパー】
②畢宿（ひつしゅく）…………	【プレナイト】
③觜宿（ししゅく）…………	【レピドライト】
④参宿（さんしゅく）…………	【ホワイトクォーツ】
⑤井宿（せいしゅく）…………	【パール】
⑥鬼宿（きしゅく）…………	【ムーンストーン】
⑦柳宿（りゅうしゅく）…………	【ターコイズ】
⑧星宿（せいしゅく）…………	【カットクリスタル】
⑨張宿（ちょうしゅく）…………	【サンストーン】
⑩翼宿（よくしゅく）…………	【カーネリアン】
⑪軫宿（しんしゅく）…………	【ソーダライト】
⑫角宿（かくしゅく）…………	【ピンクオパール】
⑬亢宿（こうしゅく）…………	【ラベンダーアメジスト】
⑭氐宿（ていしゅく）…………	【ジェイド】
⑮房宿（ぼうしゅく）…………	【ブラッドストーン】
⑯心宿（しんしゅく）…………	【ルチルクォーツ】
⑰尾宿（びしゅく）…………	【ラピスラズリ】
⑱箕宿（きしゅく）…………	【マラカイト】
⑲斗宿（としゅく）…………	【ガーネット】
⑳女宿（じょしゅく）…………	【オニキス】
㉑虚宿（きょしゅく）…………	【ブルーレースアゲート】
㉒危宿（きしゅく）…………	【アメジスト】
㉓室宿（しつしゅく）…………	【ピンクカルサイト】
㉔壁宿（へきしゅく）…………	【トルマリン】
㉕奎宿（けいしゅく）…………	【ローズクォーツ】
㉖婁宿（ろうしゅく）…………	【オレンジカルサイト】
㉗胃宿（いしゅく）…………	【タイガーアイ】

空海の偉大な足跡と、空海ゆかりの数々のパワースポットや寺院を振り返ってみると、なんとも不思議なことがたくさん見えて来て驚きを隠せません。

空海は、遣唐使として訪れた唐（中国）長安の「青龍寺」で密教の最高位となる第七祖の恵果阿闍梨から密教のすべての奥義を直伝され後継者となります。帰国後、空海は日本に密教を広めるため、自身の生誕の地である讃岐（香川県）に、青龍寺に模した「善通寺」を建立します。その後、当時の嵯峨天皇に「紀伊国の南山の地」の下賜を願い出て、高野山に「金剛峯寺」を開創します。

不思議なことに、この中国の密教の聖地・青龍寺（長安）と、この青龍寺を模したと言われる空海の生誕の地・善通寺（讃岐）と、高野山金剛峯寺を東西に一直線で結ぶと、すべての位置が北緯34度13分のほぼ真上にあることが分かります。約１２００年前にもかかわらず、この一直線に並ぶように建設できるのは、地球外生命体（宇宙人）が、自転している地球を空から高度なＵＦＯ（未確認飛行物体）より位置を割り出して、空海に伝えないと不可能なはずです。この一致はただの偶然なのでしょうか。はたまた空海が、唐から持ち帰った最新科学技術や宿曜経から割り出され意図した位置なのか、現在でも解明されていない大きな謎とされています。

伊勢神宮の鬼門を守る寺として、空海ゆかりの「朝熊岳金剛證寺（こんごうしょうじ）」があります。伊勢神宮の奥之院ともいわれ、平安時代には空海によってお堂が建立され、密教修業の一大道場として隆盛を極め、伊勢神宮とセットで参拝すべきとされました。

日本の総人口の約12分1の、年間に約900万人が訪れる神社の最高峰・伊勢神宮へお参りするついでがありましたら、伊勢神宮の外宮・内宮をまわり、そして空海ゆかりの「朝熊岳金剛證寺」へと巡る《一般的にはあまり知られていない開運ルート》があります。あなたの運命を占い、そして今後の人生を好転させるためのキッカケづくりとして、ぜひ伊勢神宮へご参拝してください。

話を元へ戻しますが、空海は、嵯峨天皇より東寺を下賜されます。空海は奈良から遷都した平安京の国家安寧を祈願します。それ以来、明治時代に至るまで京都御所として天皇が居されることとなり、都として繁栄が続きました。

高野山を中心に、これらのパワースポット伊勢神宮、京都御所を地図上で確認してみると、高野山から伊勢神宮、そして京都御所はまったく等距離になっており、綺麗な三角形が現れます。そして、これら3ヶ所を結ぶ距離が、なんと108㎞で一致しているのです。一説には、真言密教のシンボルである胎蔵界曼荼羅に描かれている「三角智印」を地理上に具現化したものだとも言われております。

この108㎞が意味するものとは？ とても興味深いのは、人間の煩悩（欲望）の数は108

つあるとされており、除夜の鐘を鳴らす１０８回にも一致していることです。

さらに、宿曜27宿は、月の軌道を27等分したもの。太陽の軌道を12等分したものが12宮。この27と12の最小公倍数が１０８…。すべてが１０８につながるのです。

これはあくまで私の仮説ですが、おそらく空海は、密教を心穏やかに広めるのに適した信仰聖地を見つけ出すために、月や星といった天体の法則にも結びつけながら、宿曜占星術を使って究極の「空海伝説の地（パワースポット）」の位置づけを決定したと考えております。

いにしえの時代にタイムスリップすれば、日本のみならずエジプトやインド、マヤ文明など、決して偶然とは考えられない不思議なことがたくさん見えて来ます。空海もまた、「大日力」による不思議な事象や３０００もの「空海伝説」を数多く生み出しており、現代人が驚くような形で、今日なお真言密教の教えを広め続けておられるのです。

これも超人・空海が超能力者であるがゆえに、私たちに１２００年前から時空を超えて現代に語りかけていただいている、と私は信じています。合掌

あの人は、どんな「宿」？⑦

高嶋ちさ子さん

★ヴァイオリニストの**高嶋ちさ子さん**は、1968（昭和43）年8月24日生まれ。

・高嶋ちさ子さんの「宿」（本命宿）は**「張宿」（ちょうしゅく）**です。

【「張宿」の基本的な特徴と性格】

「天真爛漫で直感力なひらめきと情熱、独立独歩の自立心旺盛な力を持っている」

「自己表現力や話術に優れ、自分を上手にプロデュースする力がある」

・高嶋ちさ子さんは、バラエティ番組にも多く出演され、その歯に衣着せぬ「ちさ子節」の痛快さが視聴者に支持される人気者です。どんな時でもエネルギッシュに、自信を持って主張できる独特のトーク術を持ち合わせています。たまに、その物怖じしない大胆な発言が仇となり、「炎上」を招いてしまうこともあるようですが、新しいテレビ時代における女性像、母としての立ち位置を上手くセルフプロデュースして存在感を確立していると言えます。

第5章

今話題の半人半魚の妖怪《アマビエ》を知っていますか？

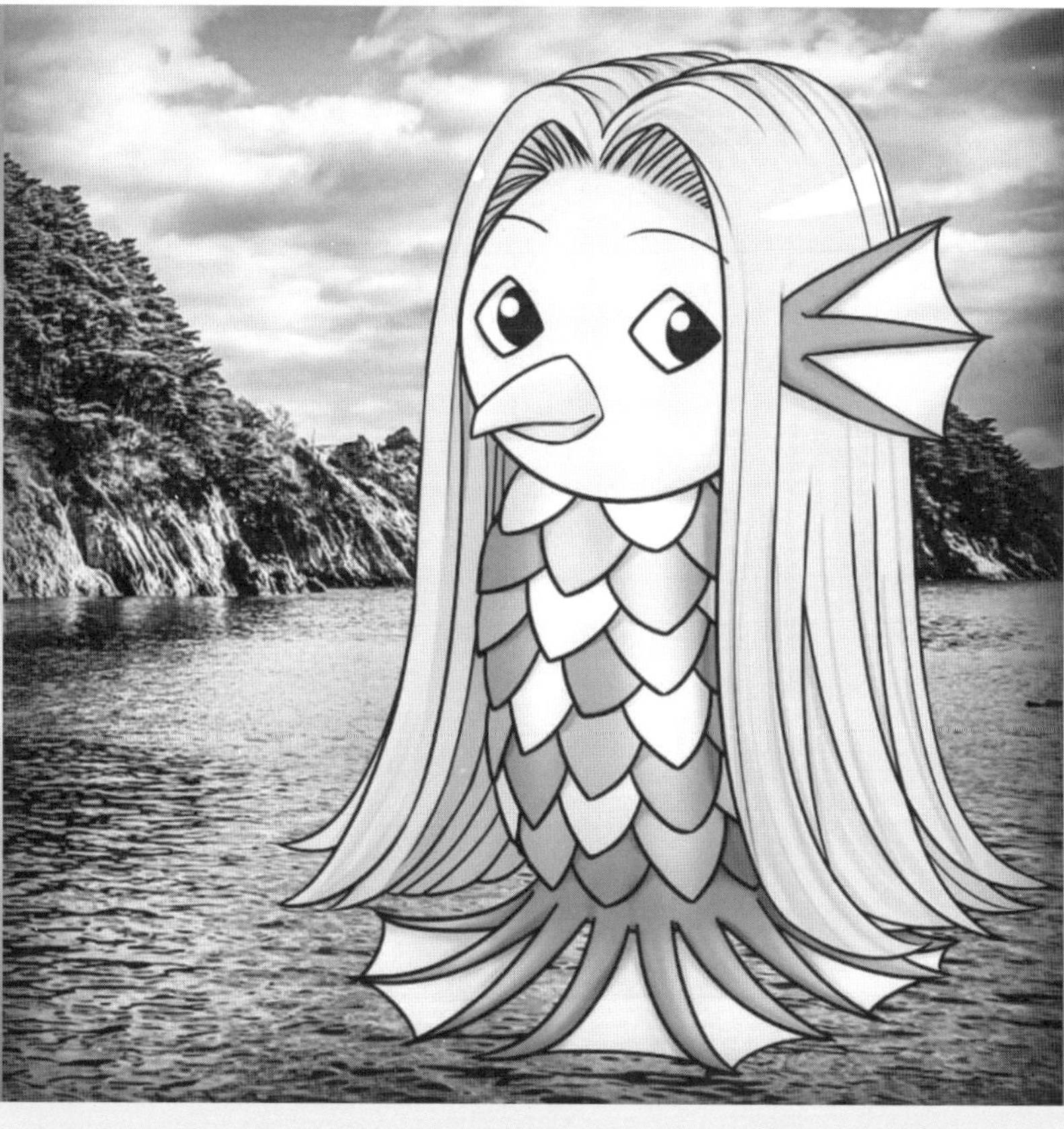

半人半魚の妖怪『アマビエ』とはいかなるものか。
厚生労働省が感染を防ぐ啓発動画に採用したが、
実はアマビエの正体は大日如来の化身。
皆で真言をとなえて
宇宙を照らす太陽の大日パワーを得よう。

1　SNSで超話題の妖怪「アマビエ」をご存知ですか？

２０２０（令和２）年2月頃、ある妖怪掛け軸専門店が新型コロナウイルス対策で「半人半魚の妖怪『アマビエ』のイラストをみんなで描こう！」と呼びかけ、そのイラストと由来解説をツイッターに投稿したのが始まりです。これに呼応したツイッター利用者の間で、「アマビエチャレンジ」や「アマビエ祭」などのハッシュタグを付けた投稿が一気に増加しました。

イラストや漫画だけでなく、中には、ぬいぐるみやフィギュアまで制作するなど、ブームは爆発的に拡がりました。既に日本産のお守りとして海外のネットユーザーが注目し、イギリスの高級紙「ガーディアン」までが取り上げるレベルになっていることをご存知の方も多いのではないでしょうか。

では、この「アマビエ」とはいかなるものでしょうか。始まりは、江戸時代の肥後国（熊本県）。半人半魚の妖怪で、海中から現れて「当年より6年間は、諸国で豊作は続くけれど疫病も流行する。私の姿を描いた絵を人々に早々に見せよ」と言い残して、再び海中に潜り姿を消しました。出現したのは、１８４６年（弘化3年）の1回きりとされ、妖怪「アマビエ」の話を聞きつけた江戸の瓦版屋（昔の新聞）がこれを取り上げたと伝えられています。

ただ、この伝説自体には、「絵を見せた」ことで、疫病が封じられた記録や伝承は一切伝わっておりません。本来は、疫病退散を結びつけるのは無理筋な話なのです。それでも、170年以上も経った令和の世に再び拡散するのは、その情報の「感染力」が強いからかもしれません。

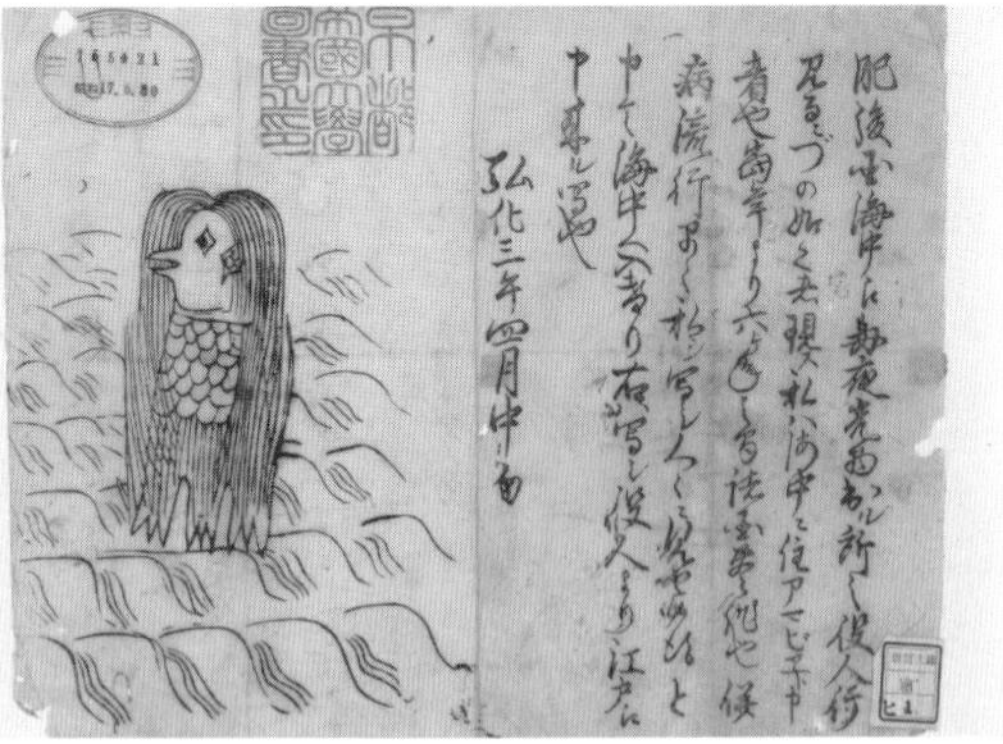

「もし疫病が流行ったら私の姿を描き写して人々に見せよ」と予言したとされる妖怪アマビエがが描かれた瓦版（京都大学附属図書館所蔵）

いずれにしても、今回のアマビエ伝説の拡散は、厚生労働省が新型コロナウイルスの拡散を防ぐ啓発動画に採用したことからも、その影響力がいかに大きかったのかを物語っています。

そして、ついには、宗教界にまでそのブームはおよんでいます。アマビエ護符、お守り、御朱印を配布（頒布）する神社や寺が、妖怪「アマビエ」ブームに遅れるなと続出しているのです。

実は、アマビエの正体は大日如来の化身なのです。

実際、これだけの影響力を及ぼせるのは、宇宙をあまねく照らす太陽（大日如来）の大日パワーだからなせることだと私は考えております。

妖怪アマビエ自体は疫病を収束させる術を持ちません。しかし、アマビエを含むすべてが大日如来の化身なのですから、私は、日本の全国民が真言（おまじない）を唱え、本書の表紙カバー（右側）の「お札」を住居に貼り付けることで、今回の忌まわしい新型コロナウイルスを収束させることが必ずできると確信しております。

どちらにしても、新型コロナウイルス収束について、現在の日本仏教界も超宗派で「アマビエ伝説」を超えるパワーを生み出す必要があると考えます。アマビエ伝説に熱中する若い方々にも、わかりやすい神仏のご加護を伝えなければ、日本宗教界の発展はありえないからです。

それができるのは、空海ゆかりの千光寺でありたいとコロナ禍の収束の「護摩焚き（護摩行）」により祈祷し一助になればと、日夜お勤めに精進しております。

2　妖怪「アマビエ」は実は「大日如来」が変身されたお姿なのです

インターネット、スマートフォンなどの普及により、今の世の中はいろいろな情報がものすごいスピードで毎日洪水のように溢れています。ネットは便利である反面、匿名でやり取りされる情報も多く、それにより人間関係がギクシャクしたり、不安に感じ、底知れぬ闇を抱えています。そして、何か「スカッとしない人生」に嫌気をさして、あるいはただ漫然とくだらないことにくよくよ悩んでいる人があまりにも多くおられます。

このような情報があり過ぎる今を生きる現代人にこそ、空海の教え、「大日如来」（宇宙をあまねく照らす太陽）からのエネルギー、すなわち現世利益を叶える大日パワーを活用してほしいと願っています。この強力なパワーのことを、私は「大日力」と呼んでいます。空海が今に伝える「大日力」は、生き馬の目を抜く現代社会を生き残り、「つまらない、スッキリとしない人生」から脱出する方法なのです。

私は、空海の大ファン（オタク）であり、考え方、行い、教えのすべてに心酔しております。

では、一般的な「お大師さま」と呼ばれる弘法大師・空海ってどんな人物なのでしょう？

子どもの頃、学校で習った大昔のお坊さんということは知っているけど、あまり詳しくは知らないな…。という方も多いのではないでしょうか。

空海をひとことで表現するなら、２０００年以上前のインドから伝わる仏教の秘密の教えである「密教」の奥義を極めた「超人」、今風に言うと「超能力者」なのです。超能力と言うと眉をひそめる方もいるかも知れませんが、空海のその力は極めて理論的かつ科学的な事実に裏打ちされたものなのです。

唐（中国）から帰国した空海が体系化した真言密教は、その根源とする「大日如来（宇宙をあまねく照らす太陽）」を最高位の神仏として、大宇宙、万物は、すべて「大日如来」の変身したお姿であり、世界人類の平和、人々を幸福へと導いていただける仏教の秘密の教えのことです。

先ほど、妖怪「アマビエ」も「大日如来」が変身されたお姿であると述べました。「大日如来」はすべての神仏の頂点に君臨し、すべての神仏に化身されます。

お大師さま（弘法大師・空海）の秘密の教えは、現代の社会においても相通じることばかりです。空海は、今なお私たちの生活に深くつながっているのです。ですから、私も現代風に１２００年前の超人・天才・超能力者である空海のことをスーパースターと表現しているのです。

願望を達成するために必要となるのは、「大日パワー」であり、空海およびその教えなのです。

しかし、「幸せを感じる力」を育てることなしに、今の「スカッとしない人生」から脱出することはできません。

すべての力の源である「大日力」とは何なのか。弘法大師・空海とはいかなる人物なのかについて少し勉強しましょう。

空海の教え高野山の真言密教では、「大日如来」を最高位の神仏として、観想（真の姿をとらえようとして思いを凝らす）の対象となっています。古代インドの梵語（サンスクリット語）では、「マハーヴァイローチャナ」。日本では「摩訶毘盧遮那（びるしゃなぶつ）」と呼びます。

大日の智恵の光は、昼と夜とで状態が変化する太陽の光とは比較にならないほど大きく、この世のすべてのものに智恵の光を及ぼし不滅永遠で、「大日如来」の「大日」は太陽を大きく超えるという意味で、太陽を表す「日」に「大」を加えて「大日」と名づけられているのです。

空海の密教の根本経典は、「大日経」と「金剛頂経」の2つとなりますが、人々への救済者としてそれぞれ異なる性格を持っています。不動明王や観音、菩薩さまを始め、さまざまな神仏の化身と説かれていますが、どちらの経典においても、これらのすべての神仏は大日如来より生まれている。そして、「大日如来」が変身なされたそれぞれの神仏が分担し、神仏の働きも大日如来の徳が現れた姿であると説かれ、その関係と密教の思想を図で示したものが、「胎蔵界曼荼羅」と「金剛界曼荼羅」です。この両曼荼羅を総称して、両部（両界）曼荼羅と呼ばれています。この胎蔵界曼荼羅の最外院に宿曜占星術の27宿が鎮座しています。

2つの曼荼羅に描かれている「大日如来」の姿は、釈迦如来や阿弥陀如来のような出家の姿ではありません。うず高く髪を結い上げ、一般に「菩薩形」と呼ばれる姿をされており、他の如来とは異なっている点が特徴です。その姿は「すべての王」にふさわしいもので、五仏を現した宝冠を付け、きらびやかな装身具を身にまとっている姿で表されます。背中に負った光背は丸く大きく、日輪（太陽神）を表現しています。すべての神仏を統一する、最高位を象徴する威厳のある姿が印象的です。「大日如来」は、宇宙の神格化とも考えられる密教観から、宇宙の真理そのものを現す絶対的中心の王者の姿をされています。

ただし、「大日如来」の姿の基本は変わりませんが、両部曼荼羅に描かれる大日如来の手の結び方（印相）は異なります。そのため、古来より《胎蔵界大日如来》《金剛界大日如来》と区別して呼ばれ、次ページの写真のとおり、両手の手の結び方（印相）が異なる『印』の違いをよく観察して見てください。

金剛界曼荼羅

胎蔵界曼荼羅

金剛界の大日如来

胎蔵界の大日如来

左側の「智」を表した《金剛界の大日如来》は、胸の前にあげた左手の人差し指を立て、その人差し指を右手で包みこむ「智拳印（ちけんいん）」を結ぶお姿。右側の「理」を表した《胎蔵界の大日如来》は、膝上（腹の前）で左の掌を仰けて置き、その上に右の掌を重ね左右の親指の先を合わせ支えて、両手の全指を伸ばして組み合わせる「法界定印」を結ぶお姿で表されています。

3　1200年前のスーパースター空海の「大日力」

次に、不思議な力を表わす私の創語である「大日力」とは何でしょうか。

シンプルに言えば、すべてのエネルギー源である太陽を司る宇宙「大日如来」の不思議な「力」のことです。実は、私たちは誰でも生れながらにして「幸福になる力」を持っています。ただ、残念なことに気が付かず、そのパワーを発揮できないまま日々を過ごしているのです。だからこそ、「宿」を知り、「真言」を唱えていただきたいのです。そうすれば、大日如来の不思議な力「大日力」により、自分自身の内にある「幸福になる力」を目覚めさせることができるのです。

私たちのいろいろな問題を解決に導き願いを叶えていただき、さらに自分自身を護るために「大日如来」が化身した姿が最強の「不動明王」です。「大日如来」は「不動明王」の姿で人間の前に現れ、おまじない（真言）を発声することで作用し、「大日パワー」によって人々を「幸福」へと導く役割を果たしております。本来、人間には善の心が備わっております。その心を取り戻すのが「不動明王」なのです。不動明王をご本尊とするお寺は、全国各地にあります。ぜひ、参詣して自分自身の心と向き合うことをお勧めいたします。何か不思議なパワーを感じると思います。

白浜千光寺境内の大日如来像（上：木像　下：石像）

一般的に、私たち現代人は仏教とは無縁の生活を送っております。そして、様々な悩みや不安を抱えながら生きています。それは、全ての人が生れながらにして持っている「幸福になる力」を、１０８種類といわれる煩悩（欲望）が邪魔しているからです。だからこそ、その煩悩から脱する必要があると仏教は教えています。

しかし密教では、その煩悩（欲望）を正しい方向へ向けること。正しい方向へ導く方法があると説いています。

とても難しいことですが、自分自身や自分のまわりの人たちが、今後「幸福」な人生となりたいと願うなら、あなた自身の「幸せを感じる力」を育てることです。そうすれば、自分勝手な欲望（煩悩）の一つひとつが消えていき、そのかわりに正しい願望を達成するために必要となる「大日力」が目覚めて、あなたは必ず「幸せ」への階段を上ることができるのです。

その具体的な方法論が空海の数々の教え。教えを学び、世界人類の平和と幸福を願うため、私たち修行僧は、日々、真言を唱え、加持祈祷を行いながら、その大日力を増幅させる修法を行っているのです。

一度、その大日力の「作用」や「結果」を体験した者は、二度と迷妄（問題から逃げる、ごまかすなど）の世界に立ち戻ることはありません。そして、その心身に起こった体験の感覚により、たとえ学びを終えて、一般社会の生活に戻ったとしても、最強の「不動明王」の真言（おまじない）を心願しながら発声することを日常の生活に取り入れていれば、「大日力」を会得・体感しているために愛する人々を幸せに導くことができる。そう、空海は語っております。

「大日力」を授かる人は、悪しき道を歩むことはありません。人として正しい道を歩むことができるようになります。そして、さまざまな雑念から解き放たれ、自由な意識（心）を持つことができるようになるからです。

「大日のパワー」と、私たちの内にある「オーラパワー」を一体にする方法の一つに「三密」があります。空海の真言密教において、とても大切な教えです。詳しくは次の項でご紹介しますが、ここでは、「真言」を唱えると、なぜ不思議な力が湧いてくるのかについてご説明をします。

空海は、宇宙は普段に作用しあい、その働きを精神的側面＝意密、波動的側面＝口密、物質的側面＝身密の三方向から分析されています。例えば、口密では、強い意志を持って願掛けを行いながら音声を発します。その際、空海の教えにより大日如来の行いとして音声（真言・おまじない）を宇宙に向けて放ったことになり、音声そのものに大きな意味を持つことになります。

つまり、人が発する音声「不動明王真言（古代インドのサンスクリット語）」には、この波動エネルギーとともに不動明王に変身なされた「大日如来の慈悲と知恵」が備わっているため、口に真言を唱えることで宇宙（太陽・月・星）と波動（声音による震動）によりつながり、大日力により作用し、良い結果につながると考えられているのです。

では、強く心に念じて作用しオーラパワーが言葉を発するとどうなるのでしょうか。

私なりの解釈でわかりやすく言うと、電子レンジの現象に例えられると考えております。電子レンジ（マイクロ波オーブン：microwaveoven）は、電磁波（電波）により、水分を含んだ食品などを発熱させる調理器具です。電磁波（振動）の発生源としては、マグネトロンという真空管の一種が使われ、電子レンジはマイクロ波を照射して、極性をもつ水分子をつなぐ振動子に直接エネルギーを与え、分子を振動させて温度（分子の運動量）を上げる仕組みです。

すなわち、電子レンジは火を焚いていないのにもかかわらず、電子振動によって水分を含んだ食べ物を発熱させます。この電磁波によって物が熱くなるように、真言を強い意志を持って宇宙に向かって発声することで、その思いは「波動」となって大日如来へと通じ、その「作用」の現れとして願望は成就すると捉えれば良いのではないでしょうか。

空海のおまじない（真言）を唱えることを習慣にすることが、今！幸せになる（現世利益）につながると申し上げているのはそのためです。

また、有名な四国八十八ヶ所巡礼も、大日力を得られる一つの方法です。空海を頭に念じながら遍路を行うことで、空海と「同行二人（どうぎょうににん）」で修行ができます。そして、空海のような視点や考え方で物事を観察でき、判断を下すことができるようになるとされます。

空海を観じ教えを学ぶ「同行二人」。その体験する方法が四国などの「お遍路（へんろ）さん」です。「お遍路」とは、お大師さま（空海）の御跡（みあと）である八十八ヶ所霊場を巡礼することです。古来、四国は国の中心地から遠く離れた地であったため、さまざまな修行の場となっておりました。四国の讃岐に生を受けた空海も、たびたびこの地で修行し、八十八ヶ所の寺院などを選び四国八十八ヶ所霊場を開創したと伝えられております。

当初の遍路は修行僧などが中心でした。その後、空海（弘法大師・お大師さん）への人々の信仰の高まりとともに、日本全国から多くの民衆が訪れ「お遍路」を行ったと言われております。そして、空海のゆかりの地として、誰しもが一度は訪れたい霊場として高野山と同様に四国の「お遍路さん」として、発展していきました。この遍路を行っている際に、常に「空海とともにある」ことを意識して行うのが「同行二人」です。そうすれば、空海と一緒に修行していることと同等になります。

つまりこれが、「大日力を得る」ことにつながるのです。空海と「同行二人」を観じる事がごく自然に日常での価値観となった人にのみ、密教の教典である『大日経』に記されている「観察し相応すれば成就を作す」状態となるのです。これこそが、「常識にとらわれない視点」を体現していると言えるでしょう。

別格本山・白浜千光寺でも、パンプスや水着のままでも約5分で気軽に体験していただける「プチお遍路（巻末のイラスト参照）」で、空海と一緒に、この「同行二人」は若い女性に人気です。一度、パワースポット南紀白浜温泉の白浜千光寺をお訪ねいただいて、その不思議なパワーを体感してください。

そうして得た空海の視点や考え方で物事を観察し、ありとあらゆる判断を即座に下す。その能力が備わった状態が、大日パワーを得たと言える状態なのです。それが日常での価値観となった時、人は「幸せ」を感じる力を育むことができ、自分自身と、そして大切な人を「幸せ」に導くことができるようになります。

4　空海の秘儀「三密」を実践すれば今、幸せになる「生きる力」が湧いてくる

現在のコロナウイルス禍で、空海の高野山真言密教の奥儀としての言葉をヒントとして、俄然注目を集めるようになったキーワードがあります。

人が「密閉」空間に、「密集」して、「密接」に接することを避ける「三密」という言葉です。

これら3つの状況が揃うとウイルス感染の発生リスクが高まるという、とてもネガティブな言葉として使われていますが、空海の密教には約１２００年前より悟りを開くための奥儀「三密」という教えがあるのです。こちらは、コロナウイルスが吹き飛ぶほどポジティブな大日パワーを得

られる密教の秘儀であるため、同じ「三密」でも大きな違いです。

人それぞれの願望を達成することのできるノウハウの一つとなる『三密』とは、大日如来（宇宙をあまねく照らす太陽）との一体化を目指して、すべての始まりとなるサンスクリット語の最初の一文字「阿」を観じて「阿字観（瞑想）」の修行、「身密（しんみつ）・口密（くみつ）・意密（いみつ）」のことを指します。

この三密「身・口・意」（しん・く・い）を簡単に言うと、
大日如来の「身」＝身体・行動を表します。

大日如来の「口」＝言葉や考え方を表します。

大日如来の「意」＝心や意識を表します。

空海の真言密教の奥儀の一つでいろいろな願望達成へ通じる大日パワーを得ることができるとの教えです。

つまり、強い意志の力を持って願いを心に念じ、それを宇宙をあまねく照らす大日如来の化身である観音さまや不動明王尊に向かって、おまじないの言葉「真言（マントラ）」として発声して波動（振動）を生み、願いの実現へ向けて作用（振動）を宇宙へ発声することにより、いろいろな問題が解決に導かれ良い結果として現れます。それこそが仏教の秘密の教え「密教」の『三

密』であると説いているのです。

三密とは、具体的には、手に大日如来の身と行動を表わす象徴である印を結び（身密）、口に「大日如来」（神仏）の言葉である真言を唱え（口密）、心を無の境地に置くこと（意密）によって、「大日如来」（神仏）と一体になることです。空海は、この密教の修行によって、大日如来から授かる大日パワーと神仏の御加護が相互に共鳴する時、即身成仏すなわち生きている今、現世利益を身分の高低に関係なく、誰もが手に入れることができると説いています。

これらを何か厳しい儀式みたいに考え身構えなくても大丈夫です。

皆さんの日常生活でも、いろいろな問題を解決したい時に精神を統一して「願掛け」をする機会がよくあると思います。その時、自然と姿勢を整え、願い事を唱えて、心を穏やかに落ち着いて良い気持ちになっていることに気づきます。

実は、空海の精神統一の方法（秘儀）があります。

上の写真は、密教の瞑想法である『阿字観（超能力育成の奥儀)』です。

中央の「阿」は人知を超越したものを表し、精神統一や「観想行」の本尊として用いる梵字(古代インドのサンスクリット文字)の「阿字」の境地にいたり、空海の不思議な「大日力」を得ることこそ、密教修行の究極の目的なのです。

空海の真言密教の優れた修験者(僧侶)は、「阿」字を見つめることにより瞬時に精神世界に入り、「阿」字と一体化して何処へでも自分自身の「目」(千里眼)を運び、すべてを見ることができます。

そして「空海」の《四曼荼羅》が表現する大宇宙の自然界の法則(智慧)に参入して悟りを開き、「不動明王」への護摩焚きにより「大日力」を自由に自在に使えるのが、真言密教の修行(超能力の養成)なのです。

宇宙人(知的生命体)由来の約3000年前の言語(宇宙語)とも考えられる「梵語(古代インドのサンスクリット語)」。その「42文字」の字音を唱えることで、不思議な力(大日パワー)を発し、梵字のすべての文字の筆頭である「阿(あ)」字を《大日如来(宇宙の実相・実体・真理)》とし、梵字の最終文字である「吽(うん)」を密教修業の目標である「智恵の悟り」としますす。この「阿・吽」の中に《曼陀羅》を「観」じて、「空海=大日如来」と一体化し、不二一体(車の両輪）の関係性にある真理を得るために、私たちは、修行しながら「空海の教え」を学ぶのです。

空海は、「梵語の42文字」の字音を真言（マントラ）として発声（唱える）ことにより、発生する波動、すなわち言語・声（音）のエネルギー（作用）の波（振動）によって、万物は形成されており、梵語（真言）を声に出して発声する言葉には、思考や願望（意思）が介在すると語っておられます。

つまり、声（音）を発声し、護摩焚きなどにより、宇宙に向けて真言を発声する行為が『大日如来（＝宇宙をあまねく照らす太陽）』への「波動」となり、発声が「振動」として、すなわち「梵語（真言）」を唱えれば、願望（心願）へ「作用」し結果として現れ成就する。と私は考えているのです。

もっとわかりやすく言うと、前述した「電子レンジ」の話のように食べ物を入れると分子の電子振動によって、火で焼いていないのに食べ物が熱くなる現象に例えることができます。

その電子レンジのように、真言を発声すると振動が、宇宙に向けて発射することが、空海の「三密」の一つ「密教の口密」なのです。

私たち、修行僧（修験者・山伏）は空海の秘技、不動明王を本尊とする「護摩焚き」（護摩行・加持祈祷）を「口密」行いながら、手には「身密」（印）を結び、「意密」（心願）すると超常現象を起こせる大日力を発し、「結果」としていろいろな問題を解決する「現世利益」生きている今、幸せになる。こうして人々を幸せに導く「大日パワー」を授かることができるのです。

そして、私たちの心願を叶えていただける「大日如来」は、観音さまや、不動明王、半人半魚の「妖怪・アマビエ」などいろいろな神仏や万物の姿に変身して現われます。そのため古来から日本では、八百万（やおよろず）の神々とも表現しておりました。

人々を救うために、一般の方々であっても「梵語による呪文（真言）」を宇宙に発声することによって、いろいろな問題解決に向けて作用し、「大日力（オーラパワー）」を得て、願望は良い結果として必ず成就（達成）するのです。すなわち、宗教に入信（入会）しなくても、自分が幸せを感じるための空海の教えの「良い所」だけを抜き取って、自分自身や大切な人たちのために①「宿曜占星術」、②「パワーストーンを身につける」、③「呪文（マントラ・真言）」を発声する。それらのノウハウ（ＨＡＰＰＹ ＭＥＴＨＯＤ）を今日から活用すればそれだけで良いのです。

合掌

第6章

スッキリしない人生からの脱出へと導く不思議な《大日パワー》

空海の不思議なおまじないの言葉〈不動明王の真言〉

ノウ マクサンマンダ バ ザラダンカン

1　空海の占星術と「おまじない」をミックスするとあなたにすごいラッキーがやってくる！

それでは、どうすれば「スカッとしない人生」から脱出できるのでしょうか。

その具体的な方法として、空海の星占いと不動明王のおまじない（真言）について、大日パワーをどのように獲得すれば良いのか。それは「幸せを感じる力」を育て、「良い所取り」し活用することです。

私が、空海ゆかりの千光寺の和尚（管長）となるルーツは、『お不動さん（不動明王）』の奇跡的な体験にあります。

不動明王の真言「**ノウマク サンマンダ バザラ ダンカン**」を唱えるだけで、幼少からのひどい喘息が嘘のようにピタリと止まったのです。そして完治しました。あり得ないと思われるでしょうが現実の話です。不動明王は、生きている今幸せになる、願いが成就する現世利益を叶えるために、やばいほど強力な大日パワーを持っているか、おわかりいただきたいのです。

不動明王は、約３０００年以上前の古代インドのサンスクリット語では「アチャラナータ」と呼びます。これは、「カーン」と発音する「種子」の一字で示す梵字（古代インド文字）で表され、「不動明王」を表現しています。この梵名には「（不）動かない」と合わせて「山」という意味があり、山岳（修行）信仰においては、修験道に励む山伏や、「高野聖」にとっての「動かざる守護者（不動明王）」とされています。

また、「不動明王」は十二干支の酉年生まれの守護神でもあり、一般的に、「小咒」と呼ばれる簡単な呪文（真言）、「ノウマク サンマンダ バザラダン カン＝全ての諸金剛（不動明王）に礼拝（心願）する」を唱えて願掛けを行えば、どんな願いも叶えていただけると全国1000万人の方々より、そう固く信じ続けられております。

ちなみに、「小咒」は不動明王の真言のショートバージョン。長い真言は「大咒・火界咒」と呼ばれます。その中間に位置するのが、「中咒・慈救咒」と呼ばれる真言です。修行僧・山伏は、**「ノウマク サンマンダ バサラダン センダンマカロシャダ ソハタヤ ウンタラタ カンマン」**と唱えます。

不動明王は一見恐い、恐ろしい、いかつい顔をなされておりますが、それは、全ての問題や悪縁・障害を打ち砕き、全ての災魔を降伏させるために、目を剥いて牙を剥きだし激怒した表情で威嚇されておられるのです。こうしたヤンキーっぽい「いかつさ」が大きな特徴的ではありますが、「戦いの神仏」ではありません。

大日如来（宇宙をあまねく照らす太陽）の大日パワー（慈悲の光）により、いろいろな問題を抱えている人々を救う。そのために、大日如来が心も姿も鬼（不動明王）に変身されて、人々のいろいろな問題を解決に導き願望達成へ向けて働きかけている憤怒のお姿をされておられるのです。

不動明王の激怒する怒りや厳しさというのは、人間の心の中の憎しみや、怒りを表した御姿を表しており、人々が間違った道（悪）に行かないよう、正しい道（善）に人々を無理矢理にでも導いていく心を持って行動（指導）していただける強力な後ろ盾、バック（助っ人）的な存在なのです。

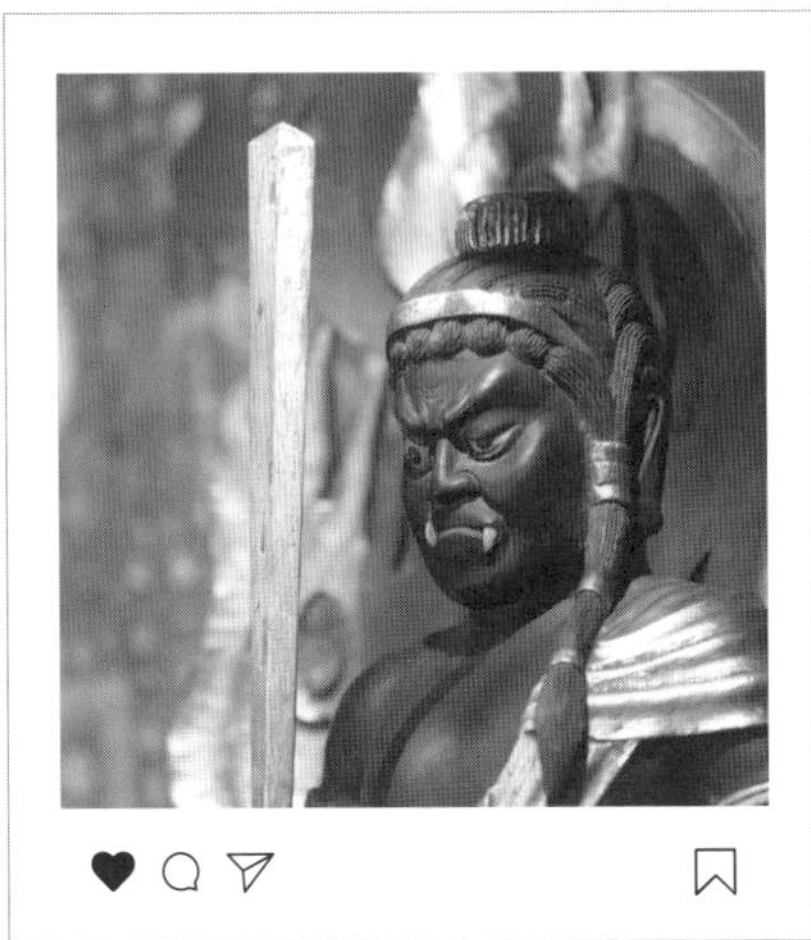

空海の教えでは、大日如来が化身している数ある神仏（明王）の中で、不動明王は最強・最高位の明王とされております。右手の剣（利剣）で迷いや邪悪な心を断ち切り、左手の綱、羂索で悪心を縛り良い心を起こさせます。背の真っ赤な炎（カルラ炎）は、煩悩（人々の欲望）や災難を焼き尽くし、自然災害を含めた、すべての災難を除いて光明（明るい未来）の道へと導いて福

徳（しあわせ）を授けていただけるありがたい神仏なのです。

つまり、人生にどんな問題や障害、災難があってもそれを打ち砕き、ねじ伏せ、おとなしく正道（仏道）に従わない者に対しては「力」ずくでも救済しようとする超熱血漢でもあるのが『不動明王（不動尊）』です。

実は、不思議な「おまじない」の代表的な呪文が不動明王真言なのです。

不動明王真言を発声する人々のさまざまな問題をすみやかに無理矢理にでも解決に導いて結果を出してくれます。

最強の法力、大日パワーを発することで数々の奇跡、超常現象を興すことから、宗教宗派を問わず不動明王信仰者は日本全国に広がっております。そして、１２００年もの長きに渡り人々に「お不動さん」として愛され信奉を集め続けているのです。

「不動明王」の姿をあなたの脳裏にイメージして、願いを込めておまじない（真言）「**ノウマクサンマンダ　バサラ　ダンカン**」と、８回以上唱えてみてください。不思議と魂からオーラパワーが湧き出る感覚を観じていただけるでしょう。

その一言（不動明王の真言）で励まされ
その一言（不動明王の真言）で夢を持ち
その一言（不動明王の真言）で立ち上がる

この不思議なおまじない（真言）によって大日パワーが生まれます。

空海の星占い「宿曜占星術」と「おまじない」をミックスすると、すごいラッキーがあなたに訪れます！　人が羨（うらや）むような夢の人生に好転し、「スカッとしない人生」から、必ず脱出することができることでしょう。

不動護摩焚きの様子

2　物事は、「おまじない」で視点が変わり「運」を引き寄せられる！
――驚異の大日パワーを発生させる不動明王へのおまじない

毎月21日は、「空海（弘法大師・お大師さま）」の日です。そして、毎月28日は、不動明王の縁日です。この日、高野山不動護摩堂や各地の密教修験道系の寺院では、不動明王をご本尊として祀る不動護摩焚き（加持祈祷）と呼ばれる儀式が行われます。

護摩壇の願い事を記入した護摩木を焚いて火の中に供物を投げ入れて、いろいろな悩みや問題の解決を図るのですが、願望の達成を不動明王の真言「ノウマクサンマンダバザラダンカン」を唱えながら「心願」します。

こうした不動明王のご加護を願う儀式（護摩行）は、全国各地の密教系寺院や山岳修行の山伏の方々によって行われており、不動明王の「現世利益」、すなわち、新型コロナウイルスの収束祈願や災害に打ち勝つといったことから、勝負必勝、立身出世、商売繁盛などを叶えるため今でも盛んに全国各地で行われております。これこそ、1200年前に空海が第八祖となった仏教の秘密の教え「密教」による願望達成術を具現化した行いなのです。

言わば、超能力者・空海の驚異のパワー「大日力」を得るための行いが、護摩行・加持祈祷というわけです。おまじない（真言）を発声することで、大日如来の化身である不動明王の深秘の「大日パワー」が得られます。これこそが霊験あらたかな秘儀「願望達成術（HAPPY METHOD）」なのです。

現在のコロナ禍を反映してか、最新刊のコミックス『ゴルゴ13（震える修験者）』（さいとうたかを・著、リイド社）の19ページ目に、滝に打たれながら修行していた主人公が「のうまくさんまんだーばーさらだん…」と不動明王・真言を唱え、61ページ目では左記の不動護摩焚きのシーンが描かれているのには驚きました。

その白浜千光寺で行っている、代々伝わる「不動護摩焚き」の秘密の作法を除いた実践方法を少し専門的になりますが、ダイジェストでご紹介させていただきます。

■「不動護摩行（く）」の実践法

第１「火天段」

護摩壇の護摩木（段木）を11本積み、右のろうそくから火を取って、扇であおぎながら護摩木に点火します。そして炎の中に梵字のラジャス（羅＝知恵の火の象徴）を観じつつ、その中に房華を一つ投げ入れます。この一房華は、炎の中で火天の座する蓮華座に変化するもの。花が燃えていく際に、その上に火天の姿を観じなくてはなりません。これら一連の「観じる」という技法・能力は139ページでご紹介させていただいた「阿字観」修行（重要となる訓練・修行です）の際に充分に磨かれていなくてはなりません。ただ想像するのではなく、「観る」という感覚が重要なのです。

そして、火天に帰依しつつ供物を捧げ塗香を3度、蘇油を大杓、小杓どちらも3度づつ、乳木を3本、五穀を3杓、切華を3度、丸香、散香を3度、さらに蘇油を大杓、小杓でそれぞれ3度、これら全てを火天に捧げ、火天に帰依し終わります。

第2「部主段」

火天段により火天の加護を受けたのち、部主段にて不動明王の加護をたまわり、「迷い」「盗み」「殺生」「淫乱」の4つの罪障を表す4本の薪を、炉の上に重ね置きます。続いて、炎の中に梵字「ウン」を観じ、一房華を投下して華は蓮華座となり、その上に乗った梵字が不動明王の姿に変化する様子を観じるのです。

第3「本尊段」

いよいよ、不動護摩本尊である不動明王を修する段階へ。炎による加護を火天段によって得て、炎により自己の罪障を消滅させた今、自他すべての人間に影響を及ぼし、罪業を消滅させ善導する不動明王の「大日力」に触れることになります。「驕り」「慢心」「邪心」「貪欲」「無知」「欺瞞」といった6つの煩悩を表す6本の薪を炉に置き、不動明王を表す梵字「カーン」を炎の中に蓮華座の上に梵字「カーン（不動明王の梵字）」が乗り、その梵字が不動明王の三昧耶形である剣に変化し、さらにそれが青黒いどぶ色の身体を持ち炎の中にすっくと立つ不動明王の姿に変化する様子を「観」じるのです。

次は、供養（願望達成術）の段階に入ります。この本尊段においての供養は塗香を３度。蘇油を大杓３、小杓３、次に１０８つの煩悩（食欲・性欲・物欲等の人間の欲望）を表す１０８本の乳木を焚き、ありとあらゆる煩悩を焼き尽くします。もちろん、その間も不動明王の炎によって供物が昇華されてゆくことを「観じ」ていなければなりません。この瞬間が最も極度の精神集中をともなう段階となります。

あらゆる世界の諸衆を煩悩から断ち切るために、６本の乳木を炉に投げ込み薬種３度炎に投げ入れます。その時に不動明王真言を唱えながら願望達成の目的をひたすら「心願」します。すると、不動明王の加護により願望達成のために運命は「大日力」により変化を始めます。最後に、再び房華一つを投げ、不動明王に感謝の言葉を述べて終わります。

第４「諸尊段」

一般的には、本尊のさまざまな個性が具現化した73諸尊に対して「真言」を唱えます。護摩木に火を灯しますが、南紀白浜温泉の千光寺の場合は、境内の黄金色に輝く約8メートルの観音さまを始め、誕生月の12尊の観音さまの中に本尊の具体的顕示である12諸尊の現出を観じて、御利益により、願望達成の様子を念じます。

第5「世天段」

不動護摩のクライマックスとなる世天段に入ります。胎蔵界曼荼羅における宿曜占星術の27宿を司る諸天を供養し修法します。

薪を5本用意します。この薪（護摩木）は人間の5欲を表しており、「完全に物質的な欲望」に火を灯して不動明王の乗る蓮華座に変化し、諸天の中心に存在する不動明王の存在を観ることによって、世天段（加持祈祷）を行います。

最後は、「不動明王」への感謝を込めて鐘を鳴らして感謝と祈願の言葉を述べ、護摩壇に三礼します。これで、千光寺に伝わる『不動護摩』はすべて終了です。

仏教の秘密の教え「密教」とは、真言を唱えるときも人には何を言っているかわからない。そして、手で「印」を結ぶのですが、実は、人にその「印」を見せないように袈裟の袖で隠すのです。

そのように秘儀・奥義のため、現実の千光寺の不動護摩の特徴（秘儀）を除いた主要部分を簡単に紹介しましたが、実際の護摩を修法するにあたっては、さらに複雑な所作、真言、読経、印や口伝のみで伝わる各流派の特徴（秘儀）が加わり、最強の「不動護摩焚き」が完成します。

密教僧（山伏）の行う不動護摩の、さまざまな動作の中に真の護摩焚きによる大日パワーを発することができたときこそ超能力（悟り・智慧）を得ます。そして、修行する僧侶が、空海の密教秘儀を通じて神仏の加護を得るための第一段階「知恵（理解）の壁」を突破する。そのときこそ、生きたままで仏となる「即身成仏」する境地となり、人々を「しあわせ」へと導くことのできる指導者になるのだと空海は語っております。

このように、密教の加持祈祷には、室内で行う「護摩焚き」と室外で行う「柴燈大護摩供」があり、いずれも「世界平和」や人々の「幸福」や「除災」を祈願するものです。しかし一方で、恨み・怨みなどにより自分自身にふりかかる「災い」「不運」「不幸」や、自分たちに「悪意」や「敵対心」を持つ人に対して行う護身術的な側面もあります。

そのため一般的に「呪い」と言われる大秘法の「太元法」、もしくは「太元帥法」は、自国（会社や家族）を守るために敵（国）を「調伏」する国家的な呪いの大呪法ですが、この場合の本尊「不動（太元帥）明王」は、「敵」を容赦なく打ち砕き、捻り伏せる恐るべき強大な忿怒神となります。不動明王を本尊とする最強の（「敵」から見れば『最悪』の）加持祈祷法となります。

■呪いの護摩焚きの秘術も存在します

一般的な護摩焚きでは、１０８本の「乳木」を投げ入れますが、呪いの護摩焚き修法の「調伏法」は、怨敵を象徴する名前を書き入れた「人形」を１０８つ投げ入れて奥義「三密」により「印」を結び、真言を唱えながら、跡形も残らないほどに人形を焼き尽くします。そうすれば、怨敵は狂い死ぬか病死するか、はたまた偶然による突然の死が訪れる恐ろしい「呪い」の秘術です。

自分たちに災いをもたらす相手が、手を出すことの出来ない悪意のある人や、ストーカーなどの家族（社員）に被害がある場合、こうした密教の護摩焚き「調伏法」を行うと、その相手（敵・対象者）は「運」を失い、悲惨な状況に追い詰められるのです。

そのあまりにも強力な「法力（大日力）」を目の当たりにした戦国武将（国主・政治家・高僧）は、宿

曜経により相手を分析した上で、さらに「政敵」に対して戦略上・政策上の「敵」を戒めるために、この不動護摩焚き修法による「調伏法」を政治に多く用いてきました。

その最も有名な武将が、武田信玄でしょう。約４６０年前の戦国時代、「敵」の大将の「運」を奪い「戦」に勝つため、武田信玄は先に述べたとおり空海の宿曜占星術と不動明王を信仰していました。戦の前には必ず戦う相手の誕生日を調べて宿曜占星術を使い、さらに熟練の山伏（高僧）による「調伏法」を行っていたと伝えられております。

すなわち、敵を不動護摩によって「調伏（戦に勝つ）」する密教信仰が盛んに行われた戦国時代は、多くの戦国武将も不動明王の加護を受けて「調伏法」により敵を呪い、国（家臣・家族）を守って来たことが分かります。時代は変わっても、不動護摩は、国（家族）を守るために修験道の山伏や高野聖、密教僧によって「秘術」として現代社会に引き継がされて来たのです。

２０２０年が始まってこの方、新型コロナウイルスが及ぼす経済的・心理的影響は、人々の活動に暗い影を落とすに至っております。

今こそ、不動明王のお力が必要だとの思いから、新型コロナウイルス収束を願い、不動明王を御本尊とする本堂の護摩壇での護摩行（加持祈祷）を敢行。私（玄津）も、「世界人類の平和」を祈願し微力ながら社会に貢献するためのお勤めを果たすべく日夜奮闘しております。合掌

コラム

東京は、あなたの運命神「不動明王」によって造られたまち？

大日力を人々にもたらす不動明王信仰は、全国各地で今なお盛んです。

日本の中心、そしてグローバルな大都市として全世界にその名を馳せる首都・東京もまた、不動明王が深く関わっております。東京は、実は不動明王によって造られたまちだと言えるのです。

その秘密は、江戸時代にまでさかのぼります。

江戸では、守護と繁栄を目的として江戸城を取り囲むように6ヶ所の不動尊（不動明王）「江戸五色不動」を建立。東西南北に加えて、中央の5つの方角をそれぞれの『色』で表しました。これは、現在、東京・山手線の駅名にその名残をとどめております。

例えば、東京の誰もが知っている山手線にある「目黒駅」と「目白駅」、すなわち、目に「黒」と「白」、一見すると全く『不動明王』とは何も関係ないように思われますが、実はこの「目黒」と「目白」は、それぞれ「目黒不動（明王）」、「目白（不動明王）」を表しているのです。つまり、不動明王を祀るお寺の名前から駅の名前が付けられていることが分かります。

さらに東京には、「目黒」「目白」だけでなく、「目赤」「目青」「目黄」といったさまざまな色の不動明王が存在しています。ただし、この色は、不動明王の「体」の色でもなく「目」の色を表している訳でもありません。江戸城（現在の皇居）を中心に江戸の町を取り囲み、守護と繁栄を目的として5ヶ所に《江戸五色・不動明王（※目黄不動は2ヶ所あります）》が置かれておりました。

当時は、江戸城を中心に東・西・南・北に加えて中央の5つの方角をそれぞれ「色」で表す習わしによって、最強・最高位の『不動明王』を江戸の街の守護と繁栄を祈願。徳川家康公ならびに徳川家が建立したお寺を5ヶ所設置したとの言い伝えが残っているのです。

こうした、それぞれの方角の不動明王は、江戸時代から「目黒不動明王のお寺さん」「目白不動明王のお寺さん」「目赤不動明王のお寺さん」「目青不動明王のお寺さん」「目黄不動明王のお寺さん」と呼ばれておりました。
そのうちの「目黒」と「目白」が山手線の駅の名前として残り、現代社会となった今でもなお人々から親しまれている地名として残っているのです。

●江戸（東京）五色不動王が建立されている寺院一覧

○**目黒不動（めぐろふどう）**
瀧泉寺（りゅうせんじ）東京都目黒区
○**目白不動（めじろふどう）**
今乗院（こんじょういん）東京都豊島区
○**目赤不動（めあかふどう）**
南谷寺（なんこくじ）東京都文京区
○**目青不動（めあおふどう）**
教学院（きょうがくいん）東京都世田谷区
○**目黄不動（めきふどう）**
最勝寺（さいしょうじ）東京都江戸川区
○**目黄不動（めきふどう）**
永久寺（えいきゅうじ）東京都台東区

東京のほかにも、関東地方で有名な『不動明王』巡りの一つに「関東三十六不動霊場」があります。これは、第１番である神奈川県伊勢原市の大山不動尊を最初にして、神奈川県・東京都・埼玉県・千葉県、合計36ヶ所の寺院を巡ります。川崎大師や高尾山にある薬王院、高幡不動、成田山新勝寺などが有名です。東京の不動尊や関東三十六不動霊場を巡り、ぜひあなたをお守りしていただける不動明王（お不動さん）信仰に触れてみてください。

こうした不動明王像をお祀りした寺院のほか、皆さんのお住まいの地域にも必ず不動明王をご本尊とするお寺さんがあります。一度、今現在困っていることや願い事があれば、ご近所の「お不動さん」（不動明王）に願掛けし参拝してみてください。そして、本書でご紹介させていただいたおまじない（不動明王真言）を発声すれば、必ず良いことが起こります。

3 空海の教えは、欲が深いからこその「幸せを感じる力」を育てる法則

ここまでは、宇宙をあまねく照らす太陽である「大日如来」の化身・最強の不動明王についての概要や、「お不動さん（不動明王）」信仰がいかに地域に根付いて、いにしえより多くの人々を助けて信仰されているか、そして、不動明王の大日パワーについて述べてまいりました。では、その現世利益をもたらす強大な力を、どのように活かせば「つまらない人生」から脱出できるのでしょうか。

空海が興した真言密教最大の特徴は、死んでから天国へ行くためではなく、「今」幸せになる「現世利益の実現」を高らかにうたっていることです。現世利益を実現するには、「欲」が欠かせません。つまり、世界人類の平和やそのために必要となる。正しい欲が深ければ深いほど、現世で「今」幸せになり願望が達成します。そして自分自身の人生が豊かで成功する確率が高い、ということになるのです。

一般的に仏教では、煩悩、すなわち「欲」をさらけ出すのは悪だと考えられています。そうし

た考えのもと、自分の中にある欲望を抑えてしまう方々が多く散見されます。しかし、欲望は人が生きていく上で欠かせないエネルギー源です。人類が歩んできた歴史を紐解くと、それがよく理解できます。

例えば、人々の「もっと健康で長生きしたい」という欲望が医学を発展させ医療制度の充実へとつながり、「もっと人生を楽しみたい」というモチベーションが芸術や芸能を発展させてきたように…。現在の経済的、文化的社会の高度な発達は、人が欲を持って渇望しなければ実現できなかったと言えるのです。

ただ、自分勝手な欲望（煩悩）は、その内容や扱い方を間違えれば破滅の方向へと向かってしまいます。

空海が秘密にしたお経の一つに、「理趣経」という経典があります。この「理趣経」は、他の経典には見られない「さまざまな欲望を肯定する」記載がなされていることが特徴です。

『理趣経』は、もともと「大般若経」の中のお経の一つでした。「大般若経」の「理趣分」という章を切り出し、説法する仏を毘盧遮那仏（大日如来）にするなど密教独自の編集を加えたのが『理趣経』です。漢訳だけでも７本あります。

『理趣経』は、人間の弱点である欲望を積極的に認めていることが最大の特色です。

最初に「性行為の快楽が清らかな境地、菩薩の境地である」と述べています。

人間の持つ欲望は本質的に汚れのないものと説く「一切法自性清浄」では、人間は、本質的に汚れのない存在であり、今は偶然に汚れているに過ぎない。ただし、欲望があっていい（汚れていい）のではなく、あくまで密教の修行により「悟り」の境地を目指す、あるいは、人々のために役に立つ欲望であれば、の条件付きの教えで在ることをキチンと認識せねばなりません。

すべての人間は、汚れがないのだから、性欲も汚れていない。だから性欲は否定されないし、肯定してよいということになります。つまり、従来の日本仏教のタブーとされていた、『性欲』という極端な例をあげることで、あらゆる欲望も本質的に汚れのないものだと説いているのです。これを「一切法自性清浄」といいます。

全体は17段に分けられ、このうち第1段では、男女の恋愛関係のプロセスを17の項目でかなり大胆に分析しています。その「十七条清浄句」の最後に、「一切の法は清浄である」とあります。

『理趣経』とは、金剛のように堅固にして永遠不滅のお経の不可思議な力のはたらきを加えていただき、もっともすぐれた教えを受けて記憶する者は、どんな悪さも犯すことはできず、仏・菩薩（観音様）の最高の地位を得て、さまざまな願いをすぐに成し遂げられると説いております。すなわち『理趣経』は文字通り、「性行為によって悟りの境地が得られる」というわけではありません。

その様な背景もあり、密教の第八祖（後継者）となった空海の弟子になった比叡山天台宗（ひえいざんてんだいしゅう）の最高位である最澄との間に、この「理趣経」の経典をめぐって、ちょっとしたトラブルがありました。「理趣経（りしゅきょう）」を借りようとした最澄に、「理趣経」は山岳修行での自然界のパワーを吸収しての悟りの体験を通じて初めて理解できるもの。文字だけで理解をすると誤った解釈をされてしまう可能性がある。しっかりと学びたければ、高野山に来て3年間、1対1で学ぶように…」と、釘を差しました。その言葉にどうしても納得できなかった最澄は、空海の元を去ることとなったのです。「理趣経」には、密教で言う悟りを開く菩薩の境地に至る過程で、男女の性も含めた欲望を肯定するかのような記述（十七清浄句）があります。空海は、その意図する真の意味を理解せずに最澄ひいては天台宗全体に伝わることを案じて、このような苦言を呈したのです。実際、今は消滅してしまった「真言立川流」のように、「欲望」の極端な解釈により邪教と呼ばれるような真言宗の宗派も存在しました。

そのために、「欲を持つのは悪」という考え方が流布するようになったと考えられますが、密教は、先程申し上げたように欲望こそは人が生きるエネルギーの根源。これまで抑えていた方々は大きな正しい欲を目一杯開放し、積極的に今までの常識を捨てて意識を改革する必要がある。と空海は説いているのです。

今までの人生の考え方や意識を180度変える上で重要なのは、まずは「他人にどう見られているか」という意識を捨て去ることです。「くだらないことに、こだわらない」ことを意識することです。とかく人は、他人の視線を気にします。そのために、知らず知らずのうちに「自分が本当はどうしたいか」という考えが置き去りにされ、外向きの偽物の自分を演じるようになってしまいます。それでは、本来あなた自身が持っているオーラパワーは消え個性を発揮できず、人生を動かす本物の大日パワーは生まれて来ません。自分自身がどうしたいかを、とことん突き詰める。そして、それを実現するための大きな正しい「欲」を強く持ち、おまじない（真言）を発声しながら心の底から「願う」ことが必要なのです。

歴史を振り返っても、戦国時代に頭角を現した織田信長、豊臣秀吉、そして不動明王を信仰していた徳川家康といった英雄たちは、「天下を必ず取る」という強烈な大欲を持っていたがゆえに運を引き寄せるオーラパワーを身にまとうことができ、一時代を築くことに成功しました。

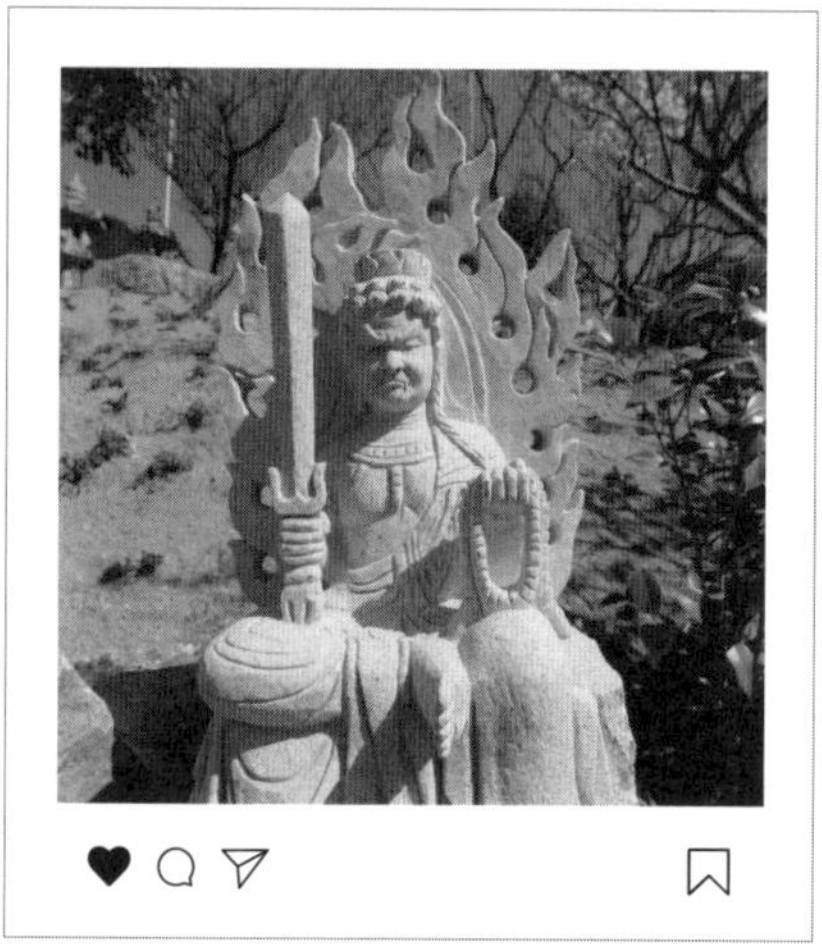

よく、欲を捨て去ることで悟りが開けると申しますが、空海の教えでは解釈が異なります。人はあらゆる人間の煩悩（欲望）をそのまま受け入れ、あるがままの自分でいることで願いは達成されると説きます。自分自身のオーラパワー、つまり空海の「大日力」を引き出すきっかけを作るのが現世利益を実現する不動明王なのです。そして、強力な「大日パワー」がもたらす超能力が、真言（マントラ）を唱え発声することになるのです。

4　「おまじない」を発声することこそ、問題解決への始まり

空海の真言密教では欲望（煩悩）やいろいろな問題を解決に導いていただくために「三密（意密・口密・身密）」、つまり「心に願い・言葉を発し・行動する」ことが大事であると説いております。例えば、大宇宙に自分自身の声（音）を放つ行為「口密」においては、密教の修行者は、古代インドのサンスクリット語である真言（マントラ）を唱えることで、大日パワーが備わり、願望が達成されるとされております。

空海の密教では、大宇宙も万物そして生命現象はすべて身（身体）、口（言葉）、意（心）とい

う3つの働きで成り立ち欲望は達成できると説きます。密教以外の仏教（スートラ・顕教）では、人間のこうした働きは、煩悩に覆われ汚れているということで「三業」と呼んでいます。

ところが、密教では、正しい欲望については、大日如来（宇宙をあまねく照らす太陽）の大日パワーとして作用し、良い結果として現れる。つまり、大日力は、今までの仏教では得ることが難しいため、「密なるもの」という意味で「三密」と呼んでいます。

白浜千光寺において執り行われた柴燈大護摩供
法要に参加された人々の「心願」が1つになった時、無風の状況の中で、神風が不動明王へ向かって突風として吹き、その時に「大日如来」の化身である燃え上がる炎が、龍神となって現れたのです。

具体的には、手に宇宙の象徴である印を結び（身密）、口に仏の言葉である真言を唱え（口密）、心を神仏の境地に置いて「平常心」となること（意密）によって、大日如来（空海）と一体になるイメージを即座に観じることが必要だと説いています。

そのために、まずは声に出して真言を唱える。

これが、いろいろな問題を解決に導くように作用し、願望を達成するためには一番大切な行いであり、すべてのスタート（阿字）になるのです。そして、それは習慣づけることが重要で、強い信念（心願）を持って不動明王真言を発声し続けることがノウハウとなります。

空海は、人は「信念を持って不動明王へ心から願い、真言を発声すれば必ず願いは叶う」「なりたいと念じれば、どんな人間にもなれる」とポジティブに捉えます。しかし、「おまじない（真言）」を発声しながら強く願い、集中力を養うことが重要だということなのです。その集中力をアップさせる一番の方法は「言葉（真言）を宇宙に向けて放つ」ことです。そして、集中しながら、真言を「何度も唱える」こと。繰り返し発することで、どんどん心が前向きに変化して、頭の中に空海が、そして不動明王がハッキリと脳裏に心に「炎」の中より、浮かび上がって来るのが分かるようになります。

私自身、これまでの人生においては、さまざまな苦難が立ちふさがりました。お不動さん（不動明王）にお参りして、左記の呪文を大きな声で、

「**のーまくさんまんだーばーさらだんかん**」

と何度も発声して不動明王の大日パワーをシャワーのように浴びて、その後、空海の教えに出会ってその教えに心酔して以来、真言を唱え続けることであらゆる苦難を乗り越えることができました。

空海の教えによると、生きている自分自身のまま仏になること、すなわち「即身成仏」する究極の目的に向かいながら現世利益を得ることが密教の目指すところだと説いております。それには、ひたすら真言を唱え、自然界のパワーとパワーストーンを身につけて、さらに神仏のエネルギーを体内に取り込むことによって、間違いなく「幸福」が結果として現れます。つまり、言葉を換えれば、願い事を心の底から「心願」して真言を繰り返し唱え神仏と一体となるイメージができれば、普段の生活をしながら願いが叶うと説いているのです。

真言による大日パワーを、さらに強力に取り込む方法があります。それは、真言を用いた「瞑想法」です。願望達成の強い願いを込めてこの瞑想法を実践し、世界的な著名人になられた方が沢山おられます。

真言を用いた瞑想法は、全世界の著名人に実践されています。空海になり代わって、その教えを伝える高野聖の末裔として活動している私（玄津）も、もちろん実践者の一人です。私が行っている簡単な千光寺流の瞑想法を次ページでご紹介しましょう。

◇空海ゆかりの千光寺流・オーラパワー瞑想法◇

まず、口から息を吐き出し（この時に悪いことをすべて吐き出すイメージをする）、真言を同じ強さでゆっくりと、リズミカルに発声すると、炎の中から不動明王が目の前に出現するようになります。

⬅

鼻からゆっくりと息を吸い込み（きれいな空気を目一杯吸い込むイメージをする）、不思議と心が落ち着き、頭が「空」となり、その後ものすごいスピードで思考が回転し始めます。

⬅

口から息を吐き出し（この時に腹の底から目一杯悪いことをすべて吐き出すイメージをする）、いろいろな問題の解決や実現したいこと「夢」の「映像」がまるで映画のワンシーンのように具体的なイメージとなって次々と現れ、あなたは笑っております。

⬅

ゆっくりとおへその辺りに新鮮な空気を鼻から目一杯吸い込みながら、物事を絵（ビデオ的）として捉えられたとき、課題の解決法や願いの達成法が思い浮び大宇宙のへ発声した呪文（真言）が波動となり作用し、そして結果として現れるようになります。

以上のように、ゆっくりと悪い気を口からすべて吐き出すことにより、その後、不動明王真言を唱えれば波動（震動）となり、大宇宙からの「作用」により明快な答えが導き出され、不動明王の真言「ノウマクサンマンダバザラダンカン」を発声すれば、実行しようとするあなた自身のオーラパワーが体中に漲ってくるのをひしひしと感じ大日力により結果として現れ、明るく元気な気持ちとなるのです。

これには、悪縁を切り良縁を引き寄せる大日力により、いろいろな問題が解決したり、願いが叶ったときには必ず左手の小指を下にして手を合わせて（金剛合拳）、御宝号「ナムダイシヘンジョウコンゴウ」と空海を称える真言（御宝号）を唱えます。そして、神経を集中して両親やまわりの人たちに「ありがとうございます」と感謝の気持ちを念じながら、空海への感謝の気持ちを持つこと。それが、次から次へと願望達成術とそのパワー「大日力」を得続けるためのスタートとなり、ハッキリと「この世で起きた問題は、必ずこの世で解決する」ため、クヨクヨしない強い人になれるのです。

これまで、難しい「宿曜経」と「密教」の究極のノウハウのみを本書では抜粋してご紹介させていただきました。

つまり、「良いトコ取り」により、「大日パワー」を自分自身の元気の出る「力」として、「幸せを感じる力」を育てるキッカケを創ることが何より重要となります。そして、今までのまわりの人たちから見られている感覚を捨てて、今までの自分の中の常識から抜け出すイメージを自覚してください。すると、今までのスッキリしない毎日から見事に脱出するイメージを観じるように心掛ければ、新しい「光」が見えて来て幸福（成功）することが必ずできるのです。

そのためにも、あなたは自分自身の運命の「宿」を知り、空海の占星術のナビゲーションにより、運勢を好転させるためのキッカケとなる「運命の人」との相性を知ることになります。そして、新しい自分とまわりの人たちと良い関係を築くための「意識の改革」と心の準備を整えておくことが大切なのです。合掌

あの人は、どんな「宿」？⑧

藤井聡太さん

★史上最年少でプロ将棋界入りを果たした棋士の**藤井聡太さん**は、２００２（平成14）年７月19日生まれ。

・藤井聡太さんの「宿」（本名宿）は、**「房宿」（ぼうしゅく）**です。

【「房宿」の基本的な特徴と性格】

「人・物・事の環境に左右されやすく、センサーがついているかのように人の心を読み取る洞察力がある」

「縁と財を備えた吉祥人」

・史上最年少棋士のデビュー戦となった、現役最年長棋士・加藤一二三さんとの対局に勝利し、14歳５ヵ月という史上最年少勝利記録を樹立しました。さらに、公式戦では一度も負けることなく連勝を続け、デビューから無敗のまま29連勝という記録を達成しました。

第61期王位戦において王位を獲得して、最年少二冠、最年少八段昇段を果たしました。

「房宿」の藤井聡太さんは、相手をじっくりと観察して分析し、相手の胸の内を読み取る能力に長けており、物事を的確に見抜く直感力と判断力が必要となる将棋の世界は、ぴったりの天職だと言えるでしょう。

第7章

知れば知るほど納得！《空海の教え密教と高野山》の世界

高野山の壇上伽藍

平安時代初期774年に四国讃岐の国に生を受け
日本が生んだ1200年前のスーパースター空海。
唐の都で空海は恵果阿闍梨から密教の後継者とされた。
空海は当時の中国と日本の宗教に偉大な足跡を残した。
そして『2つの顔』を持っていた。

1　やっぱりすごい！ 自分の未来を観じる空海と高野山

空海とその教えである高野山の真言密教が、いかにその後の社会に多大な影響を与えたのか、いかに現在にも通用するワールドワイドな思想（哲学）であったかを、空海のたどった道筋を振り返りつつ紐解きます。

日本が生んだ１２００年前のスーパースター空海は、平安時代の初期、７７４年に四国の讃岐の国（香川県善通寺市）に生を受けました。神童・天才と言われながらも大学を辞めて、仏の道に入った後、19歳の時に四国の御厨人窟で修行中に、《虚空蔵求聞持法南牟阿迦捨掲婆耶滝阿利迦麻唎慕唎莎縛訶》（こくうぞうぐもんじほうナウボアキャシャギャラバヤオンアリキャマリボリソワカ）と古代インドのサンスクリット語を１００万回唱え、まばゆい光を見た瞬間、口にいきなり明星（虚空蔵菩薩の化身）が飛び込んで悟りを開いたと伝えられております。

その後は、本物の仏教を探し求めて四国・和歌山・奈良などで修行を行い、訪れた久米寺で密教の『大日経』が仏教の真実の教えであると確信。31歳の時に、空海は密教の師を求めて唐（中国）へ留学僧として遣唐使船に乗り苦難の航海の末、唐に渡りました。無名の日本人、空海は、実は類まれな語学の才能を持ち、唐に渡った後には当時の世界でも最先端の文化を吸収しました。

唐の都に着いた空海は、８０５年６月、長安青龍寺東塔院で初めて、当時の唐随一の密教最高位（第七祖）である恵果阿闍梨に拝することになりました。その際、空海は阿闍梨から、「われ先より汝の来たれるを知り、相待ったこと久し。今日、相まみゆるは大いに好し、大いに好し、報命つきなんとするに付法する人なし。必ずすべからく速やかに香花を弁じ、灌頂壇に入るべし」と告げられます。つまり、あまたいる弟子たちを差し置いて、恵果阿闍梨は日本人である空海を密教の第八祖（後継者）としたのです。その意を受けて空海は修行に勤しみ、その後、第１章に述べた宿曜経（宿曜・占星術）を含めて、すべての「密教の経典」や奥義を持っ

て日本に帰国しました。帰国後は、古代インド由来の密教を日本に伝えただけでなく、空海独自の思想に基づいて、その精緻な教義体系を論理的体系にまとめ上げ、「真言密教」となって高野山真言宗を高野山に開くことになったのは周知の通りであります。

後に世界遺産となった高野山は町全体が境内地であり、高野山真言宗の総本山である金剛峯寺を含め高野山町内に１１７のお寺、さらに空海は一代で全国各地に末寺３６００寺以上を創設（設立）し、信徒１０００万の真言密教の修行場は現在の世界一の聖地として、今もなお多くの方々の厚い『空海（お大師さま・弘法大師）』信仰を集めております。

このように、当時の中国と日本の宗教の世界に偉大な足跡を残した空海ですが、大きく分けて『2つの顔』を持っております。

一つは、四国・讃岐の国に生まれ、学芸百般にも通じ、多芸の人としても知られております。多くの詩、評論などを著したほか、日本で初めての辞典を編纂。庶民のための教育機関まで創設しております。特に書道の腕前は超人的で、スーパースター空海は、当時「三筆」の一人と称される書道の大家でもありました。また、現代でも困難な土木工事を短期間で完遂させるなど事業家としての実務的な面でも、世界史上、抜きんでた能力を発揮して現在に至るのです。高野山にて食を断ち、835（承和2）年2月21日（玄津の誕生日です）からは仏会により水も断ち、3月21日に62歳で禅定（永遠の修行）によりその生涯を閉じた、今から約1200年前、平安初期の一修行僧としての顔。「空海」としての極めて偉大な業績を残した人物としての一面です。

もう一つの顔とは、日本中の人々が「お大師様（弘法大師）」として信仰する超能力者としての側面、数々の奇跡を起こして超人的な活躍をした顔です。前著『SUPER☆Star空海の大日力』でもお伝えしたように、日本全国各地には数多くの「空海伝説」が残っております。こうした『空海伝説』の数々を非科学的だ、あるいは、後世の捏造だと一笑に付すのはたやすいことかもしれません。しかしながら、約1200年もの間、こうした「弘法大師・空海伝説」が人々の心の支えとなってきたのは、まぎれもない事実です。

空海にまつわる奇跡的な逸話に関しては、北は北海道から南は鹿児島まで分布し、その数は3000を超えます。これほど膨大な伝説に彩られた人物は、歴史上、空海ただ一人。その事実だけでも、いかに空海が偉大な人であったかが理解できるでしょう。現代的な視点のみから、ありえない伝説だと空海を否定することは誰にもできないのです。

にわかに信じ難い話であったとしても、これらの伝説が語られた背景には、必ず歴史上の『空海』に関する何がしかの真実（事実）が含まれております。結果として「形」に残っていると言えるのです。そうした空海の足跡をたどり、多くの成功者と比べたりしながら、今までの自分自身の人生観と照らしあわせて、改めて、もう一人の自分を探してみて、空海の教えを学んでみることにより必ず明るい「光」が見えて来ます。信じる心、信じる人がいるか？いないか？つまり、それが健全で前向きな幸せを感じる力（信仰心）となるのです。

■ご存知ですか？高野山にキリスト教の記念碑が建立されていることを

そんな超人・天才・超能力者・空海が開山した高野山に、キリスト教の記念碑があるのをご存知でしょうか。

そう言うと驚かれると思いますが、高野山には、キリスト教の記念碑「景教碑」があるのです。景教とは、キリスト教ネストリウス派の中国名で、空海が唐に滞在していた当時、当地で隆盛しておりました。

明治末期、英国の比較宗教研究家であるエリザベス・アンナ・ゴルドン夫人という人物が高野山を訪れたことがありました。彼女は、キリスト教も仏教も元は一つであると考え、それを実証しようと研究を重ねていた人物です。たとえ異教であっても懐深く抱擁する空海だからこそ、高野山に行けば答えを導いてくれるのでは…。そう推測し参詣したのです。

高野山を訪れたゴルドン夫人は空海の教えを知り、そのあまりにも偉大な思想に感銘を受け、「真言密教と景教（キリスト教）は繋がっている」と確信するに至りました。それからは、ゴルドン夫人は、中国・西安（長安）にあった景教の記念碑『大秦景教流行中国碑』を空海のお側にもと切望し、明治44年に自費で高野山に同じ石碑を建立したのです。大正14年、74歳で京都の病院で亡くなられた際には、景教碑の側に埋葬して欲しいと願ったそうです。その遺言に従いゴルドン婦人のお墓は「景教碑」の隣に建立されることになりました。

こうしたエピソードを聞くと、あらゆるものを受け入れる「空海」の偉大さ、そして高野山の懐の深さには感嘆するばかりです。

実際、空海は唐（中国）滞在のわずか1年3ヶ月で驚くほどのことを学び、キリスト教ネストリウス派の景教教典（聖書の漢訳本）まで持ち帰っておりました。空海は、唐（中国）に到着してすぐに梵字をマスターし、景教（キリスト教）さえも学んだのです。それは、恵果阿闍梨に会い密教を学ぶ前のわずか数ヶ月間のことでした。

このように空海は、日本では学び得ない「真理」を求めて唐（中国）に旅立ち、「あらゆる宗教」「あらゆる思想」を研究して密教の奥義を極め、その教えをさらなる高みにまで上げていったことがわかります。そして最終的には、大日如来こそ「真理そのもの」であると究極の答えを見い出し、真言密教に到達したのです。空海は高野山開山の折にも、「宗派で争うことはない。すべては天『大日如来』のもとで行われているのだから」と伝えました。そうした呼びかけに、伊勢神宮を始めとした日本古来の神道の方々も皆賛同したと言い伝えられております。

■空海の「神仏同座」の教え

空海の神社仏閣に対する教えからも分かるように、一般的に神社とお寺は違う宗教と思いがちですが、空海は、仏教の「仏」を超越して日本古来よりの神々、「狩場明神」と「丹生明神」とを開創に関わる「神」として尊崇しています。空海から４１２代目となる当時の高野山真言宗の管長倪下、松永有慶大僧正（金剛峯寺座主）は、高野山の中に神社があり四社明神が祀られており、弘法大師（空海）がこの高野山の地を授かるのも神様からの賜物だとおっしゃっておられます。「仏と神の同座は、真言宗（日本）独特のものではなくチベットやインドも含めて、その『神仏同座』はアジアにも確かにあります。インドのヒンズー教や曼荼羅の世界、中国の道教などをみても排除の論理や分け隔ての考えはありません」と。

高野山真言宗の総本山・金剛峯寺と丹生都比売神社は古くから密接な関係にあり、神仏分離後の今日でも、金剛峯寺の僧侶は丹生都比売神社への参拝しております。そのため、空海の教えに、日本古来の八百万の神々や神道、修験道などの影響が含まれていても何ら不思議はありません。

先ほどのゴルドン夫人の逸話にしても、またしかり。空海の教えにキリスト教の影響が含まれていてもまったく不自然ではないのです、と松永大僧正は語っておられました。

空海は、単に中国の密教を引き継ぐのではなく、その枠を遙かに超えた「真理」を求めていたのです。そうしたすべての宗教を飲み込んで、神仏同座を教えた空海の計り知れない大きさに、私は改めて尊敬の念を抱くばかりです。

高野山に登られた際には、ぜひともゴルドン夫人の「景教碑」を探し、伽藍の中に祀られている四社明神を参詣してください。さまざまな文化を持ち、さまざまな宗教を信じている世界中の人々が空海の魅力に惹かれて高野山を訪れていることを実感できます。グローバルに多くの方を惹きつけてやまない、空海のオーラパワーを肌で感じることができるのが高野山の御廟なのです。

また、空海の高野山・真言密教は、修験道とも強く結びついております。

それを理解するのには、超能力者・空海が第二の悟りを得るきっかけを作った山岳修行の祖始者と言われる『役小角（役行者）』について、ご説明しないわけにはまいりません。空海の探し求めた本物の仏教「密教」と「修験道」の真の意味が理解できないと考えるからであります。それでは、偉大な山岳修行者『役行者』について、一般的な歴史的経緯により「謎」を解き明かしてみましょう。

■修験道の開祖「役行者（えんのぎょうじゃ）」も高野山に…

高野山の入り口にある不動坂には、「女人堂」という御堂があります。１８７２年に高野山入山の女人禁制が解かれるまで、女性は山内に立ち入ることが許されませんでした。それまでは、高野山の７つの登り口に女性用の参籠所が設けられておりました。女人禁制の歴史を今に伝える、現存する唯一の建物です。その「女人堂」堂内の左側に、ひっそりと超能力者「役行者」像が建立されております。

役行者（えんのぎょうじゃ）とは、７~８世紀に奈良を中心に活動していた『修験道の開祖』です。「役小角」がその本名であると言われ、その他、「役優婆塞（えんのうばそく）」とも呼ばれております。これは、平安初期の『日本霊異記』における呼び名です。『役（えん）の優婆塞（うばそく）』、すなわち『役』の『優婆塞』とは、古代インドのサンスクリット「upāsaka（ウパーサカ）」の音写語で、現時点での宗教法人千光寺の管長（代表役員）となった私と同様に「在家仏教信者」を意味する言葉であります。しかし、役行者は最初から最後まで正式な僧侶ではなく、空海が唐へ行くまでの約９年間と同様に山岳修行僧としての山伏や、高野聖など在家仏教信者として、日本古来の呪術と中国より伝播した『密教』を修行した僧侶との意味合いが強かったのです。そのため、１２００年もの長きに渡り「山伏」は、高野山真言宗総本山における僧侶の中でも最下層に位置付けられておりました。

役行者の、もう一つの呼び名に「神変大菩薩」があります。これは、光格天皇が１７９９年に役行者に贈った『諡号』（しごう）です。諡号とは、僧侶や貴人などの死後に、その生前の行いを尊んで朝廷から贈られる名前です。『優婆塞』に諡号が贈られることそのものが奇跡としか当時は言いようがなかったと思います。

その偉大な山岳修行者、超能力者、役行者は、平安期に入ってから不思議な『孔雀明王の呪術・力』を駆使して、空や野山を駆けめぐり、鬼神を自在にあやつり数々の伝説を残したと伝えられております。役行者が日本古来の山岳信仰の自然界のパワーに密教の奥義・秘技を加えたことで、新しい日本独自の宗教「修験道」は全国に広まりました。

しかし、なぜ一優婆塞（朝廷の許可を得ていない私度僧）である役行者と修験道の存在が、広く民衆の間に語り継がれたのでしょうか。具体的な呪力・超能力・超常現象を起こし、日本古来の神道・神仙術・山岳信仰・不動明王信仰に、大陸から伝来の仏教・密教をも日本独自の超常現象を起こす呪術として進化させ一体化させたからでしょう。つまり、密教の最高位（第七祖）である唐の恵果阿闍梨の後継者（第八祖）となった空海によって、密教の全てが正式に日本に受容されるまでに、役行者が仏教の秘密の教えである「密教」の普及の地慣らし的な役割をしていたと考えるのが妥当ではないでしょうか。

空海が大学を中退し、19歳〜30歳迄に本物の仏教を探し求めた「空白の7〜10年間」という期間は、和歌山（熊野山）・奈良（葛城山）の山岳修行中に修験道の役行者を始めとする山伏や不動明王信仰などの山岳修行に出会って、自らが山岳修行に没頭していた期間。そして、そのことにより空海は、自然界のパワーを吸収して、第二の悟りを得ることができたのではないか。そのように私は考えております。

■わずか3ヶ月で密教の最高位『第八祖（後継者）』となった空海と「三朝国師」

何故ならば、遣唐使として中国に渡った31歳の名もない日本人修行僧である空海が、本物の仏教を探し求めて、わずか3ヶ月で、密教の最高位七祖・恵果阿闍梨の跡継ぎ（第八祖・後継者）になれた説明がつかないからなのです。

こうして、中国において最速で阿闍梨を継承した空海は、当初の予定より留学期間を大幅に短縮し帰国を早めます。それには、以下のような理由が考えられます。

当時、遣唐使としての空海たちの中国への留学は20年間の予定でした。ところが、2年足らずという短い期間で帰国したのには、師・恵果阿闍梨に「汝、東国（日本）で密教を伝えよ」と促されたからだというのは有名な話です。そして、この早期に空海が帰国した原因には、「三朝国師」の考え方が影響していると考えられているのです。

「三朝国師」とは、当時、唐における三代続く皇帝を密教の弟子とする国師、すなわち阿闍梨は三代にわたる皇帝の師であり、皇帝は阿闍梨の弟子であるという考え方です。例えば、空海の師であった恵果阿闍梨は、三朝、つまり、代宗・徳宗・順宗の三皇帝の師でありました。同じく、恵果阿闍梨の師、不空阿闍梨も玄宗・粛宗・代宗の三代続く国師でした。

仏教の秘密の教え「密教」のもとであれば、皇帝も僧侶の弟子になりうる。実際に我が師匠も、そのまた師匠も「三朝国師」なのであれば、阿闍梨を継いだ自分（空海）もそうなるべきだ。中国滞在時、空海は、こう考えたのだと思います。すぐに日本に帰って、一刻も早く阿闍梨として「三朝国師」を実行し真言密教を広めねば。そう考えたとすると、早々の帰国も合点がいきます。

実際、阿闍梨になって帰国後、民衆を救済する行為「下化衆生」を行うため、まず、当時の平城天皇に密教の受戒の儀式である「灌頂の儀式」を行っています。まさに、阿闍梨である空海が日本の権力の頂点に立つ天皇を弟子にする、日本版「三朝国師」を実行したわけです。

空海は、このように、世の平和を国家の頂点からの教化を図り、真言密教を一般大衆にまで広く伝えようとしました。

具体的に、どのように密教の布教活動の一環としての教化を図ろうとしたかということは、さまざまな書物に記載されていることから推測が可能です。例えば、天皇に対して文章をしたためたものを「上表文」と言いますが、空海が書いた『性霊集』には19通ほど、うち15通は嵯峨天皇、4通は淳和天皇宛に書かれております。これは、空海が、36歳から58歳までの間に天皇へ手紙を送ることが行われていた事実があるのです。

つまり、このことから、空海も平城・嵯峨・淳和、三代続く天皇の師であった、「三朝国師」であったことが分かるのです。

同じ『性霊集』には、43通の「願文」が収集されていますが、これを見ると、当時の空海と皇族や貴族、僧侶などとの親交関係や、空海が行った密教の普及活動を知ることができます。特筆すべきは、真言密教の布教活動においては、特に、仏事法会を中心に行われていたことです。

空海は、一周忌の法会などの仏事供養を通じて、密教関連の造像、図絵、仏具の鋳造、写経経典の講演を盛んに行っていました。このことから、仏事そのものを民衆に真言密教を広める手段として、意識的に使っていたことが分かるのです。言い方を変えれば、仏事の施主である皇族や貴族といった人々は、密教の布教活動のスポンサーだったとも言えるのです。

■空海自身は、弘法大師という名前を知らなかった？

ちなみに余談になりますが、空海の諡号は『弘法大師』。空海は法名（僧名）で、もともとの俗名は「佐伯真魚（さえきのまお）」と言います。弘法大師という名は、空海が高野山奥の院にご入定した86年後に、醍醐天皇から贈られたものです。つまり、『空海』は、自分自身の諡号である弘法大師という名前は、自覚なされていないということになります。そのため、私はあまり『弘法大師』とは表現しないようにしております。決して諡号を軽んじている訳ではありません。かえって尊厳しております。

少し話が逸れてしまいましたが、高野山を訪れる機会がありましたら、ぜひ不動坂の「女人堂」に参拝し、修験道の開祖である役行者にも参拝していただければ幸いです。

2 空海の占星術を含めた「密教」って何だ？
――それは、幸せになりたい私たちのための「統計学」と「人間学」

それでは、空海が日本にもたらした密教とは、もともとどのような教えなのでしょうか。そして、空海が開山した高野山とは、そもそもどのような場所なのでしょうか。

もともと、「密教」は、「秘密の教え」を意味する言葉です。秘密の教えを意味して、特別に選ばれたものにしか明かされない、究極のノウハウ（教え）という意味を含んでいます。

密教の起源はインドにあり、そこでは「密教」とは呼ばれていませんでした。「マントラ・ヤーナ（真言乗）」「ヴァジュラ・ヤーナ（金剛乗）」などと表現されていました。名称にある「ヴァジュラ」とはダイヤモンドのこと。この世で最も強固で普遍性を持っていることから名付けられました。

また、「マントラ」とは、真言、つまり「真実の言葉」を意味します。密教が、「真理を伝える聖なる呪文」を縦横無尽に駆使する教えであることから、このような呼び方をされたのです。後に、空海が高野山に開いた教えが「真言密教」です。ちなみに、欧米の研究者は、真言密教を高度な教えとして「タントリズム」や「タントラ仏教」と表現していますが、密教の経典がそれまでの低次元な経典（スートラ）に対し、「タントラ」と呼ばれていたことに由来しています。

空海自身は「密蔵」という表現を頻繁に使っていますが、この本物の仏教の秘密の教え『密教』以外の仏教宗派のことを、密教では『顕教（初心者向けの仏教）』と呼んでハッキリと区別しています。顕教（スートラ）は人間であるブッダ（応身）が説く教えであり限界があります。それに対して密教は、仏（法身）の最高神・大日如来（宇宙をあまねく照らす太陽）を最高位とした教えのため、その大日パワーには際限がなく、最強の教えになると空海は説いているのです。

では、古代のインドで生まれた仏教が、どのように変遷していったのかをご説明しましょう。

古代のインドで生まれた仏教の起源は、約２５０年前までさかのぼり〜5世紀までを中期・仏教として、初期仏教〜中期の仏教が、長く主流派を占めて6世紀〜13世紀までを後期・仏教と区切ります。

現在の日本の『大乗仏教』は、後期・仏教期に隆盛を誇り空海の探し求めるた本物の仏教＝『密教』が主流となりました。

しかし、大乗仏教の後継者となった『密教』は《「大日経」＝方便の重要性を説く経典》の大日経流派は、大乗仏教の特徴である、苦しむ他者の救済を優先する「他利行」によって悟りを得ることができる教えです。

一方の「金剛頂経」流派は、仏教の開祖・ブッダがすべての絆を絶つために出家し自分自身の悟りを得る教えです。そのため、ネパール等、チベット密教は「金剛頂経」の方向へと向かいました。

しかし『空海』が目指したのは、古代インドから中国を経て、密教の根本経典である「大日経」と「金剛頂経」が説く徹底的な修行による悟りへの道を両立すべきと帰国後に、二大潮流の思想を「真言密教」として統合し、高野山で完成させる偉業を成し遂げたのは世界中でスーパースター空海しかいないことは確かなのです。

空海を第八祖（最高位）とする「真言密教」の真言とは、「マントラ（真実の言葉）・ヤーナ（真言乗）」の名称です。

「マントラ」とは「真理を伝える聖なる呪文＝真言＝言霊」と示し、大日如来を根源仏として『空海』が高野山に開いた教えが真言密教＝「真言宗」と呼ばれる由来です。

■本物の仏教の秘「密」の「教」え『密教』とは？

では、密教の特徴とは何でしょうか。

一般的な仏教の教えは「ブッダの開かれた教え」という意味で「スートラ・顕教」と呼ばれます。

仏教（顕教）と称され日本で尊重される「法華経」は、永遠不滅の『神のような仏（久遠実成の本仏）』を説き、「華厳経」は『最高真理の領域（法界）に至ると悟りが開ける』としております。

しかし、仏教の秘「密」の「教」え『密教』は、ブッダではなく、大日如来が説く『大日経』は【悟りを開くには方便が何より大事である】と説く密教のお経で、真言宗の根本経典の一つです。善無畏が724年に漢訳しました。正式名称は『大毘盧遮那仏神変加持経』＝『大日経』と言います。

他のお経では、教えを説くのは『ブッダ』ですが、この『大日経』で、お経で教えを説くのは「毘盧遮那仏（大日如来＝宇宙をあまねく照らす太陽）」です。

「密教」というのは、この「大日如来（毘盧遮那仏）の秘密の教え」として「タントラ仏教」と表現し、『空海』は「密蔵」という表現を使って、一般的な仏教の教えは「ブッダの開かれた教え」という意味で「スートラ・顕教」と一線を画しております。

その最高真理を伝える手段がシンボルや儀礼であり、その典型例が曼荼羅です。視覚によって直接、一瞬で最高真理を伝えることができるためです。他の仏教の宗派を凌駕する美術作品を生み出しているのは、こうした理由があるからです。

また、密教について語るとき、一般的な仏教（スートラ・顕教）を実践している密教の反対派からは、しばしばヒンドゥー教の影響が強すぎて仏教には値しないと言われることがあります。

ただ、それは必ずしも正しい指摘ではありません。「法華経」「華厳経」の考え方はともに、ヒンドゥー教やバラモン教が主張する教えです。さらには、日本の仏教には、帝釈天や四天王のように「天」のつく神々が数多く祀られていますが、それらも皆、こうしたインドから取り入れた神々です。つまり、密教を否定することは、大乗仏教すべてを否定することにもつながるのです。

空海は、四国の山中で「虚空蔵求聞持法」という密教の秘法を実践していた際に、口の中に明星が飛び込む神秘体験を経験したと伝えられています。実は、「梵我一如」と呼ぶマクロな大宇宙（仏）とミクロな小宇宙（自分）との合体を示しているのです。これもまた、ヒンドゥー教やバラモン教を始めとする、インドの宗教の多くが継承してきた真理獲得方法に他ならないのです。

空海は、こうした奇跡体験の後、自身がたどり着くことになった悟りの境地「秘密荘厳心」について、著書『秘密曼荼羅十住心論』の中でこう述べています。

「秘密荘厳心とは、結論から言えばこうなります。自らの心の底を正しく観察することであり、それを表現しているのが『金剛界曼荼羅』です。自らの身体の姿をありのままに認識することであり、それを表現しているのが『胎蔵曼荼羅』なのです」

私が、仏教を、そして密教の前世、現世、そして来世、古代インドの「お釈迦様」の思想に基づいた輪廻転生、因果応報など真言密教の宇宙原理は難しいと悩んでいた頃に、《空海は『絵』で学ぶが良い！》と「胎蔵界」と「金剛界」の宇宙をあまねく照らす太陽＝大日如来、そして『両部曼荼羅』において密教を学びました。

空海の説く『金剛界曼荼羅』は、智恵や人々を幸せに導く『大日如来』の「悟り」によって一切の煩悩を打ち消し、不動明王の護摩行（加持祈祷）から発する強力な『大日力』を表し、左脳的な働きにより、先見性や分析力、言葉や文字、論理、思考と知性、知恵等々のマクロな世界の『力』を得るオーラパワーの源です。

そして、『胎蔵界曼荼羅』は、世界人類の平和を慈しむ『大日如来』の「慈悲の営み」を表し、右脳的な働きにより、直感力や芸術的で、小宇宙のようなミクロな世界は、母親の胎内ので我が子を包みこむ優しさを表し、あらゆる人を救済の大船に乗せ、生き身のままで成仏に導く「済世（さいせい）利民（りみん）」「世界人類の平和」をめざすために必要となる『大日パワー』を得るエネルギーの源です。

こうして、古代インドから始まり唐（中国）を経て日本に伝播した密教ですが、空海がインドの神々や日本の八百万の神々など、「神仏同座」を旨として高野山開山を果たしたことがおわかりいただけるでしょう。そのため、私が仏さま、または仏像とあまり表現せずに、神仏と表現するのは、空海の神仏同座のお教えを意識しているからに他なりません。

コラム

ヘッポコ和尚がＹｏｕＴｕｂｅｒに！「玄津の空海塾」チャンネル

千光寺のヘッポコ和尚

何か悩みがあっても、経験が豊富で、知識や免許などを持っている相談相手がいないと、先が見えなくなり、どうしようもなく落ち込んでしまいますね。

ところが、誰かに相談すると、「自信を持て」「もっと頑張れ」と言われます。自信が持てないから悩んでいるのに、頑張れないから悩んでいるのに…。そんなことを言われると、なおさら悩んで落ち込んでしまいませんか？

しかし、もう大丈夫です。

仏教の秘密の教え「密教」の奥義を極めた、あのスーパースター「空海」の偉大な《大日力》の教えを広めるために、ＹｏｕＴｕｂｅチャンネル「玄津の空海塾」を開設し、その中で「千光寺のヘッポコ和尚の人生相談室」をスタートいたしました。

恋愛や、彼氏との結婚、離婚、人間関係や、仕事など、いろいろな悩みのご相談の相手となります。どんな問題でも、全く違う発想で、問題の解決方法や願望が達成するための方法などを即座に回答させていただきます。

「何をやっても上手くいかない」「恋愛で苦しい」「仕事が面白くない」など、今悩んでいるあなたに向けて、空海の秘密の教え（ノウハウ）を世に広めています。

空海は、誰もが幸せになれる、誰でも成功できると１２００年以上も前から説いておられます。その教えは、現代に通じることばかりです。まさに「人生成功術」そのものなのです。

私は、インスタグラム、ＹｏｕＴｕｂｅ、写真集や書籍の出版などを通じて、できる限りわかりやすく優しい言葉で、皆さんに空海の教えをお届けすることを使命としてお勧めしております。

3 人生という旅の楽しみ方を学べる高野山へ

都から遠く離れて世間から隔絶された不便な地に、空海を第八祖とする密教の修行の場、曼荼羅の世界観を体現する壇上伽藍を築いた世界一の聖地と言われる和歌山県の高野山は、平安時代の始めに、空海によって開かれた日本仏教の一大聖地・高野山。２００４年、ユネスコの世界遺産登録に続いて、２００９年にはミシュランのグリーンガイド日本版でも最高ランクの３つ星として掲載されるなど、今や高野山は日本だけではなく世界が注目しています。

しかし、仏教の地に寺院ではなく、空海は最初に「神社」を建てて、天照大神の妹君であり高野御子大神の母君である丹生都比売大神をお祀りしました。その「御社」には、今でも高野山の僧が修行の節目ごとに参拝しています。特に、僧侶になって百日の修業を終えた段階で、祈りを込めて自ら護摩礼を掛けに来るそうです。その時は、これからも神のご加護を受けられるように「南無大明神」と結ぶのが伝承となっています。

江戸時代の終わりまで、高野山の僧侶によって、神々に国の安泰を祈る「舞楽法会」が盛大に行われ、神仏習合を象徴する最大規模の宴となっていました。ところが、明治に入ると神仏分離政策によって、神社は高野山と分離されてしまいます。それでも、今なお高野山の僧侶には、神仏同座・神仏習合の習わしが残っているのです。

お話を高野山開山当時に戻します。

実は、「御社」を建てる前に、嵯峨天皇の勅許が出た８１７年、空海の弟子が高野山の平坦な地に師匠の住まいとなる草庵をあんでおりました。これは、現在の壇上伽藍・御影堂の位置にあります。御影堂は開山の像を祀り、現在では空海の御影（肖像）を安置しており、奥の院の御廟とともに山上で最も神聖な建物となっています。

現在、高野山の総本山は金剛峯寺であり、高野山全体の宗務が行われて多くの観光客が訪れます。しかし、開山当時は金剛峯寺という名称の寺院はなく、空海が唱えた「金剛峯楼閣一切瑜伽瑜祇経（こんごうぶろうかくいっさいゆがゆぎきょう）」に由来し、これが当時は高野山全体を表す称号だったのです。

現在ある金剛峯寺は、豊臣秀吉によって建てられました。織田信長の時代から秀吉の時代、敵対していた高野山は焼き討ちの危機にさらされていましたが、それを救ったのが、木食応其（もくじきおうご）という秀吉とは旧知の間柄の僧でした。和睦交渉の後、木食応其は高野山に宿泊所や学び舎を備えた興山寺を建立します。秀吉によって東隣に建てられた清巌寺とともに、時代を経て明治の時代に合併し、１８６９年に「総本山金剛峯寺」となったのです。

これにより、金剛峯寺は高野山全体を表す名称でしたが、以後は一つの寺としての認識となり、高野山町には117のお寺があり、全国3600寺の頂点となったのです。全山の呼び名ではなくなりましたが、1200年もの空海の長い歴史を伝える高野山・真言宗の総本山・金剛峯寺は、すべての参詣者に門戸を開き迎え入れています。

高野山の中には、金剛峯寺にまつわるお話のように、さまざまなエピソードが秘められた寺院が数多くございます。「蓮華定院（れんげじょういん）」も、そうしたものの一つです。

私は、昨年の11月21日に拙書『SUPER☆star空海の大日力』を出版した際、出版のご報告とお参りを兼ねて、高野山へ参拝させていただきました。その時、高野山で二番目の地位を務めておられる高野山真言宗・添田隆昭宗務総長さまの持坊（宿坊を兼務）で、かの真田幸村父子が蟄居を命じられていた「蓮華定院」に泊めていただきました。

真田幸村家と言えば、「六文銭の家紋」が有名です。仏教では、三途の川の船賃に六文の銭が必要と考えら

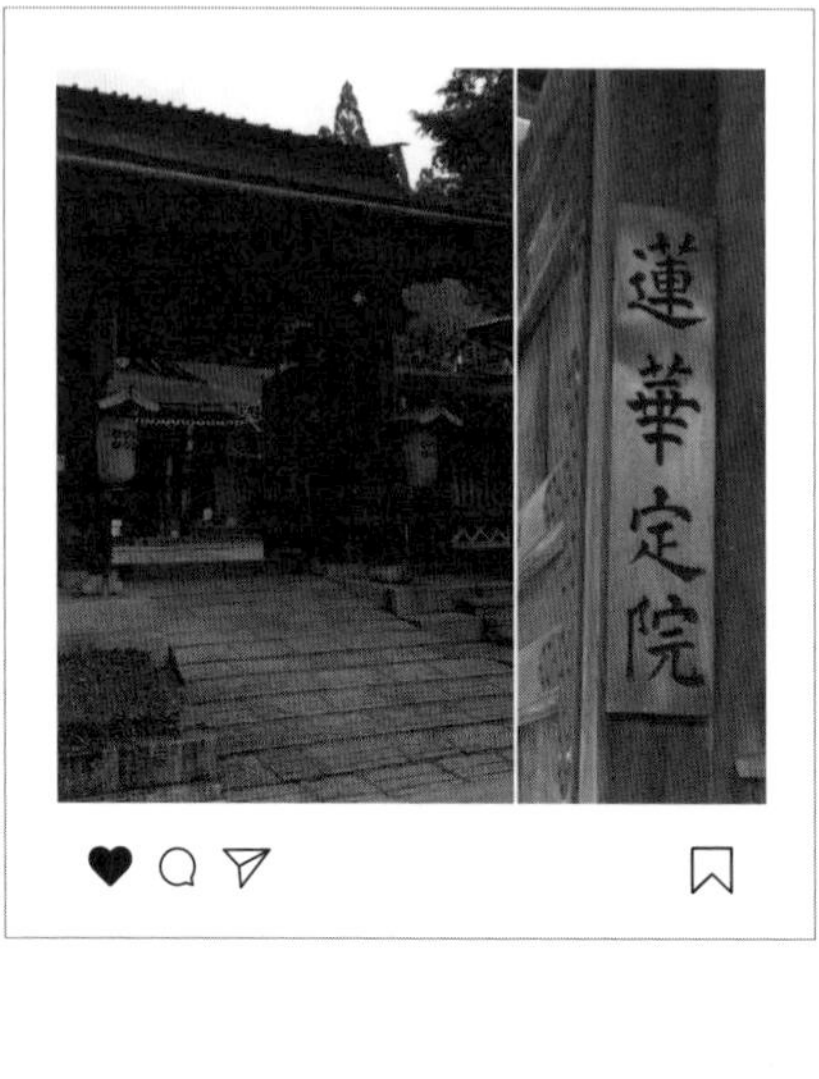

れていることから、死を覚悟している「兵」たちと戦国時代に恐れられていたそうです。その真田家ゆかりの「蓮華定院」についても、少し触れておきましょう。

関ヶ原の戦いで豊臣秀吉側についた真田幸昌と信繁（幸村）は、１６００年より徳川側から高野山に幽閉されることとなりました。その14年後に幸村は九度山を脱出して大阪の陣に参戦します。あえなく討ち死にしますが、兄の信之は変わらず蓮華定院との宿坊契約を継続しました。そのことから、蓮華定院は「真田家の宿坊」として有名になったのです。明治時代、大きな火事に見舞われた高野山ですが、蓮華定院はその火の手を逃れて江戸時代の姿を今に伝える貴重な寺院となっています。

歴史上の真田幸村とされている肖像画の箱には、実は、１５７５年の長篠の戦いで戦死した昌幸の兄、真田信綱の名前が記されています。

そして近年、「好白」（こうはく）という男性の肖像画が発見されましたが、「好白」とは幸村が高野山で名乗った僧名でした。これこそが、真田幸村の肖像画だと言われています。

こうして、いろいろな真田伝説に彩られた蓮華定院。真田家の紋章「六文銭の家紋」が院内の随所に施され、空海ファンのみならず真田ファンの皆さまにも楽しんでもらえる寺院です。ぜひ、宿坊へ一度お泊まりいただき高野山を観じていただきたいです。

4 なりすまし空海として、「高野聖」の活動で人々を幸せへ導く

このように、聖なる信仰の場所としての立場を確立していった高野山ですが、高野山の信仰、つまり、空海の教えを日本全国に広める役割を果たしたのは、『高野聖』と呼ばれる人々です。

高野聖は、平安時代に高野山で発生しました。高野聖の始祖としては小田原聖の「教懐、明遍、重源」らが知られております。日本の中世において、高野山から諸地方に出向き「空海伝説」を伝え、時には、自分は「空海である」と〝なりすます〟ことで困っている人々を助けておりました。「勧進」と呼ばれる募金活動のためにも奔走し、他にも勧化、唱導、納骨などを行っていたようです。

高野聖は複数の集団となって高野山内に居住しました。その中でも「蓮華谷聖」「萱堂聖」「千手院聖」の三集団が最も規模の大きいものとして知られております。こうした高野聖は、役行者などの修験者と同じく高野山の僧侶の中で最下層に位置付けられ、一般的には行商人を兼ねていたと言われております。

戦国時代になると、真言密教の聖地高野山の一大勢力となりました。諸国に「空海伝説」や密教信仰を広める一方で、連歌会を催したり広く文芸活動も行ったため民衆に親しまれておりました。しかし、江戸時代になってからは、幕府が統治政策の一環として各寺院に人々を管理するこ

とを意図した檀家制度を推進。そのために、高野聖は活動が制限されて募金活動も難しくなり、小さな五輪塔を願掛け主の替わりに高野山へ届けるといったことをしておりました。

こうした高野聖の活動実態について、近年、興味深い記事がありましたので紹介させていただきます。写真は、前述させていただいた高野山真言宗・添田隆昭宗務総長さまです。

高野山圓通寺に於て小型の木製・五輪塔1万数千基見つかる

和歌山県高野町の高野山圓通寺で、江戸時代後期作とみられる小型の木製五輪塔が1万数千基見つかり、高野山《霊宝館》が1日、発表した。高野山内で制作後、全国を遊行した僧「高野聖」らが死者を供養した後に奉納した「八万四千宝塔」という。《霊宝館》で20日に始まる特別展で一般公開される。《霊宝館》によると、寺の関係者が今年4月、本堂の須弥壇下で、木箱を16個発見。一部を調べたところ、中に木製「五輪塔」が納められていた。

五輪塔は、ほぼ同じサイズ（高さ約9センチ、幅約3センチ）で、未開封分と合わせ1万数千基に上ると推定される。箱書きなどから、天保7（1836）年までに納められたとみられる。五輪塔の表面には、密教の世界観を示した「梵字」、底面には古代インドを統治した王が釈迦の遺骨を集め8万4000基の仏舎利塔を造塔した信仰に由来するという「八万四千内」の文字などが記されていた。お布施をした「八助」「ヒサ」ら庶民とみられる人物の名前も書かれていた。底の中心部は木栓で閉じられ、中には経文が入れられていた。高野山圓通寺は、奈良・東大寺を再興した僧、重源が再興したとされる。この小さな五輪塔は高野山内で学僧らが作り、全国を遊行した『高野聖』らが死者を供養してお布施を募る際「五輪塔」に願文を書いて高野山に持ち帰り、圓通寺に奉納したとみられる。

〈産経新聞2019（令和元）年7月2日 社会面掲載記事より抜粋〉

このように、高野聖は時代によって活動内容を変化させながら布教活動を続けていたのです。

高野聖の活動は、一般庶民と密接に関わることで成り立ち、空海信仰を地方の隅々まで普及させました。

高野山の真言密教の布教活動としてスタートした高野聖は、次第に「真言」も唱えれば「念仏」

も唱えるという宗派にこだわらない活動となっていきます。これは弘法大師・空海の寛容な御心の表れだとして、庶民の中に広く受け入れられるようになります。しかし、庶民に迎合し世俗化していくようになると、行き過ぎた商行為や隠密まで働くようになり、次第に世間から指弾され、慶長11（1606）年に将軍の命として、全ての『聖』は、時宗を改めて「空海」の高野山真言宗に帰入し、四度加行（初歩的な僧侶の修行）と最略灌頂（簡素な真言宗の入信儀式）を受けるよう命令されました。こうして、俗悪化した『高野聖』の歴史に終止符が打たれ、すべて真言密教の高野聖として一本化されたのです。

■空海ゆかりの千光寺の歴史

摂津（現在の兵庫県神戸市）に、今から約300年前、空海の霊指により千光寺総本山の建立を発願した『彌栄上人』もまた、その高野聖の一人であります。

彌栄上人は、困っている人々をお助けした時のみに「空海」を名乗ることが許されていた高野聖として、「第二の空海」になりすまし、全国各地で「空海伝説」を創り歩いておりました。その間、護摩行などの真言密教の「現世利益」を各地で伝える使命により、摂津にて布教活動をしていたと言い伝えられています。

私・玄津が、現在に至るまで約20年間管長を勤めさせていただいている千光寺は、元々は金剛峯寺を総本山とする高野山真言宗の末寺（包括宗教法人）でした。千光寺の先々代の時に高野山真言宗の末寺より独立し、単立の宗教法人千光寺となりました。

そのような経緯から、私は２０００（平成12）年７月２日に高野聖の流れを汲む千光寺総本山の管長となった時から、「善・徳の行い」と「真言密教の布教活動の行い」を行う場合に限り、『高野聖・彌栄上人』末裔の『空海 玄津』と名乗って真言密教の布教（ＰＲ）活動をしているのです。

それからは、高野聖の末裔としての使命を胸に、令和の時代も精力的にソーシャルネットワーク、インスタグラムの１０００回投稿修行やＹｏｕＴｕｂｅなどと写真集『空海（２０１８年８月21日発行）』や書籍『ＳＵＰＥＲ☆ｓｔａｒ 空海の大日力（２０１９年11月21日初版発行）』の出版などにより、高野聖の末裔として、空海を世界中に『空海伝説』を後世に伝えるべく日夜奮闘しております。合掌

第8章

それでも悩んだ時は《空海ゆかりの白浜千光寺》へ

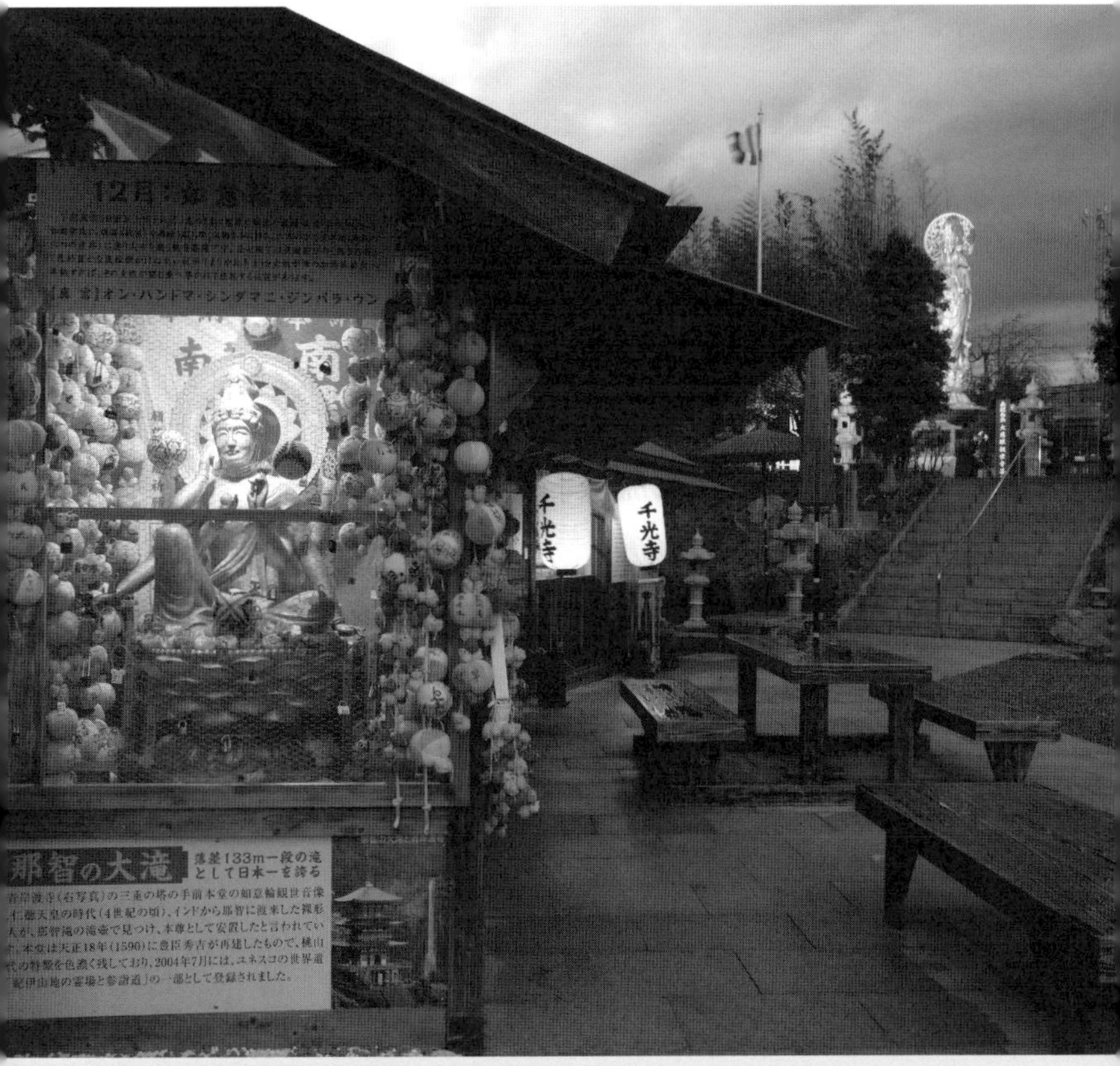

南紀白浜温泉の別格本山・白浜千光寺のつるし「丸うさぎ」

空海の教えに触れた時、ビビビビッと電気が走った。
「玄津」の名を拝命させていただき、
一生かけて空海の教えを広める運命を背負った。
南紀白浜温泉の地に、人々の願望を叶えるお寺がある。
ヘッポコ和尚の洗心不動尊千光寺である。

1　私の「幸せを感じる力」は空海との出会いから始まった

私が、空海とその真言密教に初めて出会ったのは、「お不動さん（不動明王）」でした。

当時、私は大変な喘息持ちでした。ある時、喘息が治るとある神社へ行き、その細道の先には粗末な小屋があり、その格子戸の暗闇の中に真っ黒い神さまが鎮座しておられました。それが「お不動さん」でした。不動明王との運命的な出会いだったのです。

当時21歳の私は、自分で起業し仕事に邁進する日々が続いていたため、毎日体が悲鳴を上げている状態でした。この最悪の状況をなんとかしたい。すがれるものがあれば、何でもすがりたいと懇願していました。そんな時にその小屋を訪れると、不思議な言葉の張り紙が…。

ノウマク　サンマンダ　バザラ　ダンカン

大きな声で、入口の格子戸の中の不動明王に向かって８回唱えよ。

そう書いてあるのです。言葉の意味はその時は理解できませんでしたが、じんわり温かく幸せに満たされた気分になりました。

そこで、その「おまじない」を、大声で唱えてみたのです。

不思議な「力」を感じ、気がつけば私は何度も繰り返し「おまじない」の言葉を無心で唱え続けていました。すると、どうでしょうか。不動明王と自分自身が合体し通じ合ったような不思議な感覚が全身を貫いたのです。心がすっかり空になり、実に爽快な晴れ晴れとした気持ちで満たされていたのです。

何より不思議なことに、その日以来、長年悩まされ続けていた喘息がピタリと止まり一切ぶり返すことはありませんでした。

今振り返れば、不動明王の「おまじない」、つまり、真言「のうまく・さんまんだ・ばさら・だんかん」の凄まじい大日パワーを実感した最初の体験だったのです。そして、それは、空海とその教えである密教へとつながるスタートにもなったのです。

そもそも私は、子どもの頃から人一倍特殊な能力（オーラパワー）が強く、興味のあることについては、見たこと聞いたことすべてが、映画のように映像で再生（リプレイ）つまり丸暗記することができる。そんな不思議な能力を持っていたために、垂水神社の「お不動さん」体験もその一つだと思っていました。

その自分自身の何か?を確かめたいとの思いから、沖縄の「ユタ」という女性の拝み屋（超能力者）さんや、いろいろな霊能力者、占い師の方々など不思議な力を持っている方々を探して訪ね歩くことにしました。すると、出会う方々すべてが、「あなたには不動明王さまがついている」とおっしゃるのです。その時は理解できませんでしたが、さまざまな方々と出会うことで、すべての点と線が「不動明王」をキーワードに完全につながり、どんどん前のめりになって不動明王信仰を追い求めるようになり、その不思議な力を探して求めて、空海と高野山の真言密教にたどり着いたのです。

そして私が、空海のファン（オタク）となる「キッカケ」となった映画があります。

それは、空海の生涯を描いた『空海』（東映・１９８４年公開）です。ぜひ観てください。

空海伝説を今に伝える満濃池
（香川県仲多度郡まんのう町）

映画『空海』のエピソード

讃岐の国（香川県）は古来より雨が少なく、毎年干ばつに悩まされていました。満濃池は、そのための最大の灌漑用ため池でしたが、貧弱な土木技術もあり決壊をよく繰り返し、水害被害で多くの犠牲者を出していました。そこで、この誰もが不可能と思った満濃池の築堤事業を成し遂げられるのは、中国で密教の修行をしてきた空海しかいない、と白羽の矢を立てられます。快諾した空海は、密教の奥義、護摩焚き（加持祈祷）と光明・真言「**オンアボギヤベイロシヤノマカボダラマニハンドマジンバラタヤウン**」を唱えます。空海は土木工事をする人々の傍らで、不眠不休で祈祷を続けました。そして、50日という最短期間で最高のダムが無事完成しました。空海は、自ら宇宙に発した真言の作用により、「大日力」による超常現象を身をもって起こし結果を出したのです。

京に戻った空海は、嵯峨天皇の元に赴き、国家安寧のため、密教の奥義「国家鎮護の護摩焚」や《宿曜教・占星術》等の教えを与えると同時に、「大日力」により、多くの人々の願望達成と問題を解決へと導き、人々を救済しながら密教の布教活動を続けました。

そして承和2年、万灯万華会の中、3月21日『秘密曼荼羅十住心論』を授けた高弟たちに見守られ、空海（62歳）も天に向かう永遠の修行（禅定）の旅へと立ちます。

逝去から1200年以上経った今日もなお、高野山・奥の院で禅定を続けておられる「空海」を偲び、「**ナム　タイシ　ヘンジョウ　コンゴウ**」と唱えることで、いろいろな問題を解決に導いていただけると固く信じ続けられているのです。

その空海の映画を観た時、ビビビビッと電気が走るような感覚を覚えました。

自分自身や、自分の生き方を模索していた私には、空海と不動明王がもたらす「大日パワー」の修得を目指すべきだと確信したのです。光り輝く大日、つまり、太陽の神秘の力で人の奥底に眠っている「超能力」を不動明王のおまじない（真言）を唱えることで呼び覚まし、私自身の元気のもとをもたらす「大日パワー」を学び修得しようと決めたのでした。

こうした不思議な体験をしたことが不動明王への関心につながり、空海の教え・真言密教に行き着いたというわけです。その中で、「空海の教えを広めよう」と決心したのは、約30年前のある人物との出会いがきっかけでした。その方の名は、空海から４０８代目となる高野山真言宗管長ならびに総本山金剛峯寺の座主（当時）、竹内崇峰大僧正管長猊下。空海の後に続く、高野山真言宗総本山の管長、初代空海からの４０８代目の後継者に当たる方です。

当時の私は、21歳で起業し自分の仕事を持ちながら、姫路の成田山で護摩行「不動護摩焚き（加持祈祷）」の修行を行っておりました。そんな私が、30数年前に竹内崇峰管長猊下に拝謁させていただく機会を得て高野山に馳せ参じたことがございました。その時、猊下は私にはっきりと告げられたのです。「あなたは、若い人々に『真言密教』をあなたのやり方で広めなさい」と。

猊下のお言葉を聞き、ハッと身が引き締まる思いがしたのを今でもはっきりと思い出します。

振り返れば、幼少の頃に患った喘息を不動明王の大日力で完治して「不動明王ファン（オタク）」

になってから、「自分が追い求めるべき道とはなにか？」と問いただしていた時期でもありました。

「お不動さん」体験とともに、私の中で未知の力に対する大きな探究心を掻き立てました。

自分とは、何者か。

これから私の人生をかけて、何をすればよいのか。

若い頃の私は、その答えを求め続けて霊能力者や占い師の方々を訪ね歩き、さまざまな助言をいただき、自分でも宗教や超能力に関連するあらゆる書物を読み漁って、その答えを探し続けました。

そして最終的に行き着いた答えが、「空海」の密教だったのです。

私と不思議な縁で結ばれた不動明王信仰を追求するため、真言密教の護摩行など修行を行うことで空海の教え現世利益の実現につながる。自分の不思議な能力を活かして「世界人類の平和」活動のお勤めをすることを覚悟しました。

一生をかけて、不動明王を通じて心の奥底に眠っている「大日力」を呼び覚ませる空海の教え真言密教により、多くの人を幸せに導く布教活動をしていこうと決心したのです。

そうした護摩焚きなどの修行を行っている過程で賜ったのが、先ほどの真言宗の開祖（初代）空海から408代目となる竹内崇峰管長猊下（当時）のお言葉だったのです。

高野山真言宗408代目管長猊下より、僧名「玄津」を授かる
左：千光寺管長・玄津、右：高野山真言宗第408代目・竹内崇峰大僧正管長猊下

ただ当時は、仕事を持ちながら修行する身。恐れ多い気持ちもあって、「今は、頭を丸めて高野山に出家し僧侶になることはできません」と、つい返す言葉で申し上げてしまいました。すると、そんな私をおもんばかってか、猊下はこう優しく諭されたのです。

「あなたは、すぐに僧侶にならなくてもよいのです。これからビジネスの世界で、死ぬほど苦労することになるのですから。つまり、それが密教の苦行（修行）になるということ。すなわち、あなたが今後好きなように生きることそのものが、お大師さまの現世利益であり、真言密教の最終回答になる『即身成仏』になるのですから」

そのお言葉の後、猊下は後ろを振り向き、写真の「済世利民」と書かれた掛け軸の書を指さされました。「この書の言葉の意味を、じっくりとお考えなさい。その上で、あなたが成長を果たした際には、『玄津』と名乗りなさい」と、おっしゃったのです。「玄」は天空、「津」は潤すという意味があります。すなわち、「人々の幸福を実現するために、仏（空海）の教えを世に広めなさい」との意味が込められているそうです。

空海から408代目となる、高野山最高位の竹内崇峰大僧正管長猊下から、恐れ多くも直々に「玄津」の名を拝命させていただき、一生をかけて空海の教えを広める運命を背負った瞬間でした。

ちなみに大僧正とは、中国で創始された僧侶の階層の中で最上位の位。日本では624年（推古32）年に初めて制度として導入され、高野山では最下位の「教師試補」から「大僧正」まで段階がございます。高野山真言宗3600寺のトップであられる竹内（大僧正）管長猊下から、直接僧名を私が拝することが、いかに稀有で名誉なことか分かっていただけるのではないでしょうか。そのようなことから、私は空海の一番出来の悪い後継者の一人と自ら表現するのです。

そして、約300年前の彌栄上人の千光寺の責任役員から管長（代表役員）となった2000（平成12）年7月2日より、高野聖の末裔として今現在まで、若者を含むあらゆる人々に対して、空海の教えである「願望達成」の方法をやさしくお伝えし、空海の布教（ＰＲ）活動に力を注いでいるのです。

2　ついに聖地「高野山」に私（千光寺）が導かれる不思議な大日パワー

振り返れば、管長に就任する前には、いろいろな出来事がありました。

１９９５（平成７）年1月17日の阪神・淡路大震災により、彌栄上人から約３００年の歴史がある神戸市会下山の千光寺総本山は全壊してしまいます。当時の私は、千光寺の一番若い責任役員であったこともあり、寺務局長として「千光寺復興」責任者となったのです。

阪神・淡路大震災により、千光寺総本山は崩壊し被災寺院となったことを期に、千光寺を再建する、または移設するなどさまざま意見があり、復興案を一つにまとめるのは極めてたいへんなものがありました。

そして、兵庫県夢前町（現在は姫路市）にある霊峰・雪彦山の麓へ移設していただきたいと、檀家総代、信徒総代、熱心な不動明王信仰の信者さん、私が現在相談役を務める成田不動修験本宗の「山伏」の面々や修験道の相談役からの強い申し出があったのです。

「山伏」の修行場として知られる「雪彦山」では、不動明王や山岳信仰を支える雪彦大権現「金剛鎮護寺」と称し、「賀野神社」と神仏習合の形式をとっていましたが、明治元年の廃仏毀釈により「金剛鎮護寺」は廃寺となっていました。

こうして、神戸市兵庫区の会下山より、高野聖や山伏の山岳修行場であった霊峰・雪彦山へ新しく本堂を建立し開山することになりました。それから21年後、高野山のお膝元となる南紀白浜温泉の水晶山に別格本山白浜千光寺を開山するに至ったのです。

『高野山真言宗の総本山・金剛峯寺』の境内地であるために、私はこれまで空海が開山した念願の高野山に千光寺（自坊）を持つことは諦めておりました。

そのため、空海から私に課せられた高野聖としての使命を実行することに専念することにした

被災した千光寺総本山と
移転先となった霊峰『雪彦山』

のです。空海の「若い人々に真言密教の普及活動をせよ！」との霊指により、『写真集 空海』や真言密教本の出版を決意し、『ＳＵＰＥＲ☆ｓｔａｒ 空海の大日力』を令和最初の年、お大師さま（空海）の日、２０１９年11月21日に出版しました。

意外なことに、宗教関係の単行本でありながら、書店のほうで「一般教養」書のコーナーの棚（売り場）に陳列していただき、話題書コーナーにも平積みされたため一般教養部門で1位、書店総合ランキングで4位となりました。おかげさまで、テレビやラジオ出演のお声掛けもいただきましたが、丁寧にお断りしております。何故なら、インスタグラムの投稿や出版は、私（玄津）の名前や顔を売ることが目的ではなく、若い人たちへ向けて「空海伝説」を後世ならびに世界中に伝えていくことこそが、空海のお導きにより、還暦を迎えようとする私に残された人生の使命なのです。

■空海の大日パワーにより、念願の高野山の地に千光寺の開山を目指す

その出版日に、檀家様から、日本全国の３６００寺、信徒１０００万人と言われる高野山真言宗の総本山となる金剛峯寺より10分ほどに位置する高野山（和歌山県伊都郡高野町大字相ノ浦字笠峠２１２番地）の清流に面した６０６９㎡、約１８３５坪の土地を寄贈していただくことに

なったのです。まさしく空海のお導きによる奇跡、「空海の引き寄せの法則」によるものだと確信しました。その後、相ノ浦の清流に面した土地に、宗教法人千光寺総本山（単立宗教法人）の本堂建設のご報告と出版へのお礼参りを兼ね、高野山へ上がらせていただいた次第です。千光寺総本山の建設資金は当初は、東大出身の信者さんからのアイデアもあり、「クラウドファンディング」という手法によって進めていくこととなりました。

■総本山の「夢咲さくらの里」に、日本一安くて安心の永代供養のお墓が完成

日本三彦山として知られ、修験道の聖地である霊峰・雪彦山への登山コースの入り口に位置する千光寺総本山の境内地約1万坪に、日本一安くて安心の永代供養の墓地「夢咲さくらの里」が令和2年6月21日完成いたしました。

今の日本は世界に先駆けて、少子高齢社会、核家族化が進み、今までのお墓の管理や供養ができなくなった家庭が増えております。毎年の墓地（納骨堂）の管理料や供養費用・護寺会費などの負担も大きく、田舎（実家）の「墓じまい」も年々増えています。

「子どもたちに迷惑をかけない」ために、元気なときにご自分のお墓をどうするかに悩んでいる方々も大勢おられますが、お墓を建てるのはあまりに費用がかかり過ぎます。

そのため、安価で、宗教・宗派にとらわれずに永代供養ができるお墓が必要と考え、「夢咲さくらの里」の完成に至りました。

また、ＪＲなどの交通機関では「忘れ物」として、警察では「紛失物（落とし物）」として「位牌」や「遺骨」がたくさん保管されていると聞き及んでいます。その保管にとても困っているとのご相談もあり、ご供養差し上げるため、合同墓地にて全て納骨させていただくことになりました。

お墓で悩んでおられる方は、右記のアドレスへのお問い合わせを頂きたく存じます。

（第一期２万墓『永代合祀納骨堂』《墓地経営許認可》姫路市指令保墓第２０２０—２号）

【お問い合わせ先】《https://yumesaki-sakura9900.com/yumesaki/contact/》

兵庫県下の霊峰雪彦山千光寺は、合祀墓を弔うお寺として２万体を納骨する墓所を兼ねる寺院となりました。そして、私は、空海ゆかりの千光寺のヘッポコ和尚（管長）としての布教（ＰＲ）活動に専念するため、主たる寺務所を南紀白浜温泉に移し、別格本山・白浜千光寺を世界に向けた、お葬式などを受けない「護摩焚き（加持祈祷）」を修法する国際祈願寺としての観光寺院を目指すことにいたしました。

これからも私は、空海の出来の悪い後継者の一人として「幸せを感じる力」を育てる密教の布教活動の一環として「空海」でも成し得なかった、北極やアフリカを始め全世界に向けて、本書の出版やYouTube・インスタグラムなどのSNSにより空海の教えを情報発信していく所存です。

●納骨冥加金『一霊位9900円』（管理費・護寺会費等一切なし）

●『夢咲さくらの里に1万本の桜を咲かせるプロジェクト』

ご参加を希望される方に、お布施一口5000円のご協力をいただき、桜を1万本植える計画です。霊峰雪彦山千光寺総本山の裏山に桜の苗木を1口につき1本植樹させていただきます。春の訪れに満開の花を咲かせたいと考えております。同プロジェクトに良きご理解、ご賛同いただける方は左記の別格本山・白浜千光寺の口座へご寄進いただけましたら幸いに存じます。

きのくに信用金庫・白浜支店　口座名・宗教法人 千光寺
普通口座　8091271　シュウ）センコウジ

3　南紀白浜に広がる異空間——「空海のテーマパーク」へようこそ

空海ゆかりの和歌山県高野山のお膝元、南紀白浜温泉の地に、人々の願望を叶える摩訶不思議なお寺があるのをご存知でしょうか。ヘッポコ和尚（管長）として私が勤める、南紀白浜の洗心不動尊千光寺です。

この千光寺の何が特別なのか。それは、空海の教えのみに特化したお寺だからです。つまり、仏教界の常識では計りきれない「空海のテーマパーク」というわけです。

空海の教えは、ここ白浜千光寺にすべて集約されています。あなたが今もなお悩んでおられるのなら、どうぞ訪ねてみてください。見て触れて、境内を巡って黄金色に輝く観音さまに手を合わせて真言（おなじない）を口にすれば、必ず「幸せを感じる力」が育つパワースポットなのです。

どのようなお寺なのかを紹介しましょう。

場所は、沖縄を除く日本で一番美しいと言われる約６００メートルの白良浜ビーチの近くにあり、南紀白浜温泉にある境内には、世界人類の平和を祈願して、宇宙をあまねく照らす太陽との

謂れの大日如来の石像を中心に、黄金色に輝く皆さまの誕生月の菩薩さま十二尊が配置されています。これは、空海の描く立体の曼陀羅の世界観そのままを再現しているのです。

さらに、この地は「水晶山」と呼ばれる場所の上にあり、まさに、「空海のテーマパーク」にふさわしいパワースポット。そのため、しばしば境内でひときわ輝く約８メートルの大慈眼観世音菩薩さまの周囲にオーラパワーを感じさせる神秘の光が出現して、不思議な写真（カラー口絵の写真参照）が撮れることがあります。「インスタ映え」間違いなしと注目を集めるのも、納得していただけるのではないでしょうか。

そんな千光寺ですが、その歴史は古く、もともとは高野聖の彌栄上人が初願し賢照上人が兵庫県・神戸の会下山の地に建立した約３００年続くお寺です。それが、１９９５年の阪神・淡路大震災で壊滅的な破壊を蒙ることになりました。その後、私は仏縁のお導きにより千光寺復興の責任役員を務めさせていただくことになり、寄進によって千光寺は姫路の霊峰・雪彦山の麓に移転することになりました。そし

お大師さまが、ようやく白浜千光寺に戻られました

大震災によって、神戸の千光寺総本山は全壊しました。瓦礫の中を必死でお探しし、奇跡的に300年前の寺宝『空海像』（写真・右）を見つけることができました。しかし、残念ながら、五鈷杵（ごこしょ）を持たれた右手と、108個（人の煩悩の数）の念珠をお持ちになった左手は見つかりませんでした。

長年、霊峰・雪彦山の千光寺に安置しておりましたが、高野山の御廟のお側にと考え、別格本山・白浜千光寺の開山時に移設させていただきました。

その後、信者さんから「両手が無いお大師さまが痛々しいので、私に治させください」との有難いお申し出をいただき、修復の完了なされた元気なお大師さま（写真・左）が、白浜千光寺に戻られたのです。

て、２０００（平成12）年７月２日、長らくお勤めさせていただいた千光寺の責任役員より、代表役員（管長）に就任したのです。

私は、およそ30年前、恐れ多くも高野山第４０８代目（当時）竹内崇峰大僧正管長（金剛峯寺座主）猊下より玄津の名前を賜りました。玄津の名は、「人々の幸福を実現するために、仏（空海）の教えを世に広めなさい」という使命を伴った僧名。その運命をまっとうしなければなりません。その想いを結実させたいと願って完成させたお寺が、南紀白浜の別格本山・千光寺です。

２０１７（平成29）年に、霊峰雪彦山・千光寺総本山の当初は別院として、洗心不動尊千光寺には、黄金の約８メートルの大慈眼観世音菩薩を含黄金に輝く十二尊の観音さま、不動明王八尊を建立するなど大工事を敢行して境内を一新、「空海のテーマパーク」にふさわしい様相となり生まれ変わりました。さらに現在、主な寺務所機能を姫路の千光寺総本山から移し、真言宗千光寺派・別格本山白浜千光寺となりました。今、私は東京寺務所との３ヶ所を行き来する多忙を極める日々を送っております。

4 楽しく「生きる」ヒントを誕生月の観音さまに教えていただける

白浜千光寺は、国内外を問わず多くの参拝者が空海の世界観をを体感してほしいとの思いから、墓地を境内に置かず葬式を行わない祈願寺（加持祈祷場）とし、空海の教えを広める「国際観光寺」を目指しております。実際、これまで若い女性を中心に多くの参拝者がパンプスや水着のまま南紀白浜温泉の千光寺を訪れ、空海の世界を体感しておられます。

そんな皆さまの注目の的は、なんといってもきらびやかな境内の観音さまの数々。皆さまを御守りする誕生月が1月から12月までの十二尊の等身大の黄金色に輝く観音さまと本堂内も含めて不動明王六尊が建立されております。そうした神仏の横顔を紹介しましょう。

大慈眼観世音菩薩（誕生月９月）

境内でひときわ光り輝き、黄金色（こがねいろ）にきらめく約8メートルの観音さま。世界人類の平和を祈願して建立されました。大慈眼観世音菩薩は、和歌山県、そして南紀白浜を天災より守護しておられる観音さまです。大きな慈悲の心や深い慈愛のこもった眼差しで、いつも地元の皆さまや国内外の参拝者の皆さまの安全と幸福を見守ってくださっております。

この世で苦しむ人々が「真言」を唱えることにより、どこにでも身を現して人々を救ってくださいます。観音さまは、悟りを求めて修行しながらも、人々のあらゆる願い事を叶えてくれる現世利益の菩薩さまで、三十三の姿に変化して人々を救うとされております。その変化の様子を仏像で表すため、古来より多様な観音菩薩像が作られ、多くの人々の心の拠り所として信仰されてきました。

千手観音菩薩（誕生月1月〔右側の写真〕・2月〔左側の写真〕）

千手観音さまは、千光寺総本山のご本尊であり、本堂の前に建立されております。千本の手は多くの人々に救済の手をさしのべる慈悲を表すとされております。特に、災難を避ける、寿命を延ばす、病気の治癒、夫婦円満、恋愛成就…などにご利益があります。

千本の手のたなごころには、眼が一つずつついており、この眼で一切の衆生の願いを余すところなく見届けられます。そして、千本の手に象徴される、あらゆる手段で願いを叶えてくれると言われているのです。

古来より、一切の病、一切の悪業を除き、富や長寿をもたらす功徳をもつと言われております。そのため、千手観音には、現世利益だけではなく死後のご利益である後世利益をもたらしてくださいます。千手観音により、15の悪い死に方を免れ、後世でのよい境遇を得るとされております。

聖観音（誕生月３月）

聖観音は、観音菩薩の本来の姿と言われております。そのため、一般的に観音さまと呼ばれるのはこの聖観音を指します。日本の観音像で最も多いとされ、多くの人々から信仰されてきました。地獄道に迷うため人々を救うため、さまざまな姿に身を変えて救いの手を差し伸べます。苦難除去、現世利益、病気平癒、厄除け、開運、極楽往生…といった、とても幅広いご利益があります。

5　千光寺の空海と一緒に「同行二人（どうぎょうににん）」でお遍路体験

四国八十八ヶ所の霊場を巡拝するお遍路さん。本場の四国では、老若男女を問わずたくさんの人々が彼の地を訪れています。最近では、若い女性の間で注目され人気を集めています。

お遍路の目的は、自分探しや開運・縁結びなどさまざまですが、巡礼者が持つ笠には、「同行二人」という文字が書かれています。「二人」の一人は自分、もう一人は空海。つまり、空海と自分自身との二人で巡礼の道を歩くという意味が込められているのです。

そんな「同行二人」が、白浜千光寺なら境内の観音さまに参拝して周回するだけで完了すると聞けば、驚かれるでしょうか。

空海の真言密教では、全ての観音菩薩は大日如来の化身とされております。その空海の霊指により、白浜千光寺では黄金色の十二体の観音さまを建立しております。

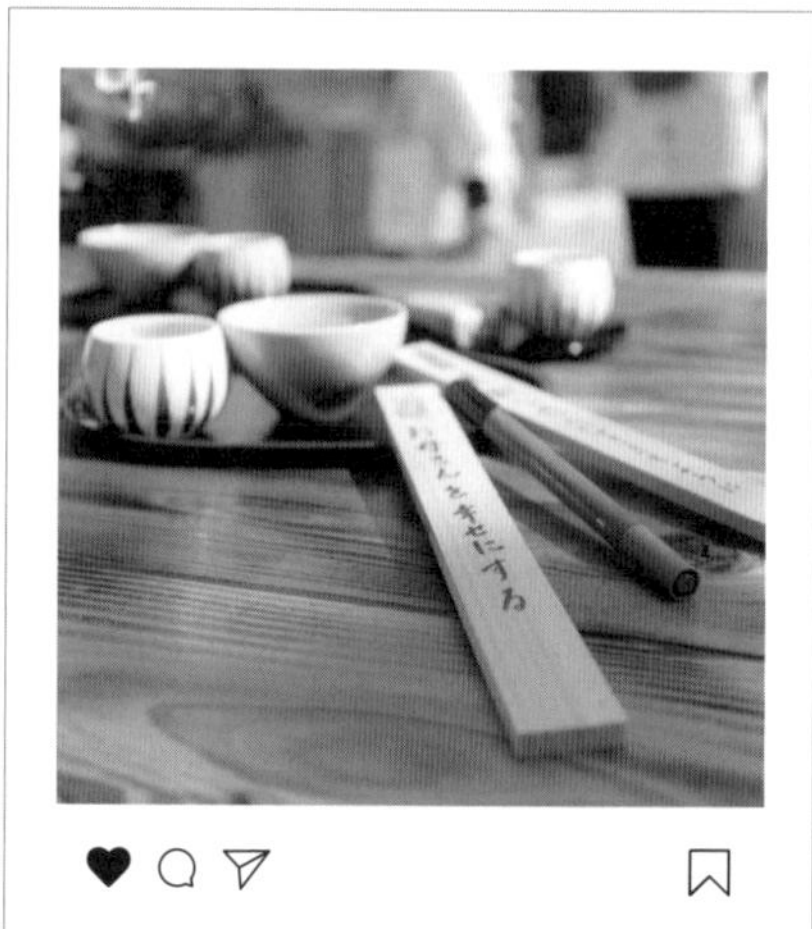

願掛け参りをされる方は、洗心園内の1月から12月の各観音さま十二尊を順番にお参りしていただきます。順路に沿って、2周目に参拝される方の誕生月、3周目に参拝に訪れた月の観音様に手を合わせて、観音さまによって真言（おまじない）は異なりますが、観音さまの真言「オンバザラタラマキリクソワカ」などを8回唱えていただきます。

そのことにより、真言密教の法力、つまり、人が本来持つオーラパワー、超能力を引き出す「大日力」を与えられます。唱えるときは、手は胸の前で、左手の小指を下になるように指と指を交互に合わせて金剛合掌いたしましょう。その際には、心でご先祖さまやご両親、家族など、関わりを持った全ての人々に感謝を強く念じていただきます。そのようにすれば、真言密教の奥義「三密」によって、参拝者の願望が達成できるとされております。

これは、空海と一緒に願掛けしているのと同じことだとされ、これが「同行二人」になると言うわけです。

白浜千光寺は、真言密教の聖地である高野山や熊野三山へ続く「お辺路」の入り口にあるため、皆さまの誕生月の菩薩さまと、大日如来の化身である大慈眼観世音菩薩さまに手を合わせてから、高野山へ出発する方も実際におられます。

ただ、あまり気負わずに参詣される方も大歓迎です。白浜千光寺の境内は、ハイヒールでも5分ほどで周れます。気軽に白浜千光寺に来ていただき「同行二人」を体験し、願掛けをされ不思議な大日パワーによって、これからの人生が大きく花開いていくことでしょう。（302〜303ページのイラスト参照）

6　明日につなげる「生きる力」を与える不動明王
――良縁結びの如意輪観音と「丸うさぎ」

これまで述べてきたように、現世利益を叶えるためには、大日如来の化身・不動明王の力が不可欠です。白浜千光寺でも、不動明王の「悪縁を切り良縁を引き寄せる」力を得るため、この不動明王（洗心不動尊）像が建立されております。

洗心不動明王（不動尊）は、右手に悪縁を切る宝剣を握りしめておられますが、そのことにより良縁が増えると言い伝えられております。つまり、洗心不動明王（不動尊）は、厄よけ（悪運切り）と良縁結び両方の願いを叶えていただけるありがたい神仏なのです。

その「幸せを感じる力」を体感、体験していただける場所が、白浜千光寺境内の第二洗心不動明王を祀る加持祈祷堂でございます。

本堂にも護摩壇はありますが、国内や海外から観光に訪れた方々に、空海の願望達成術である密教の本来の大日力を、ぜひ体感してほしい。そんな強い想いを抱いて建立したのが、この第二不動尊堂です。これにより、目の前で空海の真言密教の奥儀である護摩焚きを体験出来るようになり、参拝される皆さまの願掛けや、諸々の問題解決にお導きできるようになりました。

白浜千光寺で執り行われている護摩行、加持祈祷には、一般的な護摩木の他に、「丸うさぎ」を用います。「丸うさぎ」は、紀州手まりやお手玉のような丸い物を総称した呼び名です。うさぎは煩悩や欲望の象徴に例えられており、放っておくと、自分勝手に飛び跳ねてしまうとされております。そうならないようにと、不動明王の左手の紐で手足をくくられて丸くなり、動けない姿を表したのが「丸うさぎ」です。これに願い事を書き、神仏のご加護を願って不動明王の真言（サンスクリット語）を唱えながら、私もしくは白浜千光寺の龍照住職による加持祈祷を行います。

護摩木は、心願を仏さまにお伝えするため火の中に投じますが、不動明王の念を注入された護摩行後の丸うさぎは、その時点で「ご自身の分身」となっています。そのため、「丸うさぎ」を千光寺境内の洗心園内の不動尊堂に吊るし「丸うさぎ」として奉納することにより、祈願者をあらゆる災難から身を守ってくださるようになるのです。「良縁結び」の大日力により、大きな商談が成立したり、理想的な愛をはぐくむことができると言われております。

「丸うさぎ」は、加持祈祷に用いられるだけでなく、12月の守護仏である如意輪観音に願を掛けるときにも利用されています。それが、最近若い女性の間で人気が高まっている「丸うさぎのつるし願掛け」です。

　如意輪観音は、人々に六本の手を差し伸べ、苦しみから救済すると言われております。その意のままに、良縁結びや安産、延命などのご利益をもたらしてくださる観音さまとして有名です。人が生きていくために望むことを全て叶えてくれる力により、「如意輪観音」さまは、白浜千光寺の十二尊の中でも、「丸うさぎの良縁結び」の願掛け祈願をする方が多い観音さまとなっているのです。

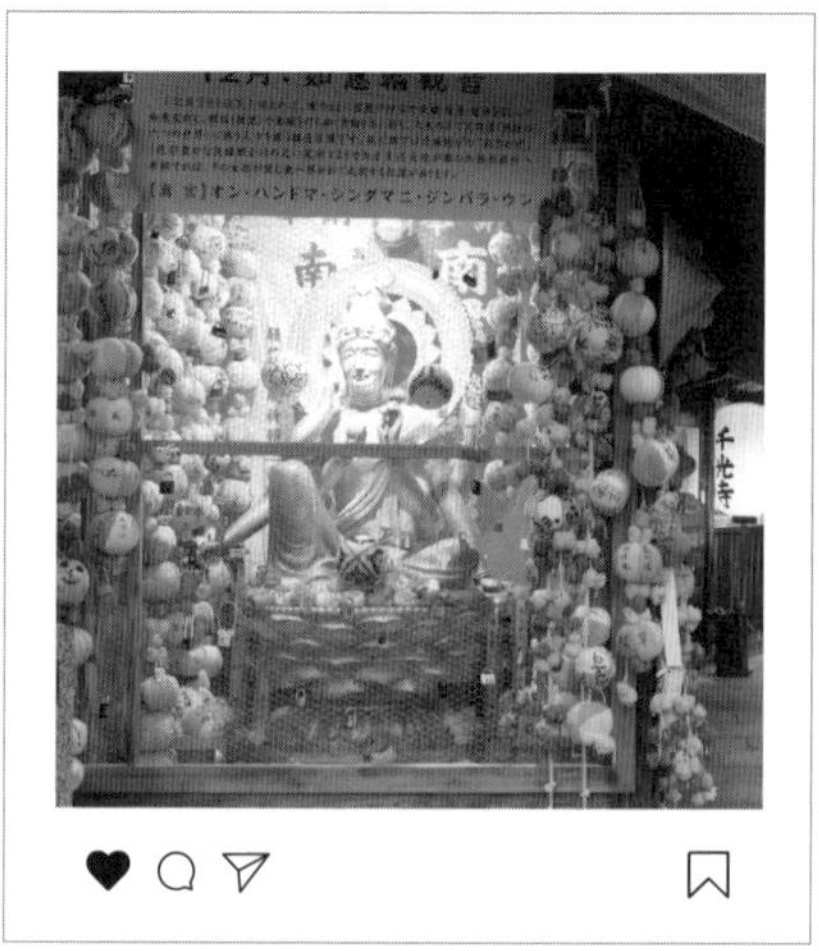

　祈願する際には、如意輪観音の真言「**オンハンドメイシンダマニジンバラウン**」と唱えます。そうすれば必ず、恋愛や結婚が成就すると言われております。

　こうした謂れから白浜千光寺では、願望成就のご利益を授かるために、丸うさぎを加持祈祷所に奉納していただいております。最近では、護摩行の後に如意輪観音をお祀りしている如意輪観音堂に自分自身で丸うさぎを吊るす人々が増えております。

白浜千光寺で加持祈祷を行う、あるいは、「丸うさぎの願掛け」をすることにより、不動明王が持つ良縁結びの大日力が力を発揮します。皆さまも、そうした大日パワーを体感してください。

また、白浜千光寺には、願いを込めると叶うと言われる不思議な石「金剛霊力岩」、そして、七龍に守られた「洗心水子供養の六地蔵」があります。ご両親の生前の行為の善悪のいかんによって子どもの死後、「地獄」「畜生」「餓鬼」「修羅」「人」「天」という六つの世界を、永遠の未来に向かって輪廻転生します。その六道それぞれの世界に配置された六地蔵は、ご両親に成り代わり子ども達の苦しみの救済を行うとされています。この他にも、煩悩を捨て去ることができる「煩悩捨壺」、可愛らしい「一休さん」の像など、神秘的で心癒されるスポットが散りばめられています。

洗心水子供養の六地蔵

ビジネスの成功や理想的な愛の成就のために、この摩訶不思議な「空海のテーマパーク」を一度訪れてみてください。

7 空海の「一番出来の悪い後継者の一人」として……

白浜千光寺を摩訶不思議な空海のテーマパーク的なお寺として、空海の立体曼荼羅の世界観を表現しました。最後に、白浜千光寺よりさらに「風変わり」なヘッポコ和尚（管長）、私・玄津について改めてご紹介させてください。

「お不動さま」に願掛けをし、ピタリと喘息が止まった経験からすべてが始まり、さまざまな「修行」を経て、今では僧侶として、また事業再生コンサルタントとして、少しでも社会のお役に立てるようお勤めしております。

私の人生を振り返ると、実にさまざまな出来事がございました。実は、若き頃より多くの事業経営に関わり、数多くの失敗も経験しました。大きな挫折を経験するたびに、その支えになりオーラパワーの源となったのは、空海の宿曜占星術と不動明王・真言を発声することです。まさに私自身がそのことを身をもって体現させていただいたのです。

私は一般の方々の百倍の失敗をしてきましたから、この「失敗の経験を、知識に変えることができる特殊な能力を持った人間」の一人として、令和元年からは剃髪せず、普段はスーツを着ております。見た目も、まったく従来の僧侶のイメージからはかけ離れた活動を行っております。

空海の教えを、事業再生コンサルタントとして活動させていただいております。

僧侶らしくない。そう感じられる方もおられるとは思いますが、これも立派な「お勤め」だと捉えて、東奔西走する毎日を送っております。

ただこれも、初代、空海より引き継ぐ高野山第４０８代目竹内崇峰大僧正管長猊下より賜った使命、「若者たちに自分なりのやり方で布教する」ことを忠実に実行して使命を全うしているだけなのです。合掌

■地方創生へ向けた重要な取り組みとなる「ハートランド伊勢」

伊勢神宮は、古くは古事記や日本書紀にも記載され、江戸時代には「お伊勢参り」として広く民衆に親しまれた、神仏同座の霊場巡拝の聖地です。もともと私たち日本人は、神社もお寺も、神も仏も区別せず、何の不思議もなくごく自然にお参りをしていました。伊勢地域への巡拝は自他共存の心と日本の豊かな「おもてなしの心」と自然環境を再発見できる伊勢の地を背景に、とても素晴らしいパワースポット体験ができる「聖地」なのです。

伊勢神宮のお膝元・三重県の伊勢地域は、おいしい魚が獲れ、色とりどりの季節の農作物に恵まれた、「神」も「仏」も喜ぶような日本に於いて最高・最良の場所「天国」＝『天照大御神（あまてらすおおみかみ）』の国すなわち「天国」と言われる所以です。さらに人々の信仰心が集まり合体するようなパワースポット（場所）に、空海からの霊指により、私・玄津が素晴らしいまちづくりに導かれ、事業再生コンサルタントの一環として着手したのが、海に囲まれた「ハートランド伊勢」約１００万坪の「まちづくり」なのです。

伊勢志摩国立公園内の『ハートランド伊勢（１８６０区画）』の大型分譲地の再開発・再整備事業を手掛けるとともに、約47年前に広がっていた美しいリアス式海岸の穏やかな海を取り戻すべく、海に囲まれた「海の冒険半島」として景観回復事業を行っております。

ところが、ハートランド伊勢のある南伊勢町の人口推移を見ると、このままでは50年後には廃村になりかねない勢いで人口の減少が進んでいます。

しかし、現在のコロナ禍において、なおさら私が確信したのは、これからの時代は東京、大阪といった都心で暮らす理由が益々無くなって来ているということです。今や日本だけでなく世界

ＫＵＫＡＩパンダ君

中が、テレワークで電話とインターネット環境があれば仕事はできるということがＩＴ関連を中心に始まっています。そうすると東京などの大都会のように、１時間半以上もかけて満員電車で通勤しなくても済むようになります。

これからは一極集中ではなく、伊勢を始めとした地方が元気になるべき時代です。都心にいた方が便利だからという価値観は変わり、若者たちが都心から離れて、「テレワーク」「ワーケーション」「サテライト・オフィス」として働きながら田舎で暮らして行く、というような暮らし方改革が生まれて来るでしょう。空海は地方の問題を解決に導きながら、人々に幸せになる「呪文（真言）」の布教活動を行う一方で、高野山という「まちづくり」をなされました。私も高野山・京都御所（東寺）そして伊勢神宮を結ぶ１０８㎞の幸せのトライアングル（１１７ページ参照）の地となる「ハートランド伊勢」に於いて、地方の過疎化した地域に若者が定住するような世界を作り出すために、南伊勢町から時代を変えたいと、霊峰雪彦山の千光寺総本山「夢咲さくらの里」とし、別格本山白浜千光寺などの運営は門下生に任せつつ、20数年前より千光寺の管長として二足のわらじで取り組んでいたのですが、いよいよ第３期のまちづくり（１８６０区画）に着手したため、令和２年１月より再び取り組んでいるのです。

この空海の１０８㎞のお導きのエリアとなる「ハートランド伊勢」の地域活性化への取り組み

が、今後のｗｉｔｈコロナと共生しながらの、素晴らしい人生と幸せのあり方を考える上でも世界的にも重要な「プロジェクト」となるのは間違いありません。地方創生へ向けたキッカケとなり、伊勢志摩国立公園の中の定住モデルとして、東京への一極集中の緩和につながり、サミット開催地として世界から注目を集める三重県の発展に寄与できると確信しております。

こうして、私・玄津は、令和の時代から、空海ゆかりの千光寺のヘッポコ和尚としてだけでなく、まちづくりや地域活性化といった事業再生コンサルタントとしての仕事の二足のわらじを履き、コロナ禍から脱出して元気な日本を目指し日々多忙を極めておりますが、すべて私たちの「日本国」の明るい未来のためのお勧めなのです。

空海の教えを忠実に守り今に伝える、一番出来の悪い後継者（高野聖）の一人。

そんな自覚と自戒を持って、空海ゆかりの千光寺より大日パワーを放ち続けたい。空海の占い（宿曜占星術）を世に広めその活用により、スカッとしない人生から皆さまが脱け出していただくためのナビゲーターとして、すべての人々の幸せのために一生を捧げたい。そのような信念を持って日々活動しておりますので、少しでも皆さんの良きご理解とご支援をいただき、空海に関心を持っていただき、そして、空海の教え「幸せを感じる力」を育てていただければ幸いです。

■宿曜占星術は、他の相性占いと大きく異なり、人間の営みすべてに応用できる

私たちの「世界人類の平和」活動についての良き理解者であり、心からお慕い申し上げている、「令和しあわせの会」設立時からの代表発起人でもある河村建夫代議士と、別格本山・白浜千光寺の信徒総代でもある令和しあわせの会の光永勇会長、お二人の相性を空海の宿曜占星術で占ってみました。

他の占いと大きく異なるのは、恋愛・結婚にとどまらず、政治、経済、ビジネスや社会奉仕活動に関しての「相性」について分析して、計画を戦略的に見直すこともできるのです。

あの人は、どんな「宿」？⑨

河村建夫さん

★自由民主党・衆議院議員の**河村建夫さん**は、１９４２（昭和17）11月10日生まれです。

・河村建夫さんの「宿」（本命宿）は、**「尾宿」（びしゅく）**です。

【「尾宿」の基本的な性格】

「強く熱い戦士のように継続力を発揮し目標が明確になれば最後までやりぬく力を持っている」

「競争心が旺盛で根気よく取り組む集中力と粘り強さを持っている」

・麻生内閣で内閣官房長官、小泉内閣で文部科学大臣などを歴任され、超党派で作る日韓議員連盟幹事長としても精力的に活動されている河村建夫議員。党の地方創生実行統合本部・本部長として、光永勇会長と沖縄の基地問題の解決を始め、伊勢エリアなどの地方創生への取り組みを強力にバックアップしていただくことを上申し、白浜千光寺ゆかりの『南紀白浜温泉の発展を考える会』の講師も務めていただいたりと、地方の発展に寄与しておられ、国民の期待を裏切らない妥協なき政治姿勢は心強いばかりで、国会議員の鏡だと私は確信しております。

あの人は、どんな「宿」？⑩

光永勇さん

★**光永勇さん**は、私が僧侶という立場でありながらも副会長を仰せつかっている『令和しあわせの会』の会長ならびに一般社団法人・全国勝手連連合会総本部の会長を歴任されておられます。

1952（昭和27）年5月17日生まれです。

・光永勇さんの「宿」（本命宿）は、**「奎宿」（けいしゅく）**です。

【「奎宿」の基本的な性格】

「何かに夢中になるとマニアック的な傾向になることが多く芸術的な力を持っている」

「精神性が高く温厚柔和で人助けや奉仕精神が強く直感力にも恵まれている」

・光永勇会長は、現在の政治のあり方を正し、世の中を変えようとする、約３００万票とも言われる浮遊層から支持を受け、現在の市民運動「勝手連」により、多くの国会議員や首長（都・県知事）などの選挙運動で数々の伝説を残しております。私・玄津と同郷の沖縄出身。約34年前に出会った頃から、道州制や首相公選制など、「日本のより良い選挙制度」の実現を沖縄から目指す志に感動しました。令和元年に発足した「令和しあわせの会」の会長として、「世界人類の平和」の実現へ向けたさまざまな活動をなされています。光永会長は、瀬島龍三先生より「日本の方途を示せ」との使命への想いとその責任感と精神力には、並々ならぬものを常に感じ敬服しております。

【日本の方途を担う二人は、どのような「相性」なのでしょうか？】

★「尾宿（びしゅく）」（河村建夫先生）から見た「奎宿（けいしゅく）」（光永勇会長）との相性は、繁栄と親愛を表す「栄・親」の関係にあります。「水」の影響により、一緒にいると心が落ち着き、あぶなっかしいが不思議と癒される存在。そのため、光永勇会長の令和しあわせの会の代表発起人として名を連ねておられるお二人は、これからの日本には、お互いになくてはならない「光」の存在です。

そして、河村代議士の本命宿「尾宿（びしゅく）」と「奎宿（けいしゅく）」との相性を占う場合は、令和しあわせの会の光永勇会長の「奎宿（けいしゅく）」から見た「尾宿（びしゅく）」（河村建夫先生）との相性は、「火」の影響により、日本の未来について、令和維新への情熱を得られ、河村代議士は「世の中カエル」運動や「選挙に行こう 棄権は危険」キャンペーンなど光永勇会長の市民運動としてのさまざまな活動を温かく包み込んでくれるラッキーパーソン的な存在なのです。

コロナ禍より、日本の経済、日本人の元気を取り戻すための今後の「令和しあわせの会」のお二人の活動は見逃せません。ぜひ皆さんも、注意深く私たちの行動を見守ってください。合掌

空海の大予言

巻末資料

監修：一般社団法人宿曜秘宝®協会 高畑 三惠子

★あなたの運命を導く２７宿　特徴と開運法

★あなたのパワーストーンを知り、
身につけて運命を好転させましょう

★あなたの生年月日から算出された
宿曜占星術２７宿早見表

現代の西暦（太陽暦）でのあなたの誕生日を、厳密な、宿曜占星術（統計学）に当てはめるためには、太陰太陽暦（次ページの【27宿早見表】）を参照ください。あなたの誕生日を置き換え、本当の【あなた】の運命を変えることのできる誕生日から【あなた】の『宿』を割り出す必要があります。つまり、【あなた】の本当の運命の『宿』を知らなくては、驚異の的中率には至りません。

❶ 昴宿（ぼうしゅく）

品がよく真面目な優等生

特徴と性質

27宿の中では、最も強い「引き立て運」を授かった幸運な人。名誉と名声、環境に恵まれる持ち主です。

言葉の表現や態度がエレガントで、「昴」の字から連想されるように、頭の中でまとめる能力に長けています。知的な魅力に溢れ、頭脳も明晰。剛柔の二面性を持ち、表面は穏やかに見えますが、内面には情熱が沸騰し激情に駆られることもあります。ただし、ここ一番のチャンスには躊躇してしまう傾向が。ただ、持ち前の持久力と適応能力で乗り越える力を持っています。

また、芸術的で都会的なセンスがあり、本物志向の美学を持ち物事の本質を見極め、威風堂々とした姿勢で存在感を主張します。

仕事運・金運

開拓精神があり信念に忠実な性格から、各分野のスペシャリストに。目上からの寵愛を受け、下からは慕われる「引き立て運」を持つため、社会的に恵まれた位置について特性を活かすことができます。

引き立て運に恵まれていることから、信頼される行動と謙虚な性格で手元に財が引き寄せられてきます。優雅な立ち居振る舞いを是とする性格からお金に対する執着心は少ないのですが、昴ぶる感情が抑えられないことも。ギャンブルはご法度です。

また、頭脳明晰ではありますが固執する面があり、エキセントリックな感性を持つ人物との交流が大事です。そうした方々と情報のやり取りをする中で、斬新なアイデアがひらめいて金運も上昇するでしょう。

適職

美容関係、ファッション関係、文芸関係、芸術関係、執筆業、評論、翻訳関係・飲食・食品関係、パティシエ・シェフなど

開運法

開運成就の秘訣は、柔軟な感性を備えること。プライドの高さとどう付き合うか。自分の考えに固執せず、せっかく授かった好感度の高さと知識センスなどの能力を有効に使うことがポイントです。異業種交流会やセミナーなどに出向き、人脈を広げて周囲からの援助を受けましょう。持っている運気が倍増されるでしょう。

❷ 畢宿（ひつしゅく）

マイペースな大器晩成型

特徴と性質

財運と健康運に恵まれた宿。見た感じの印象は穏やかで愛情豊かなイメージですが、内面には体力と精神力の強さに恵まれています。「畢」は生涯を意味し、すべてにおいて最後までやり遂げる忍耐力があります。

自分の世界観をしっかり持ち、一歩一歩スローではありますが着実に前に進みます。行動はマイペースで、自分のスケールで物事を理解する傾向があるので、人の意見を聞かず頑固で自己中心的な人だと思われることも。それでも、粘り強く貫くパワーを持っているため、周囲からの信頼を集めるようになるでしょう。年齢とともに実力を蓄え大器晩成型の運勢を持っております。

地道にコツコツ進んでいくと、着実に頭角を現すでしょう。

仕事運・金運

職人的なこだわりを持って地道に努力を続けていくため、各分野で能力を発揮し頭角を現します。好きなことに対しては思う存分没頭できる根気強さとバイタリティーの持ち主です。

蓄財運に恵まれており、「お金を動かす」仕事に向いています。増財運にも恵まれているため、お金の管理に関する能力は一級品。ギャンブルなどの一攫千金（いっかくせんきん）を夢見るよりは、地道に働いて貯めていくタイプと言えるでしょう。その上で、財布の紐を緩めて友人や家族とゆったりとした交流の時間を持つことで、財運はさらに上向きになるでしょう。

ただ、資金運用に堅実である一方で、かなり慎重な傾向も。大胆な発想をする人物と交流することで、お金に関するヒントが得られるでしょう。

適職

財務、経理、銀行員、税理士、会計士、経営コンサルタント、研究職、技術職、芸術・芸能、美術工芸、美容、香料、園芸、畜産など

開運法

時間をかけて一歩一歩進み地位を手に入れるため、執着心が強くなりがち。そのため、物事に執着しないで、思い切って手放すことが吉。追い詰められるほどパワーを発揮するでしょう。熱意が強まるほど発奮しチャンスを引き寄せます。発想が固定化されやすいので、強烈な個性を持っている人と出会うなどして新しい領域へ踏み込むことで、新たな世界が開けるはず。

❸ 觜宿（ししゅく）

巧みな会話術を持ち知識が豊富

特徴と性質

27宿の中で最も「物質運」と「財運」に恵まれ、高い社会的地位を得ることができます。

知的で論理的、礼儀正しく温厚な外面と、アクが強い内面との二面性を持った人です。「觜」の字が示すとおり、エネルギーが旺盛で饒舌（じょうぜつ）。流れるような会話力と説得力のあるトークに長（た）けています。何かに夢中になっても冷静に対処できる計算高い一面があり、慎重で思慮深いことから羽目を外すことなく適切な対応ができ、損な選択をすることはありません。

一方で、物事をテキパキと処理することができ、何事も先頭を切る「闘士型」と、諭す「教祖型」の両方の力を有しています。この相反する力を活かすことができれば、周囲から多くの支援を得られます。

仕事運・金運

自分の信念に忠実な性格のため、一つの技術を取得することで、その分野での成長と発展を遂げることができます。頭の回転も早く、緻密な計算や巧みな対応も得意。物質運を持つことから、社会的地位の高い仕事で能力を発揮することができます。

思慮深く観察力が強いため、高い計算能力でキャッチした最先端の情報を活かした資産運用も得意。もともと、畜財運に恵まれていることから、お金がお金を呼び大きな財産を成すことができます。

ただ、非常に神経質な面もあり、天真爛漫（てんしんらんまん）に振る舞う人物と交流することが必要。相手と価値観を共有することで思考回路が転換され、金運アップのアイデアがひらめくことでしょう。

適職

弁護士、行政書士、税理士、学者、政治家、作家、評論家、出版・広告関係、秘書、マネージャーなど

開運法

人とは違う個性的なファッションやおしゃれを楽しむ美的感性を磨き、最後までやり遂げることが大切。美容に触れ、美のグルメを味わい美術や芸術に触れることで知識も深まり、斬新なアイデアがひらめくことも。そうして得た情報を周囲にアピールすることで、美にまつわる幸運を手に入れることができるでしょう。

❹ 参宿(さんしゅく)

斬新な発想力で変革を実行

特徴と性質

最も斬新な視点を持ち、エネルギッシュで「人気運」と「対人運」に恵まれています。そのため、常にエネルギーとパワーに満ち溢れ、大胆で明るく意のままに駆け抜ける強さを持ち自信がみなぎっています。

「参」が指し示すように、関心があればどこにでも参加。好奇心が人一倍旺盛な性格です。頭の回転もとても早く、情報をキャッチするのも得意。持ち前のコミュニケーション能力を発揮しながら交友関係を拡大することができます。

ただ、豪快であるゆえに人の心に遠慮なく入り込んだり、毒舌を吐くこともあり反感を買うことも。ただ、表現力に優れて発想力も豊かで、愛嬌(あいきょう)がありピュアな魅力も備えているため、人に愛され出世します。

仕事運・金運

ユニークな発想の持ち主で情報収集力に長けた性格から、人々のニーズを伝達する役割が適しています。人気運と対人運があることから、アイデアを活かして商才を発揮します。

また、流行に敏感なこともあり、時代の流れを見極めながら、その時々で自分に有利な方法を見つけるのが得意。着実にお金を増やしていく財テク上手と言えるでしょう。

ただ、お金を稼ぐ能力がある一方で、刺激を求めて浪費する傾向が。堅実な金銭感覚を持つ人物と交流することで、散財も抑えられることができます。そうすれば、しっかりとしたマネーセンスが身につき、運気もアップするでしょう。

適職

美容師などの美容関係、放送・出版、旅行、教育関係、情報伝達業、ファッション関係など

開運法

自由な考え方や発想、直感は大事ですが、家族や共感し合える仲間を大切にすることが開運の秘訣。そのうえで、堅実な考え方が備わると着実なマネーセンスを養うことができます。例えば、証券会社や投資コンサルタントから情報収集するのも可。常にチャレンジ精神を忘れず冒険心を持ち続けることが運気アップにつながるでしょう。

⑤ 井宿（せいしゅく）

理論的思考と幅広い知識

特徴と性質

「物質運」と「所有運」に恵まれた井宿。コミュニケーション能力が高く、知的でシャープな頭脳を持っています。ドライな雰囲気を漂わせながらも、奉仕精神に溢れています。

「井」の字のごとく、きちんと区切る几帳面さが全面に出るため、計算に強く頭の回転が速いのも特徴です。合理主義で冷酷なイメージに見られることもあり、何かと論争を好み駆け引き上手な頭脳派。ただ、人と話すことは大好きで、理性と感情を絶妙にコントロールしながら会話することができます。

一方で、内面的には気前が良く、人に情報やものを惜しまず与えます。人に尽くす精神ときめ細やかな心優しい側面も持ち合わせています。

仕事運・金運

交渉力に必要な雄弁さと情報収集能力に長け、機転が利いて状況を的確に判断する能力に恵まれています。包容力と奉仕精神も持ち合わせているため、そうした性格を活かせる分野の仕事が向いています。

恵まれた「所有運」のもと、頭脳プレーを発揮し目標達成に向けて高い精度でマスターしていく実力があります。自然と手元にお金が集まってくることでしょう。また、適切な方法を選んで蓄財を増やすための研究にも熱心。ただ、自分の選択が思うようにいかない場合は、人に依存してしまいがち。悪意のある相手に利用される危険があるので注意しましょう。

知識が豊富なだけに、物事を合理的に判断してしまう傾向も。権威のある人との交流を深めて学ぶことで、金運も上昇することでしょう。

適職

企画営業、貿易関係、外交官、服飾、食品・飲食関係、住宅、インテリア、サービス業など

開運法

集中力と持続力はありますが、頭脳派で納得しないと動けないので準備期間を上手に取るコントロールが要です。マルチな才能を持ち、情報を吸収することが得意。自ら発信することで欲しい情報も手に入り、運気もアップします。資格取得などにも挑戦を。そうすれば、持ち前の知識欲も満たされることでしょう。

❻ 鬼宿（きしゅく）

感性豊かで発想力が個性的

特徴と性質

27宿中、最も「財運」と「地位運」に恵まれています。楽天的で親しみやすく好奇心も旺盛。相手の気持を汲み取り、自分のことのように感じることができる優しい性格です。

名前の「鬼」のように、人間を守る強者として神になることも。また、さまざまな感受性も持ちわせており、「手を差し伸べたい」「救いたい」といった慈悲の精神も宿っています。ただ、相手の気持を感じ取りすぎて情に流され、理性的な判断ができなくなることもあります。

とはいえ、温かく相手を包み込むような包容力とテレパシーのような直感力が備わっているのは魅力。人を安心させるタイプと言えるでしょう。

仕事運・金運

慈愛に満ちて包容力を持つ鬼宿は地位運に恵まれ、気遣いが必要とされる仕事や自由な発想力を活かせる分野に適性があります。インスピレーションに恵まれているため、的確にお金に結びつくことを選択する不思議な能力を備えているのも特徴。ただ、面倒見のよさを利用しようとする人物には気をつけましょう。お金にまつわる気乗りしないお話には、丁重にお断りすることが肝心です。

危険を避けるためには、直感力の鋭さに加えて物事の本質を見通す優れた判断力を身につける必要があります。そのためには、見識豊かな人物と交流することをおすすめします。判断力を磨くことができ、金運アップにつながっていくでしょう。

適職

医療関係、福祉関係、コンサルタント関係、旅行業、飲食業、ファッション業界、インテリア業界、海外関係など

開運法

あれこれと思い悩まないことが、開運の秘訣。感受性が豊かで自由な感性と柔軟な考えができ、人を導いて行くのが得意で大好きなはず。無邪気でピュアな心と深い愛情を持っています。常にポジティブマインドでいれば、勘が冴（さ）えて運気も上昇するでしょう。

⑦ 柳宿（りゅうしゅく）

物静かな中に強さを内包

特徴と性質

27宿中、最も「財産運」と「交渉運」に恵まれています。一見穏やかで家庭的な温厚タイプ。しかし、「柳」の字が示すように、強さとしなやかさが同居し、内面は激しく奥深い感情とミステリアスな魅力が混在しています。

さらに、「柳」には「龍」の意味もあり、激情的で気位が高く気性の激しい面が出てくると落ち着きを失うことに。執着心がある一方、興味の対象が常に変化する傾向もあり気分屋の部分も。ただ、頭の回転が早く人の心をよく読める交渉上手でもあります。

また、鋭敏な理論を持ち、強い意志と向上心でわが道を歩む人。心のつながりを大切にしながら気配りで人を和ませ、身内や仲間を大切にします。

仕事運・金運

親しみやすく奉仕の精神が備わっていることから、快適でくつろげる空間を作り出すのが得意。包容力豊かな感性を活かせる分野で活躍できます。また、強い交渉運を持つことから、コミュニケーションやコラボレーションが必要な職業全般に適性があり、専門性を活かせることのできる職業も向いています。

大きな財産運に恵まれているため、不思議なツキがありお金が集まってくる傾向があります。反面、お金に敏感すぎて打算的な面が露出し、財布の紐が固くなることも。そんなときは、気持ちを形にしてお返しすることで、持っている金運がさらに上昇します。

ただ、一つのことに夢中になりすぎて、時間を無駄に使いがち。時間の使い方が上手い人と交流することで、仲間もお金も増やせることができるでしょう。

適職

接客業、衣食住のサービス業全般、弁護士、政治家、ジャーナリストなど

開運法

熱狂的に取り組む能力があるので、あれこれ手をつけすぎず、専門分野に絞り突き詰めることでその分野での成功を可能にします。それゆえに大きなチャンスに恵まれ人との絆も深まります。そのコミュニケーション術が運気アップのキッカケになるでしょう。

❽ 星宿（せいしゅく）

人生を積み上げるいぶし銀

特徴と性質

別名「土地宿」と呼ばれるほど、27宿中、最も「不動産運」に恵まれています。芯の強いたくましさがあり、妥協知らずの義理堅い親分肌。神聖なものを愛する深い精神性が備わり、「星」の字のごとく夜空に光り輝くオーラを漂わせております。

ただ、人に頭を下げることが苦手で誤解されやすく反感を買う時も。それでもエネルギッシュに働き、既成概念にとらわれない反骨精神の強さがあります。必要とあれば、苦言を呈することもいとわず堂々としています。

どんなに時間がかかっても、夢や希望、目標に向かって一直線。必ずや実現させる強さを持ち合わせております。

仕事運・金運

実力で勝負する世界や、創造性と行動力を要求される業界に向いています。縁の下の力持ち的な役割があり、大変な勉強家なので個性を活かせる分野で頭角を現します。

もっとも不動産運が強い持ち主であるため、何かをしなくても不動産を手に入れたり頼りになる人物にも恵まれます。ただ、スリリングな展開を好むところがあるので、かなりの資金を投入して株を購入したりギャンブルにハマってしまうことも。お金に関しては、押しの強さを極力控え、増財には慎重で確実な方法を選ぶことが大切です。

権力に媚（こ）びないリーダー的な人物と交流を深めることが、金運上昇のきっかけをつくってくれるでしょう。

適職

不動産関係、建設関係、芸能界、マスコミ関係、広告関係、自営業、研究職、政治活動など

開運法

おおらかさと豊かなサービス精神を発揮することが大事。信頼した仲間には手厚く接し、使命感とリーダーシップ力に長けています。目標を持ったら長いスパンをかけてやり抜く精神を持っています。創造力、指導力、統率力を発揮できれば、豊かな人生が待っていることでしょう。

⑨ 張宿（ちょうしゅく） 自己演出が得意なプレーヤー

特徴と性質

明朗快活な太陽の恩恵を受けていることから、最も有形無形の「援助運」を受けています。性格は、ドラマティックな生命力に溢れ、華がありゴージャス。細かいことにはこだわらない豪快なイメージです。

「張」の字が示すように、しなった弓のよう。堂々と自分を主張し大胆で素直なふるまいは、どこにいても主役級の存在感があります。ときには有頂天になりすぎて暴君的なふるまいで周りを巻き込み騒動を起こしてしまうことも。

ただし、自己表現やトークが優れているがゆえに、常にエネルギッシュ。人を束ねる統率力を持ち、ここ一番の勝負運も強いのが特徴。褒め称えられたり持ち上げられたりすると、俄然頑張り力を発揮します。

仕事運・金運

計画したことは必ず実行に移し、創作活動に抜群の才覚を発揮。社会の中で勝ち抜いていける能力があるので、リーダーとしての役割が与えられます。

人を集める能力があり自己アピールが上手なので、クリエイティブな表現を通して社会的な成功を手に入れる運の持ち主です。特に、人から注目を集める分野や実力で勝負する世界に適性があります。

27宿中、最も強い援助運を持っているため、周囲に気を配り人の面倒をよく見て、気前の良さを心がけると人との結びつきもより強固なものに。運も財産も、人に引き立てられ人から引き継ぐタイプです。

そのため、人とかかわらない一人ギャンブルは注意が必要。また、素直な言動や振る舞いを理解してくれる人との交流が金運をアップさせます。

適職

芸能関係、スポーツ界、政治界、プロデュース・ディレクション業務、エンターテインメント業界など

開運法

光り輝く自分の魅力を表現することが、成功の秘訣。そうすれば、周囲からの称賛を得られて賛美されることでしょう。人から見られている意識を持っていれば、内面も外面も磨きをかけることで幸せを感じて来ます。そして、多くの人々から有形無形のサポートを受けて輝きが増し、運気も倍増することでしょう。

⑩ 翼宿（よくしゅく）

羽ばたく使命を背負う人

特徴と性質

27宿中、最も強い「海外運」が備わっています。「翼」の字が示すように、遠いところに飛んでいける強さとやり抜く自信を持っています。また、物事の本質を見抜き、正義感と強い意志で信念を貫き通します。

ただ、コツコツと積み上げられた風格と威厳、我慢強くゆっくりとしたペースで進む頑固一徹さが、ときには強引でワンマンに見えてしまうかもしれません。スケールの大きな理想や夢に現実が噛み合わず葛藤し、どうでもよいことに労力を費やしてしまうこともあるかもしれません。

とはいえ、もともと海外に深い縁を持ち、音楽や映画など華やかなものが大好き。エンタメ性が備わっており、才能にも恵まれています。

仕事運・金運

人目を引く存在感と物怖（ものお）じしない度胸があり、社会の中で勝ち抜くことができる運勢の持ち主。緻密な頭脳プレーができ、着実に堅実に目標を実現させることができます。「海外運」を活かして、海外や語学に関わる仕事に就くのもよいでしょう。

また、お金よりも自分が興味を持つことを優先する傾向があり、自身の成長や達成感を重視しお金には無頓着。興味のあることにだけ、消費する傾向があります。意欲的に仕事に取り組み、完璧を目指す姿勢は美徳ですが、情緒豊かな人物との交流も大事です。

そうした人の会話術を取り入れると人間関係がより円滑になり、人脈も広がって成長だけでなく金運上昇にもつながるでしょう。

適職

プランニング業、コンサルタント業、教育関係、出版関係、医療衛生、看護師、薬剤師、秘書、貿易関係、翻訳、語学関係など

開運法

想像力を思う存分発揮することが大事。自分の理想を追い求め、目指す人物像を心に保ち続けることができれば、イメージ通りの人生に。クリエイティブな活動も運気を底上げし、チャンスを生み出します。家族や仲間に恵まれてまわりから助けられ、恵まれた才能を活かして行けば運が味方をしてくれるでしょう。

⑪ 軫宿（しんしゅく）

交際上手で活動的な決断力

特徴と性質

巧みな言語能力に優れ、最も「海外運」と「社交運」に恵まれています。基本的には、静寂さを秘めて、落ち着きのあるムード。落ち着いた雰囲気で精神性が高く、純粋な心の持ち主です。

一方で、「軫」から連想される車のように、どんなことでもスピーディーに進める能力があり、頭の回転が早く臨機応変に対応できます。会話術に優れ社交的に振る舞う行動力もありますが、批判力がありすぎる面も。ただ、細かいことによく気づき何事も器用にテキパキとこなすので、縁の下の力持ち的存在になることもできます。

物事を徹底的に分析したり解析でき、心理を探求する力が備わっています。

仕事運・金運

その緻密な思考や冷静な判断力で、人生の設計図を正確に描く能力を発揮。奉仕の精神と実務能力を活かせる仕事に向いています。また、情報処理能力に優れる「社交運」と、物を遠くに運ぶ「海外運」を持っていることから、企画や旅行、女性の心をつかむような業界が吉となっております。

金銭面でも、きちんとした性格のために家計簿を使うなど手堅い面が見られます。かといって、過剰な締まり屋ではなく、人への感謝を形にしてさり気なくプレゼントができるなど良識も備えています。ただ、お金に対する執着心があるので、ギャンブルなどには関わらず金銭の貸し借りはしないほうが無難。

正確さを保った上で、燃えるような人物と交流し眠っていた新たな技量が見出されることで、金運が上昇するでしょう。

適職

プランニング業、教育関係、情報関係、交通機関、旅行関係、美容業界、ファッション業界など

開運法

動きながら決断する能力を持っていますから、最先端の情報をキャッチし続けることで運が開けます。さらには、野望に燃える気持ちを持ち、向上心を失わずに好奇心を持ち続けることで、秘められた才能が開花していくはず。それが引き金となり、人間関係も円滑に築かれ運気がアップしていくでしょう。

⑫ 角宿（かくしゅく）

遊び心を忘れない柔軟性

特徴と性質

27宿の中では、「財運」と「ビジネス運」に恵まれています。外見はおしゃれ上手で華やかさを持ち、内面には永遠に純粋な子どものような心を持ち続けます。

「角」は、かど、すみ、つのといった緻密で頭の回転が速いことを意味します。そのため、神経質な面が出すぎると厳しく接したりうるさく言い過ぎるといったことも。ただ、趣味も豊富で手先も器用で、楽しいことが大好き。目上の人から可愛がられ、年下には慕われる人気運が備わっています。

持って生まれた器用さを活かして、エネルギッシュに行動しましょう。何かの技を磨くことで運が開けるタイプです。

仕事運・金運

奉仕の精神を持っているため、与えられた仕事を勤勉にこなす能力に長けています。そつなく、社交的なセンスとバランス感覚もあり、交渉を必要とする分野の仕事に向いています。優れた美的感覚や社交性を活かした職業に進むとよいでしょう。

お金の面では、財運があることから散財に明け暮れることはめったにありません。ただ、お金が入ってきても、すぐに使ってしまうようでは運気もダウンしがちになるので気をつけましょう。

見た目で人や物事を判断してしまう傾向もあり、フラットな考えを持つ人物と交流するようにしましょう。そうすれば、相手の考えを尊重し試練を乗り越えながら、さらなる金運アップが望めるでしょう。

適職

ファッション業界、美容業界、芸術分野、外交分野、司法関係、娯楽関係など

開運法

持ち前の温かく包み込むような大らかさをアピールしましょう。バランスの取れた社交性が身につき、そうすれば人生の価値観が見い出せ、人間関係がプラスになります。周囲を明るく照らすムードメーカーに徹すると、いつしかバックアップしてくれる人が現れ、運が大きく開花していくことでしょう。

⑬ 亢宿（こうしゅく） 価値観を貫く統率者

特徴と性質

27宿の中で、最も物事を統括することに優れた「頭領運（とうりょう）」の持ち主です。正義感が強く主義を押し通す強さとともに、軽やかな立ち居振る舞いで魅了。都会的センスの光る社交的な性格です。「あらがう」を表す「亢」の字のごとく、権力や権威に抵抗する、反骨精神に溢れています。ただし、清廉潔白な外面とは裏腹に内面は過剰な虚栄心や気取り屋な一面も。それでも、真面目で不正が大嫌いで、公正な判断力や抜群のバランス感覚が備わっています。

統率力がありリーダーとしての資質があるため、得意とする調整能力を発揮しながら人間関係の幅を広げることができるでしょう。

仕事運・金運

そのバランス感覚と社交性を用いて、人と人との架け橋になる役割をこなすことができます。そのため、交渉を必要とする仕事や自分のセンスを活かせる分野が向いています。強い「頭領運」を活かせる職業にも適性があります。

金銭面に関しても、抜群の調整力を発揮。支出入をきちんと行い、金銭の貸し借りにも無縁です。リスクの高さを気にするため、ギャンブルにのめり込むこともありません。たとえ手を出しても、本気になることはないでしょう。

ただ、財運は結構ある方ですが活用方法がパターン化しているため、お金の運用に長けた人物と交流したほうが得策。そうすれば、知識のバリエーションが増えて、効率的にお金を増やすことができるようになるでしょう。

適職

警察関係、裁判官、芸術分野、ジャーナリスト、金融関係、経理関係など

開運法

人と人とをつなぐ役割に徹することが幸運を呼びます。周囲に多くの人が集まる結果となり、社会的地位も上昇するはずです。価値基準と信念の強さを持ち、統括的な資質をポジティブに活用すれば、運気上昇の人生へ。魅せることを意識してセンスのよさを磨くと、幸運の扉が開かれるでしょう。

⑭ 氐宿（ていしゅく）

タフでエネルギッシュ

特徴と性質

「人気運」と「物質運」が強い宿。表面は穏やかですが、粘り強さと勝負強さがあり、一度決めたことはどんな逆境があってもやり抜きます。「氐」とは、底力がありバイタリティーに富むことを示しており、精神的にも肉体的にもエネルギッシュで豪快です。

ただ、強がりで一本気、人情味のある性格もあって、相手が裏切る行動を取ると復讐心に燃えて執念深いところも。押しが強くハッタリを利かす性格ながら、どこか憎めない愛嬌もあり魅力となっています。

また、先見の明があり野望も強大。決断後の行動は素早いこともあり、必ずや目標を達成するでしょう。

仕事運・金運

流行と人々のニーズを敏感にキャッチして、美と調和を創り出す感覚に優れています。本物志向の審美眼を持ち、各分野のエキスパートになれる素質を持ちます。また、「人気運」を持つことから、人付き合いのセンスがあり人脈作りにも抜群の能力を発揮します。

ただ、お金のこととなると気性の激しさが極端に現れ、特にギャンブルとなると目の色が変わります。勝負運にも恵まれ引き時もわかっているため、慢心することなく一歩退く気持ちを持てれば、さらに金運がアップします。

他人の意見や批判に耳を貸さないことがあるので、高い地位についている方との交流が鍵。相手を尊重し寛容さを身につければ、持っている運が磨かれ金運が上昇していくことでしょう。

適職

ファッション業界、芸術分野、マスコミ業界、外交官、裁判官など

開運法

交渉術に磨きをかけ他人の意見に耳を傾けてみましょう。そうすれば大きな成功を秘めている底力が生かされます。包括的な視点で相手を尊重すると、ビジネスセンスが磨かれます。数多くの人望を集めることができ、目上からは引き立てられ目下からは頼られます。謙虚さが幸運をもたらすでしょう。

⑮ 房宿（ぼうしゅく）

縁と財を備えた吉祥人

特徴と性質

生まれつき高い品性と、労せずして財産が増える「財運」の持ち主です。情感豊かな探究心と洞察力があり、そこはかとない気品が漂います。

「房」の字から連想する人体の「心房」のごとく、むやみに心を開かない無口な人が多いのが特徴です。一つのことに熱中し研究心旺盛で活力に満ちてはいますが、用心深いために冒険することは好みません。猜疑心（さいぎしん）も強く、なかなか人を信用しない傾向があります。

相手を観察して分析するといった、相手の胸の内を読み取ることが得意。物事を的確に見抜く直感力と判断力が優れているため、目的を決めると最後までやり抜く行動力があります。

仕事運・金運

緻密な観察力を持ち、抜群の集中力を発揮して物事に取り組む能力が備わっています。古いものから新しいものへと刷新する役割を担っており、その旺盛な探究心で本物を見抜く力を活かせる分野が適しています。恵まれた「財運」を利用して、金融関係の分野でも力を発揮するでしょう。

強い金運がすでに備わっているために、幼い頃からあまりお金に苦労した経験がない方が多いため、突然の苦難にはとまどう傾向も。人生の壁に対して、他の人よりショックを受ける度合いが並外れて大きくなってしまうかもしれません。それでも、それを乗り越えるだけの忍耐力が備わっています。

苦労人で情報収集に長けた人物と交流することで前に進む術を身につけ、さらなる金運アップにつなげることができるでしょう。

適職

銀行・証券関係、金融関係、医療関係、検察、警察など

開運法

考えすぎて動きを止めないよう、インスピレーションに従って情報収集をしながら、不要と必要を振り分け選択してみましょう。自分の才能発掘に投資したり、まわりにいる人に目を向けてお金を使うと与える気持ちが心の豊かさとなります。そのことが、輝かしい未来を切り開くキッカケとなることでしょう。

⑯ 心宿（しんしゅく）

魅力的な天性のタレント

特徴と性質

「人気運」と「地位運」に恵まれた宿。表向きはチャーミングで周りを明るくするムードがあります。一方で、「心」の字が表すように、人や物事の内面を見通す洞察力に優れ情報通の面も。神秘的な魅力に包まれています。

心の内を明かさない秘密主義なところがあり、猜疑心が強く人を信用しない傾向があります。ただ、状況を伺いながら人の心の動きを敏感に察知できる能力や、天性のタレント性を持っていることから、無意識のうちに演技力を発揮することができます。

好奇心も旺盛で、頭の回転早いのも特徴。周囲を楽しくする雰囲気を持っているため、自然と人が集まってくるでしょう。

仕事運・金運

並外れた集中力で物事に取り組む能力に優れ、各分野のエキスパートになる力が備わっています。廃れたものを、新しいものに再生するような役割を果たすことができます。

プロ意識の高さから洞察力が必要な分野に適しているほか、人の心をつかむのがうまいため、対面業種にも適性があります。お金の工夫ややりくりなど、その場に合わせた創意工夫も得意。ただ、欲深さが出てしまうこともあるので、注意が必要です。とはいえ、金銭面のトラブルやピンチも切り抜ける逆境運に恵まれているところが強みです。

一攫千金に走る傾向があるため、お金を増やす方法に長けた人物との交流を持つと、手堅く貯蓄することができるでしょう。

適職

接客・販売、営業、カウンセラー、研究・開発部門、企画関連、美術・音楽・演劇、神経科分野の医師など

開運法

未知なることにも大胆に踏み込むことが、開運につながります。ピンチやアクシデントに遭遇しても、決して諦めることなく起死回生を図ることができる運勢の持ち主。周囲に合わせて演じる力が備わっています。しかし、その仮面をはずし真心を忘れなければ、それが運気アップの呼び水を誘うことになるでしょう。

⑰ 尾宿（びしゅく）

根気ある集中力と持続力

特徴と性質

「名声運」と「財運」に恵まれている宿。精神性がとても高く、堂々とした佇まいがあります。昔気質の職人や名人に多く見られる古風なタイプです。「尾」の字は、体感を真っ直ぐに通った尾っぽのイメージ。心の根っこのように、周囲に惑わされることなく猪突猛進（ちょとつもうしん）して力を発揮します。

自分の信念に忠実で、要領よく立ち回ったり妥協するのは苦手なタイプでしょう。ただし、目的達成のためなら努力を惜しまず、冒険心や競争心、闘争心も旺盛です。

また、自分を信じ、どんなに厳しい状況であっても驚くべき集中力と粘り強さで難なく乗り越え、やり遂げることができます。

仕事運・金運

緻密な計画を練り、旺盛な知識欲と行動力が必要とされる分野に向いています。実直で正直な姿勢は、宿が持つ「名声運」につながるため、学術や語学系のほか、海外に関連した職業に就くのもよいでしょう。

実直で楽観的な性格のため、集中力や競争力など精神的能力がバランス良く整い、財運をつかむ運にも恵まれています。自らの足場を固める準備として、一部は貯金することを心がけることが大切です。

ただ、何事にも研究熱心ではありますが、既成概念にとらわれる傾向があるため、先駆者的なパイオニア精神旺盛な人物との交流も吉。そうすることで、元から持っている財運力に磨きがかかり、さらにパワフルなものになることでしょう。

適職

司法・法律関係、ＩＴ関連、出版・マスコミ業界、通訳、貿易関係など

開運法

目的を明確に定めることが運気アップにつながります。時間をかけて自分の場所を探究し、何事も自信を持ち、一番好きなことに熱中しましょう。異国の文化と触れ合うことが、成功の糸口になります。直感を信じて邁進（まいしん）すれば、さらなるチャンスと幸運に恵まれるでしょう。

⑱ 箕宿（きしゅく）

怖いもの知らずの度胸

特徴と性質

　良き理解者に恵まれた「独立運」の持ち主。大局的な物の考え方とともに、精神性と哲学を好みます。また、何事にも徹底主義を貫き、競争心や闘争心が旺盛。「箕」のカゴのように物事をふるいにかけてイエス・ノーをはっきりさせることを好みます。

　刺激を求めて幅広く挑戦しますが、手を広げすぎて収集がつかなくなることもあります。何よりも行動の自由を奪われたり束縛されるのを嫌がり、自由に生きることを信条としています。目標を決めれば、一心不乱に突進して夢を実現させる力を持っています。

仕事運・金運

　国境や世代を超えて、外へと飛び出して活躍する宿命を負っています。そのため、知識を必要としたり、人生の意味や喜びを探求するような精神性の深い仕事に向いています。

　寛大で商才があり「独立運」を備えているため、よきパートナーにも恵まれます。そうした勢いのあるリーダー気質と親分肌の特性を活かし、起業して会社を持ったり独立採算制の高い仕事に就けば、スケールの大きな活躍をすることができるでしょう。

　お金に関しても楽観的で、困窮時にこそ力を発揮。稼ぎ方も豪快で、大盤振る舞いしておごったり、ギャンブルにうつつを抜かすことも。緻密で金銭感覚に優れた人と交流することで、地位やお金を得ることができます。

適職

　マスコミ業界、出版関係、旅行関係、プロデュース業、マネージメント業など

開運法

　ポジティブ思考と楽観主義で備わった情熱と行動力を発揮すれば、運も味方につけることができるはず。大きな理想を掲げ、細部にまで目を行き届かせて緻密な分析力や解析力を身につけるとよいでしょう。異文化と触れ合い、多くの人との出会いと触れ合いの中で、豊かなインスピレーションに導かれ、運が上昇していくことでしょう。

⑲ 斗宿（としゅく）

高い志で輝くカリスマ性

特徴と性質

「名誉運」と「財運」に恵まれた宿。性格は、一見穏やかに見えても実は頑固で、強固な我慢強さを備えています。「斗」の字が示すように闘争心が旺盛なため、人に弱みを見せることはありません。

プライドも高く、対抗するライバルが出現すると、俄然、奮闘力を発揮します。目標達成のためには、情に流されることなく冷酷な手段に出ることも。天から地を見下すように、尊大な態度を取ることもあります。

ただ、先を見通すインスピレーションが鋭く、神秘的なものが大好き。堅物なイメージで捉えられる一方で、人を引き付けるカリスマ性を持っています。我慢強く苦労をはねのけるパワー、精神力の持ち主です。

仕事運・金運

並外れた洞察力と競争心を持ち、物事の本質を見極める知性の持ち主。社会的な影響力や立ち位置を見極める力が備わっているため、組織の中で力を発揮します。

金銭感覚も、目的意識が強く現実的。用途によって計画的な使い分け、金銭的な余裕をつくっておくなど、とても堅実な人生を歩むでしょう。ただ、財運に恵まれているとはいえ、一度熱くなると留まることを知らない闘争心が頭をもたげることも。ギャンブルや投資には手を出さないほうが無難です。

努力家ではありますが、意地悪な面があるため、大胆で豪快な考え方の人物と交流するとよいでしょう。その度胸の良さを取り入れると人脈も広がり、金運もダイナミックに上昇していくことでしょう。

適職

教師、公務員、通訳、銀行・証券関係、不動産関係、スポーツ分野、宗教関係など

開運法

目標や夢を明確にすることが大切です。高い志を持ち向上心も強く運気も強いです。専門的な知識を習得し、夢が実現された未来の姿をビジュアル化することで、目標が具現化します。良き指導者やライバルの出現に持っている力が湧き上がり、進むべき道が開かれるでしょう。

⑳ 女宿（じょしゅく）

忍耐と努力で地位を確立

特徴と性質

実直で真面目、高度な精神性と忍耐力が宿り、素晴らしい「名誉運」に恵まれています。「女」の字が示すとおり、歴史上の偉大な女傑のように、大胆な気性と優れた知恵、実行力を秘めております。

自分にも他人にも厳しく権威と秩序を重んじますが、粘り強い性分が全面に出ると、誤解されたり妬（ねた）まれることもあります。また、信念が強くプライドも高い、かなりの頑固者。その一方で、理論的思考で何事にも計画性を持って綿密な調査を行ってから行動に移す慎重さも持ち合わせています。

若い頃から落ち着きがあり、何かに熱中するときにはパワーを発揮。苦難や困難に耐え、目標に向かって道を切り開いていくでしょう。

仕事運・金運

一度目標が決まると、類稀な集中力と粘り強さを発揮。具体的で実際的な方面に興味が向かうため、「勤め人」として高い評価を受けることができます。「名誉運」に恵まれているため、組織の中で力を発揮できる職業などが向いているでしょう。女性に関わる職業にも縁があります。

お金の面でも、計画的に貯蓄し金銭的な余裕をつくる努力をする、やりくり上手な堅実家。ギャンブルや投資などに本気になる心配がなく、よほどのことがない限りお金に困ることはないでしょう。

ただし、すべてに気を張り詰めているがゆえに、お金の管理にも神経質になる傾向が。常にオープンでユニークな感性を持つ人物と交流することで、新しい発想が得られて金運がさらにアップすることでしょう。

適職

税理士、公務員、司法関係、教師、官僚、美容、ファッション業界、書・舞・茶道・華道など

開運法

伝統的な文化を重んじることが、成功の鍵。社会のつながりを大切にし、地域社会における貢献活動の役割にも注目してみましょう。地道にコツコツと見えない所で力を振り絞り努力を積み上げて行く力があります。そうすることで、達人と称される技が、より輝いてくることでしょう。

㉑ 虚宿（きょしゅく）

繊細な感受性で閃き力抜群

特徴と性質

豊かな「財運」に恵まれている宿。社会的にも高い地位につくことができます。とても複雑な性質を持ち、捉えどころがなく風変わりで束縛を嫌い、わが道を歩みます。「虚」の字のごとく、虚と実、陰と陽が瞬時に交差。現実性と空想的な二面性を持つ、不思議な感性の持ち主です。

尊大な態度をとったかと思うと、気が弱い部分が表に立ち内向的になってしまうことも。ただ、一度決断すると最後までやり遂げる強さも備わっています。また、頭脳的な駆け引きが上手い一面もあり、気位が高く独自の世界観を構築し発想力も豊かです。

勘が鋭く意志が強く管理能力もあるので、偉業を成し遂げる能力を秘めています。

仕事運・金運

孤独に強く、社会的な影響を人に与える能力があるため、人々の創造性を刺激する分野の仕事が向いています。社会的な地位にも恵まれ、無駄を嫌う合理的な知性を発揮できるでしょう。ストイックな修練を求められる職業にも適しています。

また、財運に恵まれ、管理能力も高く無駄遣いしない方法を心得ています。収入をうまく割り振りして計画的に貯蓄に回し、余裕資金をつくり出すことが得意。経済的には、豊かな生活を送ることができるでしょう。

ただ、臆病な面もあり、空想に陥って人との交わりを避けてしまうことも。社交的な人物と積極的に交流することで人間関係が広がり、情報交換によって金運アップの秘訣を得ることになるでしょう。

適職

デザイナー、ライター、カメラマン、技術者・研究者、科学者、教職、航空関係など

開運法

存在感を発揮することが大事。思い描く理想と現実のギャップを埋めるには、真剣に取り組む姿勢と実現に向かって継続すれば、必ず結果として残るはずです。知識を磨きイマジネーションを豊かにすることで、かなりの成果を上げることも。そうすれば確固たる存在感と実力が身につき、大きな偉業を成し遂げることができるでしょう。

㉒ 危宿（きしゅく）

大胆・好奇心旺盛な冒険家

特徴と性質

自己鍛錬の精神と、上昇志向に恵まれた人物が多い宿。好奇心旺盛で平凡を嫌い、新しいもの好きで風変わりなものを好みます。「危」の字が示すように、物怖じすることなく冒険的な道を歩む強さが備わっています。

融通性が高い一方で思い込みが激しく、熱中するものや興味の対象がコロコロと変化する気分屋の面もあります。ただ、知的思考が強く自由を奪われることを嫌って独自の考えやスタイルに強くこだわり、夢や幻想の世界に浸ることを好みます。

理性よりも感性が強い傾向があり、その直感力や美的センスを活かして独特のアイデアを生み出すことで、才能が開花していくことでしょう。

仕事運・金運

仲間意識が強くチームワークを大切にするため、人々の創造性を刺激し連帯感が必要な仕事に向いています。トレンドを敏感に察知し革新的なアイデアで創意工夫ができる分野に適性があります。

一方で、きちんと計画を立てて効率的にお金を管理するのは苦手。お金を使って得た価値に目を向けるほうが得意です。お金を使って得た価値を元に、どのように次のチャンスを掴むかを考えると金運も上昇するでしょう。ただし、のめり込んだら留まることを知らないので、ギャンブルや投資はご法度です。

こうした性質のバランスをとるため、きちんとお金の管理ができる人物からマネーセンスを習得するようにしましょう。着実に、貯金できるようになるかもしれません。

適職

技術分野、企画開発、学術研究、医療関係、マスコミ関係、広告・出版関係、航空関係など

開運法

リスクを恐れず動いて行けばチャンスに変わって行くでしょう。逆境を乗り越えることが、運命を左右する鍵となります。自分が好きなら続ける強さを持って前進することで、運気が上昇します。裏表なくプレッシャーを与えない幅広い社交性は、人にも天にも助けられるでしょう。

㉓ 室宿（しつしゅく）

スケールが大きくパワフル

特徴と性質

別名「剛猛宿（ごうもう）」と呼ばれることもある、「実力運」が備わった宿。ユニークで現実をダイナミックに動かす実力を兼ね備えています。「室」の字からも分かるように、個性を表す部屋をしっかり持ち、自分を見失わない強さを秘めております。

自由で創造的な感性に恵まれ、自信に満ち溢れた言動で周囲を驚かせます。斬新で革新的な考えを美徳とし、自分のアイデアに自信を持っており、その存在感は他の追随を許しません。

また、エネルギッシュで独特の個性を持つため、さりげない目配りで独自の地位を確立。強烈な存在感で、勝利を目指します。

仕事運・金運

チームワークを大切にし、連帯感を携えて取り組む能力があります。自由で大胆な発想力で、才能を発揮できる仕事が向いています。「実力運」があることから、画期的な着想力と大胆な発想が得意な努力家の気質を活かした仕事がよいでしょう。独立し起業も吉。

金銭に関しても、豪快に使う大胆さと緻密な計画性の二面性を併せ持っています。名声運、出世運にも恵まれているため収入も段階ごとに上昇し、それに伴いお返しも欠かさないため、たくさんの縁や運を手に入れることができるでしょう。

ただ、強引な面もあるので、冷静な判断力を持った尊敬できる人物との交流が必要。知識の幅が広がり、存在運と金運ともにアップするはずです。

適職

企画開発、技術開発、販売戦略、マスコミ関係、広告関係、美容関係、美術関係、音楽関係、芸術関係など

開運法

物事を成功させるカギは、目上の人のアドバイスに耳を傾け、冷静な判断力を養うことが大切。相手の考えを取り入れることで、存在感も確実にアップします。大胆な戦略と緻密な策略の相反する対処法を操ることで、偉業を成し遂げることも可能。新たな人脈を広げることで、ガラリと人生が変わることもあるでしょう。

㉔ 壁宿（へきしゅく）

洞察・分析力で不動の信念

特徴と性質

　情緒性と芸術性を有し、「蓄財運」と「引き立て運」に恵まれています。温厚で世話好きで優しく、周囲から好感を持たれます。「壁」の字のごとく、自身が壁になって人を守り、何かと相談を受けるなど頼りにされます。

　ただ、その頼まれたら断れない性格が利用されたり騙される要因にもなり、精神面で壁をつくり踏み込ませないこともあります。ただ、信心深く、困っている人を見ると放ってはおけないため、自分を犠牲にして人を救おうとする精神が宿っております。

　一方で、転んでもただでは起きない粘り強さも持っています。冷静な観察眼と分析力で好きなことには熱中し、独自の足場を築くことができます。

仕事運・金運

　独特の精神世界を活かしながら、クリエイティブな世界での活躍を担う宿。世話好きな面があるため、人助けに抜群の才能を発揮し、人と人との心のふれあいの中で人々をサポートする分野に適性があります。

　お金の面では、蓄財運に恵まれているため、無駄な出費をすることなく倹約しながら手元のお金を上手に増やしていくことができます。ただ、人から誘われると断れずにギャンブルや投資に手を出してしまう弱い面を持っているため、自重が必要でしょう。

　また、人の良さにつけ込まれるのを避けるため、参謀的な人物の意見を取り入れてみましょう。駆け引きや交渉術が身について、本来持っている金運も強まっていくでしょう。

適職

　保健衛生、福祉事業関係、ファイナンシャルプランナー、コンサルタント、秘書、公務員、経理など

開運法

　芸術的な感性で、誰も思いつかない創造性を発揮します。悩みを突き詰める傾向があるので、音楽や芸術に親しむことで心の世界を広げることができるでしょう。支えたい、尽くしたいという気持ちが人を助ける力となり、ボランティア活動に目を向けることで運が開かれるでしょう。

㉕ 奎宿（けいしゅく）

神秘的な雰囲気漂う存在

特徴と性質

金銭感覚がしっかりしており、「蓄財運」を持っています。また、気位が高く上品で清潔感に溢れ、とても礼儀正しく高い精神性を内面に宿していることが特徴です。

「奎」の字は「学問を導く」との意味を持ち、人に対しても学びの姿勢で接し、温厚で柔和、人助けや奉仕の精神が強く周囲からも好かれます。一方で、未知の世界に大胆にのめり込んだり、感情に流されて依存しやすい傾向も。

ただ、勘やひらめき、豊かな直感力と想像力に恵まれ、真面目で正義と誠実が表ににじみ出ている優しい性格です。常に健全な状態を願うため、見せかけだけの軽薄さや人との対立を嫌う傾向があります。

仕事運・金運

創造性を活かせる芸術分野で、のびのびとその才能を発揮することができます。組織に縛られない仕事に向き、芸術に触れたり知的で向学心を刺激されるような職業が適職です。

ただ、金銭面では、お金に対して楽観的であるため貯蓄は苦手。何事にも模範的でありたいと願っていることもあり、無駄になるような買い物はめったにすることはありません。他方、一度熱くなってしまうと、融通の効かない執念深さが現れてしまうときがあります。ギャンブルや投資は避けるほうが無難でしょう。

サイドビジネスに長けた人物と交流を持つことも吉。収入を増やす手段が見つかり、しっかりと貯金をすることができるようになるでしょう。

適職

医学・薬学関係、教職、研修職、化粧品関係、水産業、福祉関係、保健衛生関係、自営業など

開運法

人に委ねられたり託されたりする運勢を持っています。受け継いだものを大きく発展させる力も持ち合わせています。勘や閃きのアイデアを実用に落とし込めれば、予想以上の結果につながります。自分の才能発掘を積極的に行うことで、大きな幸運が訪れるでしょう。

㉖ 婁宿（ろうしゅく）　人をつなぐ抜群の調整者

特徴と性質

「人気運」に恵まれ、とても器用で知恵を持っています。曲がったことが大嫌いで、正義感と勇敢さを備える一方で親しみやすさも持ち合わせた性格です。「数」の変形である「婁」の字が表すように、緻密な分析力や検索力にも優れています。

ただ、自分の考えを押し通し意見や発言を言わずにいられないたちで、自己主張が強く強情な一面もあります。一方で、アイデアの豊富さとセンスがあり、多彩な才能にも恵まれています。

また、バイタリティーがあり、抜群の精神力と行動力で一度決めたら一心不乱に前進。必ず目標を達成する情熱と行動力で生き抜いていきます。

仕事運・金運

スピーディーな決断力と行動力があることから、競争力の激しい職種に向いています。「人気運」を持つため、気遣いや気配りの機転を活かせる接客などの業務に才能を発揮するでしょう。

真っすぐで一本気なところがあり、迷いのない素早い決断力で損得勘定を察知することができます。金銭面でも、そのずば抜けた能力を発揮しますが、一度火がつくと暴走する性格のために冷静に考えられなくなることも。競争心と負けん気の強さが全面に出てしまい、ギャンブルや投資の引き際を見失ってしまう危険があるので、要注意です。

鋭敏な感知力の高さを磨くため、知的で社交的な人物との交流を心がけましょう。ビジネスセンスが磨かれ、地位やお金を手に入れることができます。

適職

営業関係、販売業界、広告業界、レポーター、マスコミ関係など

開運法

生涯現役を貫いて活躍できるでしょう。知的で社交的なセミナーなどに参加すると、成熟した魅力を備えることができ広い視野から観察する力が身につきます。そうすれば、思ってもみなかった幸運をキャッチし、上昇気流の運勢に乗ることができるでしょう。

㉗ 胃宿（いしゅく）

自立心溢れ情熱的に活動

特徴と性質

勝ち負けにこだわる「勝負運」の持ち主。オリジナリティー溢れるパワーと闘争心旺盛な行動力に優れ、かなり自信満々で度胸が座っています。「胃」の字は、何事も飲み込み吸収する力を持つことを示しています。

好き嫌いがはっきりしていて顔に出やすく、強いプライドと個性を持ち、何事にも思い通りに進めたい個人プレーに走る傾向が。それが原因で周囲から反感を買うこともあるでしょう。その一方で、頭の回転が早くチャンスを見逃さない速さは抜群に優れています。

また、好奇心が旺盛で強いリーダーシップを発揮。ユーモアセンスもあるため多くの人が集まり、人生を切り開く力を持っています。

仕事運・金運

競い合いながら、新たな価値観や受容を生み出す力が備わっております。人の先頭に立ち、開拓精神で新たなフィールドに挑む役割を担うことから、競争の激しい分野の仕事に適しています。抜群の勝負運の持ち主のため、競争意識を活かせる職業に向いています。起業して独立するのもよいでしょう。

マネーチャンスについても同じです。多少、大胆に見えるやり方で幸運を手元に引き寄せることができます。強い勝負運によってギャンブルや投資運は吉ではありますが、引きどきを見失うと大損する可能性が。平常心を忘れないようにしましょう。

さらに、投資や出資を損と思わず、稼いだお金を対人関係に使うと良好に。グローバルな視点を持つ人物と交流すると、大金を得るチャンスが到来します。

適職

スポーツ関係、ファッション関係、貿易関係、飲食・食品関係など

開運法

世界に目を向けてスケールの大きな目標を達成させることができるでしょう。持ち前の独特なオリジナリティーを追求すれば、大きく開運へ。計画的に物事を進めましょう。食へのこだわりが運気を上昇させるので、思う存分グルメを追求しましょう。

あなたのパワーストーンを知り、身につけて運命を好転させましょう

空海の①占星術と②おまじない（真言）そして**③パワーストーン**で最新・最強の美しいオーラパワー**「幸せを感じる力」**を手に入れてください。

⑯心宿のパワーストーン

ルチルクォーツ

爽やかな輝きを放つルチルクォーツは、古来より金運を上げるとして、風水の分野でも良く知られ好まれて来ました。そのルチルクォーツを身につけることで、マイナスのエネルギーを除去し、強い活性化のエネルギーを持ちます。

⑰尾宿のパワーストーン

ラピスラズリ

天空の輝きを放つ、ラピスラズリは、古代文明の装飾や宗教儀式に使われ、ツタンカーメン王のマスクには色鮮やかな当時のラピスラズリが残されています。そのラピスラズリを身につけることで、強運を招き、真実を見極める判断能力を高めてくれます。

⑱箕宿のパワーストーン

マラカイト

孔雀のような美しい輝きを放つマラカイトは、クレオパトラがマラカイトの粉をアイシャドウに使用したことから、魔除けや邪気を払う効果があるとされています。そのマラカイトを身につけることで、直観力、洞察力を高める効果があります。また、安眠を促し体力を回復させます。

⑲斗宿のパワーストーン

ガーネット

柘榴（ざくろ）を思わせる果実のような輝きを放つガーネットは、古来より絆を結ぶ石とされ友情の証としてガーネットを贈り合う風習が世界で見られています。また、神聖な石として崇められ大切に扱われて来たと言われています。そのガーネットを身につけることで、忍耐力が養われ、目標を達成するエネルギーを与えてくれます。

⑳女宿のパワーストーン

オニキス

まるで夜空のような輝きを放つオニキスは、古代インドやペルシャでも邪気払い、魔除けの石として使われて来た歴史があり、キリスト教ではロザリオにも使われて来たようです。そのオニキスを身につけることで、心身のバランスを整え、忍耐力を強めて落ち着きを与えます。

㉑虚宿のパワーストーン

ブルーレースアゲート

水のように穏やかで、澄んだやすらぎのある輝きを放つ、ブルーレースアゲートは、古来よりチベットでは「蓮の花」に例えられ、神の石として崇め、護符として大切にされて来たようです。そのブルーレースアゲートを身につけることで、身体の緊張を解きほぐし、愛と調和をもたらします。

㉒危宿のパワーストーン

アメジスト

高貴な紫色の輝きを放つアメジストは、高僧の胸当ての宝石の１つとしても使われていたと、旧約聖書の『出エジプト記』に記述があります。さらに、世界各地で宗教儀式や権力者などに使われて来ました。アメジストを身につけることで、高い浄化力とヒーリングパワーで心身を癒し直感力を高めてくれます。

㉓室宿のパワーストーン

ピンクカルサイト

輝きを放つピンクカルサイトは、パルテノン神殿をはじめ、古代エジプト、ギリシャ、ローマ時代にも、彫刻や建材として使われて来ました。また、チベット文化圏では粉末にして、薬として利用されていた歴史もあります。そのピンクカルサイトを身につけることで、精神活動、知的能力や記憶力を活性化します。

㉔壁宿のパワーストーン

トルマリン

マイナスイオンを放つトルマリンは、アメリカではネイティブインディアンたちが、大地からのメッセージを伝える石として大切にして来たようです。そのトルマリンを身につけることで、心身のバランスを保ち、心に活力と勇気を与え安定した状態を保ちます。

㉕奎宿のパワーストーン

ローズクォーツ

美しいローズの輝きを放つローズクォーツは、古代ローマ時代では、制約の多い恋愛を成就させた人に、ローズクォーツの印章を送る風習もあったとか。彫刻などの工芸品は現代でも、とても人気があります。そのローズクォーツを身につけることで、高いヒーリングのエネルギーを持ちます。また、身体の疲労を和らげる効果もあります。

㉖婁宿のパワーストーン

オレンジカルサイト

多彩な色を放つ、オレンジカルサイトは、パルテノン神殿をはじめ、古代エジプト、ギリシャ、ローマ時代にも、彫刻や建材として使われ、チベット文化圏では粉末にして薬として利用されていた歴史もあります。そのオレンジカルサイトを身につけることで、ポジティブな波動をもたらし、知的能力を活性化します。

㉗胃宿のパワーストーン

タイガーアイ

独特でパワフルな輝きを放つ、タイガーアイは、古来より神の目として重宝されたことから、邪悪なエネルギーを跳ね返す効果があります。そのタイガーアイを身につけることで、視野と洞察力を与え物事を見極める能力を高めてくれます。

❶昴宿のパワーストーン
レッドジャスパー

炎のような輝きを放つレッドジャスパーは、古代から世界中で装飾品やインテリアなどに使われて来た安定感のある大地の石です。そのレッドジャスパーを身につけることで、チャクラやオーラを調え、精神状態を安定させ、冷静な思考力、判断力を高めてくれます。

❷畢宿のパワーストーン
プレナイト

神聖な輝きを放ち、ヒーラーを癒す無条件の愛の石として知られ、マスカット色のプレナイトは、オランダ鉱物学者のプレーン男爵が発見したことで名づけられました。人にちなんで命名されたのは、このプレナイトが最初であったとされています。そのプレナイトを身につけることで、理性と感情を調和させて思考をクリアに保ちます。

❸觜宿のパワーストーン
レピドライト

大地のエネルギーをチャージした、レピドライトは変革の石と呼ばれ、古来より彫物などの素材として使われてきました。そのレピドライトを身につけることで、ストレスを緩和し、困難を乗り越える気力を与えてくれます。さらに、喉・ハート・サードアイ・クラウンチャクラを開き活性化させます。

❹参宿のパワーストーン
ホワイトクォーツ

どの方向から光を当てても星が出るジラソルというスター効果を持つ石です。そのピュアな輝きを放つホワイトクォーツを身につけることで、優しい愛のパワーで気分が和らぎ身体が浄化されます。

❺井宿のパワーストーン
パール

パールはインド占星術では月のエネルギーを宿すとされ、運勢を高める為に古くから処方されて来ました。また、ギリシャ神話のアフロディーテでは愛と結婚の象徴とされています。純真で清楚な輝きを放つパールを身につけることで精神を安定させ寛容さをもたらします。

❻鬼宿のパワーストーン
ムーンストーン

月光のような輝きを放つムーンストーンは、とても神秘的な石で月の満ち欠けに合わせて色が変わると言われ、古代インドでは聖なる石として崇拝されてきた歴史があります。そのムーンストーンを身につけることで、感情を穏やかに優しく癒し、直感力を与えます。

❼柳宿のパワーストーン
ターコイズ

スカイブルーの輝きを放つターコイズは、ネイティブアメリカンが天空の神々が宿る、聖なるものとして扱って来たことも良く知られています。そのターコイズを身につけることで、創造性を刺激し自由に表現する手助けをします。

❽星宿のパワーストーン
カットクリスタル

透明でピュアな美しい輝きを放つカットクリスタルは、古代文明から宗教儀式や呪術、治療など様々な用途で使われ、世界中の人々を魅了し続けています。そのカットクリスタルを身につけることで、思考をクリアに保ち創造力と直感力を高めてくれます。

❾張宿のパワーストーン
サンストーン

太陽のエネルギーを放つ、サンストーンは、古代ギリシャでは太陽神として、また、インドでは哲学を司る石として重宝されてきました。そのサンストーンを身につけることで、自信と積極性が高まり隠れた才能を引き出してくれます。

❿翼宿のパワーストーン
カーネリアン

エネルギッシュな輝きを放つカーネリアンは、古代エジプトでは幸運を呼ぶ石、心臓を守る石として身につけていました。宝石好きで知られるナポレオンは八角形の印章を身に付け、エジプトではツタンカーメンの装飾品として発見されています。そのカーネリアンを身に付けることで、バイタリティーを与え創造性を刺激します。

⓫軫宿のパワーストーン
ソーダライト

霊的な輝きを放つソーダライトは、魔除けの力を持つ石として、ラピスラズリのように古来より重宝されて来ました。そのソーダライトを身につけることで、潜在意識と顕在意識を調和させ、理論と直感を統合させます。さらに、サードアイを刺激し深い瞑想状態に入る手助けをします。

⓬角宿のパワーストーン
ピンクオパール

希望に満ちた輝きを放つピンクオパールは、古代ローマでは「神の石」とも呼ばれ、魔術的なパワーがある上質な石として扱われて来ました。そのピンクオパールを身につけることで、神秘的なビジョンやインスピレーションを呼び起こします。

⓭亢宿のパワーストーン
ラベンダーアメジスト

ポジティブな輝きを放つラベンダーアメジストは、古来より、濃いアメジストと同様に素晴らしいエネルギーを持ち、ヒーリングの分野でも人気があります。そのラベンダーアメジストを身につけることで、優しい波動で緊張を和らげ、高い領域の淡いパープルの波動が目に見えないエネルギー体を癒します。

⓮氐宿のパワーストーン
ジェイド

パワフルな輝きを放つジェイドは、縄文時代から三種の神器の一つとして知られる勾玉の素材としても使われて来ました。そのジェイドを身につけることで、感情のバランスを整えて災難から身を守ります。そして、ハートのチャクラに作用し愛を育みます。

⓯房宿のパワーストーン
ブラッドストーン

力強い輝きを放つブラッドストーンは、古代インドでは血に関する病に効果があるとされ、媚薬や止血剤として使われて来た歴史があります。また絶対的に魔的なものを寄せつけない石とも信じられています。そのブラッドストーンを身につけることで、闘争心を高め、目標達成に導きます。

1940年（昭和15年）

	1	2	3	4	5	6	7	8	9	10	11	12	13	14	15	16	17	18	19	20	21	22	23	24	25	26	27	28	29	30	31
1月	亢	氐	房	心	尾	箕	斗	女	虚	危	室	壁	奎	婁	胃	昴	畢	觜	参	井	鬼	柳	星	張	翼	軫	角	亢	氐	房	心
2月	尾	箕	斗	女	虚	危	室	室	壁	奎	婁	胃	昴	畢	觜	参	井	鬼	柳	星	張	翼	軫	角	亢	氐	房	心	尾	☆	☆
3月	箕	斗	女	虚	危	室	壁	奎	奎	婁	胃	昴	畢	觜	参	井	鬼	柳	星	張	翼	軫	角	亢	氐	房	心	尾	箕	斗	女
4月	虚	危	室	壁	奎	婁	胃	胃	昴	畢	觜	参	井	鬼	柳	星	張	翼	軫	角	亢	氐	房	心	尾	箕	斗	女	虚	危	☆
5月	室	壁	奎	婁	胃	昴	畢	觜	参	井	鬼	柳	星	張	翼	軫	角	亢	氐	房	心	尾	箕	斗	女	虚	危	室	壁	奎	婁
6月	胃	昴	畢	觜	参	参	井	鬼	柳	星	張	翼	軫	角	亢	氐	房	心	尾	箕	斗	女	虚	危	室	壁	奎	婁	胃	昴	☆
7月	畢	觜	参	井	鬼	柳	星	張	翼	軫	角	亢	氐	房	心	尾	箕	斗	女	虚	危	室	壁	奎	婁	胃	昴	畢	觜	参	井
8月	鬼	柳	星	張	翼	軫	角	亢	氐	房	心	尾	箕	斗	女	虚	危	室	壁	奎	婁	胃	昴	畢	觜	参	井	鬼	柳	星	張
9月	翼	角	亢	氐	房	心	尾	箕	斗	女	虚	危	室	壁	奎	婁	胃	昴	畢	觜	参	井	鬼	柳	星	張	翼	軫	角	亢	☆
10月	氐	房	心	尾	箕	斗	女	虚	危	室	壁	奎	婁	胃	昴	畢	觜	参	井	鬼	柳	星	張	翼	軫	角	亢	氐	房	心	心
11月	尾	箕	斗	女	虚	危	室	壁	奎	婁	胃	昴	畢	觜	参	井	鬼	柳	星	張	翼	軫	角	亢	氐	房	心	尾	斗	女	☆
12月	虚	危	室	壁	奎	婁	胃	昴	畢	觜	参	井	鬼	柳	星	張	翼	軫	角	亢	氐	房	心	尾	箕	斗	女	虚	虚	危	室

1941年（昭和16年）

	1	2	3	4	5	6	7	8	9	10	11	12	13	14	15	16	17	18	19	20	21	22	23	24	25	26	27	28	29	30	31
1月	壁	奎	婁	胃	昴	畢	觜	参	井	鬼	柳	星	張	翼	軫	角	亢	氐	房	心	尾	箕	斗	女	虚	危	室	壁	奎	婁	胃
2月	昴	畢	觜	参	井	鬼	柳	星	張	翼	軫	角	亢	氐	房	心	尾	箕	斗	女	虚	危	室	壁	奎	奎	婁	胃	☆	☆	☆
3月	昴	畢	觜	参	井	鬼	柳	星	張	翼	軫	角	亢	氐	房	心	尾	箕	斗	女	虚	危	室	壁	奎	婁	胃	胃	昴	畢	觜
4月	参	井	鬼	柳	星	張	翼	軫	角	亢	氐	房	心	尾	箕	斗	女	虚	危	室	壁	奎	婁	胃	昴	畢	觜	参	井	鬼	☆
5月	柳	星	張	翼	軫	角	亢	氐	房	心	尾	箕	斗	女	虚	危	室	壁	奎	婁	胃	昴	畢	觜	参	参	井	鬼	柳	星	張
6月	翼	軫	角	亢	氐	房	心	尾	箕	斗	女	虚	危	室	壁	奎	婁	胃	昴	畢	觜	参	井	鬼	鬼	柳	星	張	翼	軫	☆
7月	角	亢	氐	房	心	尾	箕	斗	女	虚	危	室	壁	奎	婁	胃	昴	畢	觜	参	井	鬼	柳	鬼	柳	星	張	翼	軫	角	亢
8月	氐	房	心	尾	箕	斗	女	虚	危	室	壁	奎	婁	胃	昴	畢	觜	参	井	鬼	柳	星	張	翼	軫	角	亢	氐	房	心	尾
9月	箕	斗	女	虚	危	室	壁	奎	婁	胃	昴	畢	觜	参	井	鬼	柳	星	張	翼	角	亢	氐	房	心	尾	箕	斗	女	虚	☆
10月	危	室	壁	奎	婁	胃	昴	畢	觜	参	井	鬼	柳	星	張	翼	軫	角	亢	氐	房	心	尾	箕	斗	女	虚	危	室	壁	奎
11月	婁	胃	昴	畢	觜	参	井	鬼	柳	星	張	翼	軫	角	亢	氐	房	心	心	尾	箕	斗	女	虚	危	室	壁	奎	婁	胃	☆
12月	昴	畢	觜	参	井	鬼	柳	星	張	翼	軫	角	亢	氐	房	心	尾	斗	女	虚	危	室	壁	奎	婁	胃	昴	畢	觜	参	井

1942年（昭和17年）

	1	2	3	4	5	6	7	8	9	10	11	12	13	14	15	16	17	18	19	20	21	22	23	24	25	26	27	28	29	30	31
1月	鬼	柳	星	張	翼	軫	角	亢	氐	房	心	尾	箕	斗	女	虚	虚	危	室	壁	奎	婁	胃	昴	畢	觜	参	井	鬼	柳	星
2月	張	翼	軫	角	亢	氐	房	心	尾	箕	斗	女	虚	危	室	壁	奎	婁	胃	昴	畢	觜	参	井	鬼	柳	星	張	☆	☆	☆
3月	翼	軫	角	亢	氐	房	心	尾	箕	斗	女	虚	危	室	壁	奎	奎	婁	胃	昴	畢	觜	参	井	鬼	柳	星	張	翼	軫	角
4月	亢	氐	房	心	尾	箕	斗	女	虚	危	室	壁	奎	婁	胃	昴	畢	觜	参	井	鬼	柳	星	張	翼	軫	角	亢	氐	房	☆
5月	心	尾	箕	斗	女	虚	危	室	壁	奎	婁	胃	昴	畢	畢	觜	参	井	鬼	柳	星	張	翼	軫	角	亢	氐	房	心	尾	箕
6月	斗	女	虚	危	室	壁	奎	婁	胃	昴	畢	觜	参	参	井	鬼	柳	星	張	翼	軫	角	亢	氐	房	心	尾	箕	斗	女	☆
7月	虚	危	室	壁	奎	婁	胃	昴	畢	觜	参	井	鬼	柳	星	張	翼	軫	角	亢	氐	房	心	尾	箕	斗	女	虚	危	室	壁
8月	奎	婁	胃	昴	畢	觜	参	井	鬼	柳	星	張	翼	軫	角	亢	氐	房	心	尾	箕	斗	女	虚	危	室	壁	奎	婁	胃	昴
9月	畢	觜	参	井	鬼	柳	星	張	翼	軫	角	亢	氐	房	心	尾	箕	斗	女	虚	危	室	壁	奎	婁	胃	昴	畢	觜	参	☆
10月	井	鬼	柳	星	張	翼	軫	角	亢	氐	房	心	尾	箕	斗	女	虚	危	室	壁	奎	婁	胃	昴	畢	觜	参	井	鬼	柳	星
11月	張	翼	軫	角	亢	氐	房	心	心	尾	箕	斗	女	虚	危	室	壁	奎	婁	胃	昴	畢	觜	参	井	鬼	柳	星	張	翼	☆
12月	軫	角	亢	氐	房	心	尾	斗	女	虚	危	室	壁	奎	婁	胃	昴	畢	觜	参	井	鬼	柳	星	張	翼	軫	角	亢	氐	房

1943年（昭和18年）

	1	2	3	4	5	6	7	8	9	10	11	12	13	14	15	16	17	18	19	20	21	22	23	24	25	26	27	28	29	30	31
1月	心	尾	箕	斗	女	虚	危	室	壁	奎	婁	胃	昴	畢	觜	参	井	鬼	柳	星	張	翼	軫	角	亢	氐	房	心	尾	箕	斗
2月	女	虚	危	室	室	壁	奎	婁	胃	昴	畢	觜	参	井	鬼	柳	星	張	翼	軫	角	亢	氐	房	心	尾	箕	斗	☆	☆	☆
3月	女	虚	危	室	壁	奎	婁	胃	昴	畢	觜	参	井	鬼	柳	星	張	翼	軫	角	亢	氐	房	心	尾	箕	斗	女	虚	危	室
4月	壁	奎	婁	胃	胃	昴	畢	觜	参	井	鬼	柳	星	張	翼	軫	角	亢	氐	房	心	尾	箕	斗	女	虚	危	室	壁	奎	☆
5月	婁	胃	昴	畢	觜	参	井	鬼	柳	星	張	翼	軫	角	亢	氐	房	心	尾	箕	斗	女	虚	危	室	壁	奎	婁	胃	昴	畢
6月	觜	参	参	井	鬼	柳	星	張	翼	軫	角	亢	氐	房	心	尾	箕	斗	女	虚	危	室	壁	奎	婁	胃	昴	畢	觜	参	☆
7月	井	鬼	柳	星	張	翼	軫	角	亢	氐	房	心	尾	箕	斗	女	虚	危	室	壁	奎	婁	胃	昴	畢	觜	参	井	鬼	柳	星
8月	張	翼	軫	角	亢	氐	房	心	尾	箕	斗	女	虚	危	室	壁	奎	婁	胃	昴	畢	觜	参	井	鬼	柳	星	張	翼	軫	角
9月	亢	氐	房	心	尾	箕	斗	女	虚	危	室	壁	奎	婁	胃	昴	畢	觜	参	井	鬼	柳	星	張	翼	軫	角	亢	氐	房	☆
10月	心	尾	箕	斗	女	虚	危	室	壁	奎	婁	胃	昴	畢	觜	参	井	鬼	柳	星	張	翼	軫	角	亢	氐	房	心	心	尾	箕
11月	斗	女	虚	危	室	壁	奎	婁	胃	昴	畢	觜	参	井	鬼	柳	星	張	翼	軫	角	亢	氐	房	心	尾	箕	斗	女	虚	☆
12月	危	室	壁	奎	婁	胃	昴	畢	觜	参	井	鬼	柳	星	張	翼	軫	角	亢	氐	房	心	尾	箕	斗	女	虚	危	室	壁	奎

※グレーのマス目は、日曜日を表します。

1944年（昭和19年）

	1	2	3	4	5	6	7	8	9	10	11	12	13	14	15	16	17	18	19	20	21	22	23	24	25	26	27	28	29	30	31
1月	婁	胃	昴	畢	觜	参	井	鬼	柳	星	張	翼	軫	角	亢	氐	房	心	尾	箕	斗	女	虚	危	室	室	壁	奎	婁	胃	昴
2月	畢	觜	参	井	鬼	柳	星	張	翼	軫	角	亢	氐	房	心	尾	箕	斗	女	虚	危	室	壁	奎	婁	胃	昴	畢	觜	☆	☆
3月	参	井	鬼	柳	星	張	翼	軫	角	亢	氐	房	心	尾	箕	斗	女	虚	危	室	壁	奎	婁	胃	昴	畢	觜	参	井	鬼	柳
4月	星	張	翼	軫	角	亢	氐	房	心	尾	箕	斗	女	虚	危	室	壁	奎	婁	胃	昴	畢	畢	觜	参	井	鬼	柳	星	張	☆
5月	翼	軫	角	亢	氐	房	心	尾	箕	斗	女	虚	危	室	壁	奎	婁	胃	昴	畢	觜	畢	觜	参	井	鬼	柳	星	張	翼	軫
6月	角	亢	氐	房	心	尾	箕	斗	女	虚	危	室	壁	奎	婁	胃	昴	畢	觜	参	参	井	鬼	柳	星	張	翼	軫	角	亢	☆
7月	氐	房	心	尾	箕	斗	女	虚	危	室	壁	奎	婁	胃	昴	畢	觜	参	井	鬼	柳	星	張	翼	軫	角	亢	氐	房	心	尾
8月	箕	斗	女	虚	危	室	壁	奎	婁	胃	昴	畢	觜	参	井	鬼	柳	星	張	翼	軫	角	亢	氐	房	心	尾	箕	斗	女	虚
9月	危	室	壁	奎	婁	胃	昴	畢	觜	参	井	鬼	柳	星	張	翼	角	亢	氐	房	心	尾	箕	斗	女	虚	危	室	壁	奎	☆
10月	婁	胃	昴	畢	觜	参	井	鬼	柳	星	張	翼	軫	角	亢	氐	氐	房	心	尾	箕	斗	女	虚	危	室	壁	奎	婁	胃	昴
11月	畢	觜	参	井	鬼	柳	星	張	翼	軫	角	亢	氐	房	心	心	尾	箕	斗	女	虚	危	室	壁	奎	婁	胃	昴	畢	觜	☆
12月	参	井	鬼	柳	星	張	翼	軫	角	亢	氐	房	心	尾	斗	女	虚	危	室	壁	奎	婁	胃	昴	畢	觜	参	井	鬼	柳	星

1945年（昭和20年）

	1	2	3	4	5	6	7	8	9	10	11	12	13	14	15	16	17	18	19	20	21	22	23	24	25	26	27	28	29	30	31
1月	張	翼	軫	角	亢	氐	房	心	尾	箕	斗	女	虚	虚	危	室	壁	奎	婁	胃	昴	畢	觜	参	井	鬼	柳	星	張	翼	軫
2月	角	亢	氐	房	心	尾	箕	斗	女	虚	危	室	室	壁	奎	婁	胃	昴	畢	觜	参	井	鬼	柳	星	張	翼	軫	☆	☆	☆
3月	角	亢	氐	房	心	尾	箕	斗	女	虚	危	室	壁	奎	婁	胃	昴	畢	觜	参	井	鬼	柳	星	張	翼	軫	角	亢	氐	房
4月	心	尾	箕	斗	女	虚	危	室	壁	奎	婁	胃	昴	畢	觜	参	井	鬼	柳	星	張	翼	軫	角	亢	氐	房	心	尾	箕	☆
5月	斗	女	虚	危	室	壁	奎	婁	胃	昴	畢	畢	觜	参	井	鬼	柳	星	張	翼	軫	角	亢	氐	房	心	尾	箕	斗	女	虚
6月	危	室	壁	奎	婁	胃	昴	畢	觜	参	井	鬼	柳	星	張	翼	軫	角	亢	氐	房	心	尾	箕	斗	女	虚	危	室	壁	☆
7月	奎	婁	胃	昴	畢	觜	参	井	鬼	柳	星	張	翼	軫	角	亢	氐	房	心	尾	箕	斗	女	虚	危	室	壁	奎	婁	胃	昴
8月	畢	觜	参	井	鬼	柳	星	張	翼	軫	角	亢	氐	房	心	尾	箕	斗	女	虚	危	室	壁	奎	婁	胃	昴	畢	觜	参	井
9月	鬼	柳	星	張	翼	角	亢	氐	房	心	尾	箕	斗	女	虚	危	室	壁	奎	婁	胃	昴	畢	觜	参	井	鬼	柳	星	張	☆
10月	翼	軫	角	亢	氐	氐	房	心	尾	箕	斗	女	虚	危	室	壁	奎	婁	胃	昴	畢	觜	参	井	鬼	柳	星	張	翼	軫	角
11月	亢	氐	房	心	心	尾	箕	斗	女	虚	危	室	壁	奎	婁	胃	昴	畢	觜	参	井	鬼	柳	星	張	翼	軫	角	亢	氐	☆
12月	房	心	尾	箕	斗	女	虚	危	室	壁	奎	婁	胃	昴	畢	觜	参	井	鬼	柳	星	張	翼	軫	角	亢	氐	房	心	尾	箕

1946年（昭和21年）

	1	2	3	4	5	6	7	8	9	10	11	12	13	14	15	16	17	18	19	20	21	22	23	24	25	26	27	28	29	30	31
1月	斗	女	虚	危	室	壁	奎	婁	胃	昴	畢	觜	参	井	鬼	柳	星	張	翼	軫	角	亢	氐	房	心	尾	箕	斗	女	虚	危
2月	室	室	壁	奎	婁	胃	昴	畢	觜	参	井	鬼	柳	星	張	翼	軫	角	亢	氐	房	心	尾	箕	斗	女	虚	危	☆	☆	☆
3月	室	壁	奎	奎	婁	胃	昴	畢	觜	参	井	鬼	柳	星	張	翼	軫	角	亢	氐	房	心	尾	箕	斗	女	虚	危	室	壁	奎
4月	婁	胃	昴	畢	觜	参	井	鬼	柳	星	張	翼	軫	角	亢	氐	房	心	尾	箕	斗	女	虚	危	室	壁	奎	婁	胃	昴	☆
5月	畢	觜	参	井	鬼	柳	星	張	翼	軫	角	亢	氐	房	心	尾	箕	斗	女	虚	危	室	壁	奎	婁	胃	昴	畢	觜	参	参
6月	井	鬼	柳	星	張	翼	軫	角	亢	氐	房	心	尾	箕	斗	女	虚	危	室	壁	奎	婁	胃	昴	畢	觜	参	井	鬼	柳	☆
7月	星	張	翼	軫	角	亢	氐	房	心	尾	箕	斗	女	虚	危	室	壁	奎	婁	胃	昴	畢	觜	参	井	鬼	柳	張	翼	軫	角
8月	亢	氐	房	心	尾	箕	斗	女	虚	危	室	壁	奎	婁	胃	昴	畢	觜	参	井	鬼	柳	星	張	翼	軫	角	亢	氐	房	心
9月	尾	箕	斗	女	虚	危	室	壁	奎	婁	胃	昴	畢	觜	参	井	鬼	柳	星	張	翼	軫	角	亢	氐	房	心	尾	箕	斗	☆
10月	女	虚	危	室	壁	奎	婁	胃	昴	畢	觜	参	井	鬼	柳	星	張	翼	軫	角	亢	氐	房	心	心	尾	箕	斗	女	虚	危
11月	室	壁	奎	婁	胃	昴	畢	觜	参	井	鬼	柳	星	張	翼	軫	角	亢	氐	房	心	尾	箕	斗	女	虚	危	室	壁	奎	☆
12月	婁	胃	昴	畢	觜	参	井	鬼	柳	星	張	翼	軫	角	亢	氐	房	心	尾	箕	斗	女	虚	危	室	壁	奎	婁	胃	昴	畢

1947年（昭和22年）

	1	2	3	4	5	6	7	8	9	10	11	12	13	14	15	16	17	18	19	20	21	22	23	24	25	26	27	28	29	30	31
1月	觜	参	井	鬼	柳	星	張	翼	軫	角	亢	氐	房	心	尾	箕	斗	女	虚	危	室	室	壁	奎	婁	胃	昴	畢	觜	参	井
2月	鬼	柳	星	張	翼	軫	角	亢	氐	房	心	尾	箕	斗	女	虚	危	室	壁	奎	奎	婁	胃	昴	畢	觜	参	井	☆	☆	☆
3月	鬼	柳	星	張	翼	軫	角	亢	氐	房	心	尾	箕	斗	女	虚	危	室	壁	奎	婁	胃	胃	昴	畢	觜	参	井	鬼	柳	星
4月	張	翼	軫	角	亢	氐	房	心	尾	箕	斗	女	虚	危	室	壁	奎	婁	胃	昴	胃	昴	畢	觜	参	井	鬼	柳	星	張	☆
5月	翼	軫	角	亢	氐	房	心	尾	箕	斗	女	虚	危	室	壁	奎	婁	胃	昴	畢	觜	参	井	鬼	柳	星	張	翼	軫	角	亢
6月	氐	房	心	尾	箕	斗	女	虚	危	室	壁	奎	婁	胃	昴	畢	觜	参	参	井	鬼	柳	星	張	翼	軫	角	亢	氐	房	☆
7月	心	尾	箕	斗	女	虚	危	室	壁	奎	婁	胃	昴	畢	觜	参	井	鬼	柳	星	張	翼	軫	角	亢	氐	房	心	尾	箕	斗
8月	女	虚	危	室	壁	奎	婁	胃	昴	畢	觜	参	井	鬼	柳	張	翼	軫	角	亢	氐	房	心	尾	箕	斗	女	虚	危	室	壁
9月	奎	婁	胃	昴	畢	觜	参	井	鬼	柳	星	張	翼	軫	角	亢	氐	房	心	尾	箕	斗	女	虚	危	室	壁	奎	婁	胃	☆
10月	昴	畢	觜	参	井	鬼	柳	星	張	翼	軫	角	亢	氐	房	心	尾	箕	斗	女	虚	危	室	壁	奎	婁	胃	昴	畢	觜	参
11月	井	鬼	柳	星	張	翼	軫	角	亢	氐	房	心	心	尾	箕	斗	女	虚	危	室	壁	奎	婁	胃	昴	畢	觜	参	井	鬼	☆
12月	柳	星	張	翼	軫	角	亢	氐	房	心	尾	斗	女	虚	危	室	壁	奎	婁	胃	昴	畢	觜	参	井	鬼	柳	星	張	翼	軫

※グレーのマス目は、日曜日を表します。

1948年（昭和23年）

	1	2	3	4	5	6	7	8	9	10	11	12	13	14	15	16	17	18	19	20	21	22	23	24	25	26	27	28	29	30	31
1月	角	亢	氐	房	心	尾	箕	斗	女	虚	虚	危	室	壁	奎	婁	胃	昴	畢	觜	参	井	鬼	柳	星	張	翼	軫	角	亢	氐
2月	房	心	尾	箕	斗	女	虚	虚	危	室	壁	奎	婁	胃	昴	畢	觜	参	井	鬼	柳	星	張	翼	軫	角	亢	氐	房	☆	☆
3月	心	尾	箕	斗	女	虚	危	室	壁	奎	奎	婁	胃	昴	畢	觜	参	井	鬼	柳	星	張	翼	軫	角	亢	氐	房	心	尾	箕
4月	斗	女	虚	危	室	壁	奎	婁	胃	昴	畢	觜	参	井	鬼	柳	星	張	翼	軫	角	亢	氐	房	心	尾	箕	斗	女	虚	☆
5月	危	室	壁	奎	婁	胃	昴	畢	畢	觜	参	井	鬼	柳	星	張	翼	軫	角	亢	氐	房	心	尾	箕	斗	女	虚	危	室	壁
6月	奎	婁	胃	昴	畢	觜	参	井	鬼	柳	星	張	翼	軫	角	亢	氐	房	心	尾	箕	斗	女	虚	危	室	壁	奎	婁	胃	☆
7月	昴	畢	觜	参	井	鬼	鬼	柳	星	張	翼	軫	角	亢	氐	房	心	尾	箕	斗	女	虚	危	室	壁	奎	婁	胃	昴	畢	觜
8月	参	井	鬼	柳	張	翼	軫	角	亢	氐	房	心	尾	箕	斗	女	虚	危	室	壁	奎	婁	胃	昴	畢	觜	参	井	鬼	柳	星
9月	張	翼	角	亢	氐	房	心	尾	箕	斗	女	虚	危	室	壁	奎	婁	胃	昴	畢	觜	参	井	鬼	柳	星	張	翼	軫	角	☆
10月	亢	氐	氐	房	心	尾	箕	斗	女	虚	危	室	壁	奎	婁	胃	昴	畢	觜	参	井	鬼	柳	星	張	翼	軫	角	亢	氐	房
11月	心	尾	箕	斗	女	虚	危	室	壁	奎	婁	胃	昴	畢	觜	参	井	鬼	柳	星	張	翼	軫	角	亢	氐	房	心	尾	箕	☆
12月	斗	女	虚	危	室	壁	奎	婁	胃	昴	畢	觜	参	井	鬼	柳	星	張	翼	軫	角	亢	氐	房	心	尾	箕	斗	女	虚	危

1949年（昭和24年）

	1	2	3	4	5	6	7	8	9	10	11	12	13	14	15	16	17	18	19	20	21	22	23	24	25	26	27	28	29	30	31
1月	室	壁	奎	婁	胃	昴	畢	觜	参	井	鬼	柳	星	張	翼	軫	角	亢	氐	房	心	尾	箕	斗	女	虚	危	室	室	壁	奎
2月	婁	胃	昴	畢	觜	参	井	鬼	柳	星	張	翼	軫	角	亢	氐	房	心	尾	箕	斗	女	虚	危	室	壁	奎	奎	☆	☆	☆
3月	婁	胃	昴	畢	觜	参	井	鬼	柳	星	張	翼	軫	角	亢	氐	房	心	尾	箕	斗	女	虚	危	室	壁	奎	婁	胃	胃	昴
4月	畢	觜	参	井	鬼	柳	星	張	翼	軫	角	亢	氐	房	心	尾	箕	斗	女	虚	危	室	壁	奎	婁	胃	昴	畢	觜	参	☆
5月	井	鬼	柳	星	張	翼	軫	角	亢	氐	房	心	尾	箕	斗	女	虚	危	室	壁	奎	婁	胃	昴	畢	觜	参	参	井	鬼	柳
6月	星	張	翼	軫	角	亢	氐	房	心	尾	箕	斗	女	虚	危	室	壁	奎	婁	胃	昴	畢	觜	参	井	鬼	柳	星	張	翼	☆
7月	軫	角	亢	氐	房	心	尾	箕	斗	女	虚	危	室	壁	奎	婁	胃	昴	畢	觜	参	井	鬼	柳	星	張	翼	軫	角	亢	氐
8月	房	心	尾	箕	斗	女	虚	危	室	壁	奎	婁	胃	昴	畢	觜	参	井	鬼	柳	星	張	翼	張	翼	軫	角	亢	氐	房	心
9月	尾	箕	斗	女	虚	危	室	壁	奎	婁	胃	昴	畢	觜	参	井	鬼	柳	星	張	翼	角	亢	氐	房	心	尾	箕	斗	女	☆
10月	虚	危	室	壁	奎	婁	胃	昴	畢	觜	参	井	鬼	柳	星	張	翼	軫	角	亢	氐	氐	房	心	尾	箕	斗	女	虚	危	室
11月	壁	奎	婁	胃	昴	畢	觜	参	井	鬼	柳	星	張	翼	軫	角	亢	氐	房	心	尾	箕	斗	女	虚	危	室	壁	奎	婁	☆
12月	胃	昴	畢	觜	参	井	鬼	柳	星	張	翼	軫	角	亢	氐	房	心	尾	箕	斗	女	虚	危	室	壁	奎	婁	胃	昴	畢	觜

1950年（昭和25年）

	1	2	3	4	5	6	7	8	9	10	11	12	13	14	15	16	17	18	19	20	21	22	23	24	25	26	27	28	29	30	31
1月	参	井	鬼	柳	星	張	翼	軫	角	亢	氐	房	心	尾	箕	斗	女	虚	危	室	壁	奎	婁	胃	昴	畢	觜	参	井	鬼	柳
2月	星	張	翼	軫	角	亢	氐	房	心	尾	箕	斗	女	虚	危	室	室	壁	奎	婁	胃	昴	畢	觜	参	井	鬼	柳	☆	☆	☆
3月	星	張	翼	軫	角	亢	氐	房	心	尾	箕	斗	女	虚	危	室	壁	奎	奎	婁	胃	昴	畢	觜	参	井	鬼	柳	星	張	翼
4月	軫	角	亢	氐	房	心	尾	箕	斗	女	虚	危	室	壁	奎	婁	胃	昴	畢	觜	参	井	鬼	柳	星	張	翼	軫	角	亢	☆
5月	氐	房	心	尾	箕	斗	女	虚	危	室	壁	奎	婁	胃	昴	畢	畢	觜	参	井	鬼	柳	星	張	翼	軫	角	亢	氐	房	心
6月	尾	箕	斗	女	虚	危	室	壁	奎	婁	胃	昴	畢	觜	参	参	井	鬼	柳	星	張	翼	軫	角	亢	氐	房	心	尾	箕	☆
7月	斗	女	虚	危	室	壁	奎	婁	胃	昴	畢	觜	参	井	鬼	柳	星	張	翼	軫	角	亢	氐	房	心	尾	箕	斗	女	虚	危
8月	室	壁	奎	婁	胃	昴	畢	觜	参	井	鬼	柳	星	張	翼	軫	角	亢	氐	房	心	尾	箕	斗	女	虚	危	室	壁	奎	婁
9月	胃	昴	畢	觜	参	井	鬼	柳	星	張	翼	角	亢	氐	房	心	尾	箕	斗	女	虚	危	室	壁	奎	婁	胃	昴	畢	觜	☆
10月	参	井	鬼	柳	星	張	翼	軫	角	亢	氐	房	心	尾	箕	斗	女	虚	危	室	壁	奎	婁	胃	昴	畢	觜	参	井	鬼	柳
11月	星	張	翼	軫	角	亢	氐	房	心	心	尾	箕	斗	女	虚	危	室	壁	奎	婁	胃	昴	畢	觜	参	井	鬼	柳	星	張	☆
12月	翼	軫	角	亢	氐	房	心	尾	斗	女	虚	危	室	壁	奎	婁	胃	昴	畢	觜	参	井	鬼	柳	星	張	翼	軫	角	亢	氐

1951年（昭和26年）

	1	2	3	4	5	6	7	8	9	10	11	12	13	14	15	16	17	18	19	20	21	22	23	24	25	26	27	28	29	30	31
1月	房	心	尾	箕	斗	女	虚	虚	危	室	壁	奎	婁	胃	昴	畢	觜	参	井	鬼	柳	星	張	翼	軫	角	亢	氐	房	心	尾
2月	箕	斗	女	虚	危	室	壁	奎	婁	胃	昴	畢	觜	参	井	鬼	柳	星	張	翼	軫	角	亢	氐	房	心	尾	箕	☆	☆	☆
3月	斗	女	虚	危	室	壁	奎	奎	婁	胃	昴	畢	觜	参	井	鬼	柳	星	張	翼	軫	角	亢	氐	房	心	尾	箕	斗	女	虚
4月	危	室	壁	奎	婁	胃	昴	畢	觜	参	井	鬼	柳	星	張	翼	軫	角	亢	氐	房	心	尾	箕	斗	女	虚	危	室	壁	☆
5月	奎	婁	胃	昴	畢	畢	觜	参	井	鬼	柳	星	張	翼	軫	角	亢	氐	房	心	尾	箕	斗	女	虚	危	室	壁	奎	婁	胃
6月	昴	畢	觜	参	参	井	鬼	柳	星	張	翼	軫	角	亢	氐	房	心	尾	箕	斗	女	虚	危	室	壁	奎	婁	胃	昴	畢	☆
7月	觜	参	井	鬼	柳	星	張	翼	軫	角	亢	氐	房	心	尾	箕	斗	女	虚	危	室	壁	奎	婁	胃	昴	畢	觜	参	井	鬼
8月	柳	星	張	翼	軫	角	亢	氐	房	心	尾	箕	斗	女	虚	危	室	壁	奎	婁	胃	昴	畢	觜	参	井	鬼	柳	星	張	翼
9月	角	亢	氐	房	心	尾	箕	斗	女	虚	危	室	壁	奎	婁	胃	昴	畢	觜	参	井	鬼	柳	星	張	翼	軫	角	亢	氐	☆
10月	氐	房	心	尾	箕	斗	女	虚	危	室	壁	奎	婁	胃	昴	畢	觜	参	井	鬼	柳	星	張	翼	軫	角	亢	氐	房	心	尾
11月	箕	斗	女	虚	危	室	壁	奎	婁	胃	昴	畢	觜	参	井	鬼	柳	星	張	翼	軫	角	亢	氐	房	心	尾	箕	斗	女	☆
12月	虚	危	室	壁	奎	婁	胃	昴	畢	觜	参	井	鬼	柳	星	張	翼	軫	角	亢	氐	房	心	尾	箕	斗	女	虚	危	室	壁

※グレーのマス目は、日曜日を表します。

1952年（昭和27年）

	1	2	3	4	5	6	7	8	9	10	11	12	13	14	15	16	17	18	19	20	21	22	23	24	25	26	27	28	29	30	31
1月	奎	婁	胃	昴	畢	觜	参	井	鬼	柳	星	張	翼	軫	角	亢	氐	房	心	尾	箕	斗	女	虚	危	室	室	壁	奎	婁	胃
2月	昴	畢	觜	参	井	鬼	柳	星	張	翼	軫	角	亢	氐	房	心	尾	箕	斗	女	虚	危	室	壁	奎	婁	胃	昴	畢	☆	☆
3月	觜	参	井	鬼	柳	星	張	翼	軫	角	亢	氐	房	心	尾	箕	斗	女	虚	危	室	壁	奎	婁	胃	胃	昴	畢	觜	参	井
4月	鬼	柳	星	張	翼	軫	角	亢	氐	房	心	尾	箕	斗	女	虚	危	室	壁	奎	婁	胃	昴	畢	觜	参	井	鬼	柳	星	☆
5月	張	翼	軫	角	亢	氐	房	心	尾	箕	斗	女	虚	危	室	壁	奎	婁	胃	昴	畢	觜	参	参	井	鬼	柳	星	張	翼	軫
6月	角	亢	氐	房	心	尾	箕	斗	女	虚	危	室	壁	奎	婁	胃	昴	畢	觜	参	井	参	井	鬼	柳	星	張	翼	軫	角	☆
7月	亢	氐	房	心	尾	箕	斗	女	虚	危	室	壁	奎	婁	胃	昴	畢	觜	参	井	鬼	鬼	柳	星	張	翼	軫	角	亢	氐	房
8月	心	尾	箕	斗	女	虚	危	室	壁	奎	婁	胃	昴	畢	觜	参	井	鬼	柳	星	張	翼	軫	角	亢	氐	房	心	尾	箕	斗
9月	女	虚	危	室	壁	奎	婁	胃	昴	畢	觜	参	井	鬼	柳	星	張	翼	角	亢	氐	房	心	尾	箕	斗	女	虚	危	室	☆
10月	壁	奎	婁	胃	昴	畢	觜	参	井	鬼	柳	星	張	翼	軫	角	亢	氐	氐	房	心	尾	箕	斗	女	虚	危	室	壁	奎	婁
11月	胃	昴	畢	觜	参	井	鬼	柳	星	張	翼	軫	角	亢	氐	房	心	尾	箕	斗	女	虚	危	室	壁	奎	婁	胃	昴	畢	☆
12月	觜	参	井	鬼	柳	星	張	翼	軫	角	亢	氐	房	心	尾	箕	斗	女	虚	危	室	壁	奎	婁	胃	昴	畢	觜	参	井	鬼

1953年（昭和28年）

	1	2	3	4	5	6	7	8	9	10	11	12	13	14	15	16	17	18	19	20	21	22	23	24	25	26	27	28	29	30	31
1月	柳	星	張	翼	軫	角	亢	氐	房	心	尾	箕	斗	女	虚	危	室	壁	奎	婁	胃	昴	畢	觜	参	井	鬼	柳	星	張	翼
2月	軫	角	亢	氐	房	心	尾	箕	斗	女	虚	危	室	室	壁	奎	婁	胃	昴	畢	觜	参	井	鬼	柳	星	張	翼	☆	☆	☆
3月	軫	角	亢	氐	房	心	尾	箕	斗	女	虚	危	室	壁	奎	婁	胃	昴	畢	觜	参	井	鬼	柳	星	張	翼	軫	角	亢	氐
4月	房	心	尾	箕	斗	女	虚	危	室	壁	奎	婁	胃	胃	昴	畢	觜	参	井	鬼	柳	星	張	翼	軫	角	亢	氐	房	心	☆
5月	尾	箕	斗	女	虚	危	室	壁	奎	婁	胃	昴	畢	觜	参	井	鬼	柳	星	張	翼	軫	角	亢	氐	房	心	尾	箕	斗	女
6月	虚	危	室	壁	奎	婁	胃	昴	畢	觜	参	井	鬼	柳	星	張	翼	軫	角	亢	氐	房	心	尾	箕	斗	女	虚	危	室	☆
7月	壁	奎	婁	胃	昴	畢	觜	参	井	鬼	鬼	柳	星	張	翼	軫	角	亢	氐	房	心	尾	箕	斗	女	虚	危	室	壁	奎	婁
8月	胃	昴	畢	觜	参	井	鬼	柳	星	張	翼	軫	角	亢	氐	房	心	尾	箕	斗	女	虚	危	室	壁	奎	婁	胃	昴	畢	觜
9月	参	井	鬼	柳	星	張	翼	角	亢	氐	房	心	尾	箕	斗	女	虚	危	室	壁	奎	婁	胃	昴	畢	觜	参	井	鬼	柳	☆
10月	星	張	翼	軫	角	亢	氐	氐	房	心	尾	箕	斗	女	虚	危	室	壁	奎	婁	胃	昴	畢	觜	参	井	鬼	柳	星	張	翼
11月	軫	角	亢	氐	房	心	心	尾	箕	斗	女	虚	危	室	壁	奎	婁	胃	昴	畢	觜	参	井	鬼	柳	星	張	翼	軫	角	☆
12月	亢	氐	房	心	尾	斗	女	虚	危	室	壁	奎	婁	胃	昴	畢	觜	参	井	鬼	柳	星	張	翼	軫	角	亢	氐	房	心	尾

1954年（昭和29年）

	1	2	3	4	5	6	7	8	9	10	11	12	13	14	15	16	17	18	19	20	21	22	23	24	25	26	27	28	29	30	31
1月	箕	斗	女	虚	虚	危	室	壁	奎	婁	胃	昴	畢	觜	参	井	鬼	柳	星	張	翼	軫	角	亢	氐	房	心	尾	箕	斗	女
2月	虚	危	室	室	壁	奎	婁	胃	昴	畢	觜	参	井	鬼	柳	星	張	翼	軫	角	亢	氐	房	心	尾	箕	斗	女	☆	☆	☆
3月	虚	危	室	壁	奎	婁	胃	昴	畢	觜	参	井	鬼	柳	星	張	翼	軫	角	亢	氐	房	心	尾	箕	斗	女	虚	危	室	壁
4月	奎	婁	胃	昴	畢	觜	参	井	鬼	柳	星	張	翼	軫	角	亢	氐	房	心	尾	箕	斗	女	虚	危	室	壁	奎	婁	胃	☆
5月	昴	畢	畢	觜	参	井	鬼	柳	星	張	翼	軫	角	亢	氐	房	心	尾	箕	斗	女	虚	危	室	壁	奎	婁	胃	昴	畢	觜
6月	参	井	鬼	柳	星	張	翼	軫	角	亢	氐	房	心	尾	箕	斗	女	虚	危	室	壁	奎	婁	胃	昴	畢	觜	参	井	鬼	☆
7月	柳	星	張	翼	軫	角	亢	氐	房	心	尾	箕	斗	女	虚	危	室	壁	奎	婁	胃	昴	畢	觜	参	井	鬼	柳	星	張	翼
8月	軫	角	亢	氐	房	心	尾	箕	斗	女	虚	危	室	壁	奎	婁	胃	昴	畢	觜	参	井	鬼	柳	星	張	翼	角	亢	氐	房
9月	心	尾	箕	斗	女	虚	危	室	壁	奎	婁	胃	昴	畢	觜	参	井	鬼	柳	星	張	翼	軫	角	亢	氐	氐	房	心	尾	☆
10月	箕	斗	女	虚	危	室	壁	奎	婁	胃	昴	畢	觜	参	井	鬼	柳	星	張	翼	軫	角	亢	氐	房	心	心	尾	箕	斗	女
11月	虚	危	室	壁	奎	婁	胃	昴	畢	觜	参	井	鬼	柳	星	張	翼	軫	角	亢	氐	房	心	尾	斗	女	虚	危	室	壁	☆
12月	奎	婁	胃	昴	畢	觜	参	井	鬼	柳	星	張	翼	軫	角	亢	氐	房	心	尾	箕	斗	女	虚	虚	危	室	壁	奎	婁	胃

1955年（昭和30年）

	1	2	3	4	5	6	7	8	9	10	11	12	13	14	15	16	17	18	19	20	21	22	23	24	25	26	27	28	29	30	31
1月	昴	畢	觜	参	井	鬼	柳	星	張	翼	軫	角	亢	氐	房	心	尾	箕	斗	女	虚	危	室	室	壁	奎	婁	胃	昴	畢	觜
2月	参	井	鬼	柳	星	張	翼	軫	角	亢	氐	房	心	尾	箕	斗	女	虚	危	室	壁	奎	奎	婁	胃	昴	畢	觜	☆	☆	☆
3月	参	井	鬼	柳	星	張	翼	軫	角	亢	氐	房	心	尾	箕	斗	女	虚	危	室	壁	奎	婁	胃	昴	畢	觜	参	井	鬼	柳
4月	星	張	翼	軫	角	亢	氐	房	心	尾	箕	斗	女	虚	危	室	壁	奎	婁	胃	昴	胃	昴	畢	觜	参	井	鬼	柳	星	☆
5月	張	翼	軫	角	亢	氐	房	心	尾	箕	斗	女	虚	危	室	壁	奎	婁	胃	昴	畢	畢	觜	参	井	鬼	柳	星	張	翼	軫
6月	角	亢	氐	房	心	尾	箕	斗	女	虚	危	室	壁	奎	婁	胃	昴	畢	觜	参	井	鬼	柳	星	張	翼	軫	角	亢	氐	☆
7月	房	心	尾	箕	斗	女	虚	危	室	壁	奎	婁	胃	昴	畢	觜	参	井	鬼	柳	星	張	翼	軫	角	亢	氐	房	心	尾	箕
8月	斗	女	虚	危	室	壁	奎	婁	胃	昴	畢	觜	参	井	鬼	柳	星	張	翼	軫	角	亢	氐	房	心	尾	箕	斗	女	虚	危
9月	室	壁	奎	婁	胃	昴	畢	觜	参	井	鬼	柳	星	張	翼	角	亢	氐	房	心	尾	箕	斗	女	虚	危	室	壁	奎	婁	☆
10月	胃	昴	畢	觜	参	井	鬼	柳	星	張	翼	軫	角	亢	氐	氐	房	心	尾	箕	斗	女	虚	危	室	壁	奎	婁	胃	昴	畢
11月	觜	参	井	鬼	柳	星	張	翼	軫	角	亢	氐	房	心	尾	箕	斗	女	虚	危	室	壁	奎	婁	胃	昴	畢	觜	参	井	☆
12月	鬼	柳	星	張	翼	軫	角	亢	氐	房	心	尾	箕	斗	女	虚	危	室	壁	奎	婁	胃	昴	畢	觜	参	井	鬼	柳	星	張

※グレーのマス目は、日曜日を表します。

1956年（昭和31年）

	1	2	3	4	5	6	7	8	9	10	11	12	13	14	15	16	17	18	19	20	21	22	23	24	25	26	27	28	29	30	31
1月	翼	軫	角	亢	氐	房	心	尾	箕	斗	女	虚	虚	危	室	壁	奎	婁	胃	昴	畢	觜	参	井	鬼	柳	星	張	翼	軫	角
2月	亢	氐	房	心	尾	箕	斗	女	虚	危	室	室	壁	奎	婁	胃	昴	畢	觜	参	井	鬼	柳	星	張	翼	軫	角	亢	☆	☆
3月	氐	房	心	尾	箕	斗	女	虚	危	室	壁	奎	婁	胃	昴	畢	觜	参	井	鬼	柳	星	張	翼	軫	角	亢	氐	房	心	尾
4月	箕	斗	女	虚	危	室	壁	奎	婁	胃	胃	昴	畢	觜	参	井	鬼	柳	星	張	翼	軫	角	亢	氐	房	心	尾	箕	斗	☆
5月	女	虚	危	室	壁	奎	婁	胃	昴	畢	觜	参	井	鬼	柳	星	張	翼	軫	角	亢	氐	房	心	尾	箕	斗	女	虚	危	室
6月	壁	奎	婁	胃	昴	畢	觜	参	参	井	鬼	柳	星	張	翼	軫	角	亢	氐	房	心	尾	箕	斗	女	虚	危	室	壁	奎	☆
7月	婁	胃	昴	畢	觜	参	井	鬼	柳	星	張	翼	軫	角	亢	氐	房	心	尾	箕	斗	女	虚	危	室	壁	奎	婁	胃	昴	畢
8月	觜	参	井	鬼	柳	張	翼	軫	角	亢	氐	房	心	尾	箕	斗	女	虚	危	室	壁	奎	婁	胃	昴	畢	觜	参	井	鬼	柳
9月	星	張	翼	軫	角	亢	氐	房	心	尾	箕	斗	女	虚	危	室	壁	奎	婁	胃	昴	畢	觜	参	井	鬼	柳	星	張	翼	☆
10月	軫	角	亢	氐	房	心	尾	箕	斗	女	虚	危	室	壁	奎	婁	胃	昴	畢	觜	参	井	鬼	柳	星	張	翼	軫	角	亢	氐
11月	房	心	心	尾	箕	斗	女	虚	危	室	壁	奎	婁	胃	昴	畢	觜	参	井	鬼	柳	星	張	翼	軫	角	亢	氐	房	心	☆
12月	尾	斗	女	虚	危	室	壁	奎	婁	胃	昴	畢	觜	参	井	鬼	柳	星	張	翼	軫	角	亢	氐	房	心	尾	箕	斗	女	虚

1957年（昭和32年）

	1	2	3	4	5	6	7	8	9	10	11	12	13	14	15	16	17	18	19	20	21	22	23	24	25	26	27	28	29	30	31
1月	虚	危	室	壁	奎	婁	胃	昴	畢	觜	参	井	鬼	柳	星	張	翼	軫	角	亢	氐	房	心	尾	箕	斗	女	虚	危	室	室
2月	壁	奎	婁	胃	昴	畢	觜	参	井	鬼	柳	星	張	翼	軫	角	亢	氐	房	心	尾	箕	斗	女	虚	危	室	壁	☆	☆	☆
3月	奎	奎	婁	胃	昴	畢	觜	参	井	鬼	柳	星	張	翼	軫	角	亢	氐	房	心	尾	箕	斗	女	虚	危	室	壁	奎	婁	胃
4月	昴	畢	觜	参	井	鬼	柳	星	張	翼	軫	角	亢	氐	房	心	尾	箕	斗	女	虚	危	室	壁	奎	婁	胃	昴	畢	畢	☆
5月	觜	参	井	鬼	柳	星	張	翼	軫	角	亢	氐	房	心	尾	箕	斗	女	虚	危	室	壁	奎	婁	胃	昴	畢	觜	参	井	鬼
6月	柳	星	張	翼	軫	角	亢	氐	房	心	尾	箕	斗	女	虚	危	室	壁	奎	婁	胃	昴	畢	觜	参	井	鬼	鬼	柳	星	☆
7月	張	翼	軫	角	亢	氐	房	心	尾	箕	斗	女	虚	危	室	壁	奎	婁	胃	昴	畢	觜	参	井	鬼	柳	張	翼	軫	角	亢
8月	氐	房	心	尾	箕	斗	女	虚	危	室	壁	奎	婁	胃	昴	畢	觜	参	井	鬼	柳	星	張	翼	角	亢	氐	房	心	尾	箕
9月	斗	女	虚	危	室	壁	奎	婁	胃	昴	畢	觜	参	井	鬼	柳	星	張	翼	軫	角	亢	氐	角	亢	氐	房	心	尾	箕	☆
10月	斗	女	虚	危	室	壁	奎	婁	胃	昴	畢	觜	参	井	鬼	柳	星	張	翼	軫	角	亢	氐	房	心	尾	箕	斗	女	虚	危
11月	室	壁	奎	婁	胃	昴	畢	觜	参	井	鬼	柳	星	張	翼	軫	角	亢	氐	房	心	心	尾	箕	斗	女	虚	危	室	壁	☆
12月	奎	婁	胃	昴	畢	觜	参	井	鬼	柳	星	張	翼	軫	角	亢	氐	房	心	尾	斗	女	虚	危	室	壁	奎	婁	胃	昴	畢

1958年（昭和33年）

	1	2	3	4	5	6	7	8	9	10	11	12	13	14	15	16	17	18	19	20	21	22	23	24	25	26	27	28	29	30	31
1月	觜	参	井	鬼	柳	星	張	翼	軫	角	亢	氐	房	心	尾	箕	斗	女	虚	虚	危	室	壁	奎	婁	胃	昴	畢	觜	参	井
2月	鬼	柳	星	張	翼	軫	角	亢	氐	房	心	尾	箕	斗	女	虚	危	室	室	壁	奎	婁	胃	昴	畢	觜	参	井	☆	☆	☆
3月	鬼	柳	星	張	翼	軫	角	亢	氐	房	心	尾	箕	斗	女	虚	危	室	壁	奎	婁	胃	昴	畢	觜	参	井	鬼	柳	星	張
4月	翼	軫	角	亢	氐	房	心	尾	箕	斗	女	虚	危	室	壁	奎	婁	胃	胃	昴	畢	觜	参	井	鬼	柳	星	張	翼	軫	☆
5月	角	亢	氐	房	心	尾	箕	斗	女	虚	危	室	壁	奎	婁	胃	昴	畢	畢	觜	参	井	鬼	柳	星	張	翼	軫	角	亢	氐
6月	房	心	尾	箕	斗	女	虚	危	室	壁	奎	婁	胃	昴	畢	觜	参	井	鬼	柳	星	張	翼	軫	角	亢	氐	房	心	尾	☆
7月	箕	斗	女	虚	危	室	壁	奎	婁	胃	昴	畢	觜	参	井	鬼	鬼	柳	星	張	翼	軫	角	亢	氐	房	心	尾	箕	斗	女
8月	虚	危	室	壁	奎	婁	胃	昴	畢	觜	参	井	鬼	柳	張	翼	軫	角	亢	氐	房	心	尾	箕	斗	女	虚	危	室	壁	奎
9月	婁	胃	昴	畢	觜	参	井	鬼	柳	星	張	翼	軫	角	亢	氐	房	心	尾	箕	斗	女	虚	危	室	壁	奎	婁	胃	昴	畢
10月	觜	参	井	鬼	柳	星	張	翼	軫	角	亢	氐	氐	房	心	尾	箕	斗	女	虚	危	室	壁	奎	婁	胃	昴	畢	觜	参	井
11月	鬼	柳	星	張	翼	軫	角	亢	氐	房	心	尾	箕	斗	女	虚	危	室	壁	奎	婁	胃	昴	畢	觜	参	井	鬼	柳	星	☆
12月	張	翼	軫	角	亢	氐	房	心	尾	箕	斗	女	虚	危	室	壁	奎	婁	胃	昴	畢	觜	参	井	鬼	柳	星	張	翼	軫	角

1959年（昭和34年）

	1	2	3	4	5	6	7	8	9	10	11	12	13	14	15	16	17	18	19	20	21	22	23	24	25	26	27	28	29	30	31
1月	亢	氐	房	心	尾	箕	斗	女	虚	危	室	壁	奎	婁	胃	昴	畢	觜	参	井	鬼	柳	星	張	翼	軫	角	亢	氐	房	心
2月	尾	箕	斗	女	虚	危	室	室	壁	奎	婁	胃	昴	畢	觜	参	井	鬼	柳	星	張	翼	軫	角	亢	氐	房	心	☆	☆	☆
3月	尾	箕	斗	女	虚	危	室	壁	奎	婁	胃	昴	畢	觜	参	井	鬼	柳	星	張	翼	軫	角	亢	氐	房	心	尾	箕	斗	女
4月	虚	危	室	壁	奎	婁	胃	胃	昴	畢	觜	参	井	鬼	柳	星	張	翼	軫	角	亢	氐	房	心	尾	箕	斗	女	虚	危	☆
5月	室	壁	奎	婁	胃	昴	畢	畢	觜	参	井	鬼	柳	星	張	翼	軫	角	亢	氐	房	心	尾	箕	斗	女	虚	危	室	壁	奎
6月	婁	胃	昴	畢	觜	参	井	鬼	柳	星	張	翼	軫	角	亢	氐	房	心	尾	箕	斗	女	虚	危	室	壁	奎	婁	胃	昴	☆
7月	畢	觜	参	井	鬼	鬼	柳	星	張	翼	軫	角	亢	氐	房	心	尾	箕	斗	女	虚	危	室	壁	奎	婁	胃	昴	畢	觜	参
8月	井	鬼	柳	張	翼	軫	角	亢	氐	房	心	尾	箕	斗	女	虚	危	室	壁	奎	婁	胃	昴	畢	觜	参	井	鬼	柳	星	張
9月	翼	軫	角	亢	氐	房	心	尾	箕	斗	女	虚	危	室	壁	奎	婁	胃	昴	畢	觜	参	井	鬼	柳	星	張	翼	軫	角	☆
10月	亢	氐	房	心	尾	箕	斗	女	虚	危	室	壁	奎	婁	胃	昴	畢	觜	参	井	鬼	柳	星	張	翼	軫	角	亢	氐	房	心
11月	心	尾	箕	斗	女	虚	危	室	壁	奎	婁	胃	昴	畢	觜	参	井	鬼	柳	星	張	翼	軫	角	亢	氐	房	心	尾	斗	☆
12月	女	虚	危	室	壁	奎	婁	胃	昴	畢	觜	参	井	鬼	柳	星	張	翼	軫	角	亢	氐	房	心	尾	箕	斗	女	虚	虚	危

※グレーのマス目は、日曜日を表します。

1960年（昭和35年）

	1	2	3	4	5	6	7	8	9	10	11	12	13	14	15	16	17	18	19	20	21	22	23	24	25	26	27	28	29	30	31
1月	室	壁	奎	婁	胃	昴	畢	觜	参	井	鬼	柳	星	張	翼	軫	角	亢	氐	房	心	尾	箕	斗	女	虚	危	室	壁	奎	婁
2月	胃	昴	畢	觜	参	井	鬼	柳	星	張	翼	軫	角	亢	氐	房	心	尾	箕	斗	女	虚	危	室	壁	奎	奎	婁	胃	☆	☆
3月	昴	畢	觜	参	井	鬼	柳	星	張	翼	軫	角	亢	氐	房	心	尾	箕	斗	女	虚	危	室	壁	奎	婁	胃	昴	畢	觜	参
4月	井	鬼	柳	星	張	翼	軫	角	亢	氐	房	心	尾	箕	斗	女	虚	危	室	壁	奎	婁	胃	昴	畢	畢	觜	参	井	鬼	☆
5月	柳	星	張	翼	軫	角	亢	氐	房	心	尾	箕	斗	女	虚	危	室	壁	奎	婁	胃	昴	畢	觜	参	井	鬼	柳	星	張	翼
6月	軫	角	亢	氐	房	心	尾	箕	斗	女	虚	危	室	壁	奎	婁	胃	昴	畢	觜	参	井	鬼	鬼	柳	星	張	翼	軫	角	☆
7月	亢	氐	房	心	尾	箕	斗	女	虚	危	室	壁	奎	婁	胃	昴	畢	觜	参	井	鬼	柳	星	鬼	柳	星	張	翼	軫	角	亢
8月	氐	房	心	尾	箕	斗	女	虚	危	室	壁	奎	婁	胃	昴	畢	觜	参	井	鬼	柳	張	翼	軫	角	亢	氐	房	心	尾	箕
9月	斗	女	虚	危	室	壁	奎	婁	胃	昴	畢	觜	参	井	鬼	柳	星	張	翼	軫	角	亢	氐	房	心	尾	箕	斗	女	虚	☆
10月	危	室	壁	奎	婁	胃	昴	畢	觜	参	井	鬼	柳	星	張	翼	軫	角	亢	氐	房	心	尾	箕	斗	女	虚	危	室	壁	奎
11月	婁	胃	昴	畢	觜	参	井	鬼	柳	星	張	翼	軫	角	亢	氐	房	心	心	尾	箕	斗	女	虚	危	室	壁	奎	婁	胃	☆
12月	昴	畢	觜	参	井	鬼	柳	星	張	翼	軫	角	亢	氐	房	心	尾	斗	女	虚	危	室	壁	奎	婁	胃	昴	畢	觜	参	井

1961年（昭和36年）

	1	2	3	4	5	6	7	8	9	10	11	12	13	14	15	16	17	18	19	20	21	22	23	24	25	26	27	28	29	30	31
1月	鬼	柳	星	張	翼	軫	角	亢	氐	房	心	尾	箕	斗	女	虚	虚	危	室	壁	奎	婁	胃	昴	畢	觜	参	井	鬼	柳	星
2月	張	翼	軫	角	亢	氐	房	心	尾	箕	斗	女	虚	危	室	壁	奎	婁	胃	昴	畢	觜	参	井	鬼	柳	星	張	☆	☆	☆
3月	翼	軫	角	亢	氐	房	心	尾	箕	斗	女	虚	危	室	壁	奎	奎	婁	胃	昴	畢	觜	参	井	鬼	柳	星	張	翼	軫	角
4月	亢	氐	房	心	尾	箕	斗	女	虚	危	室	壁	奎	婁	胃	昴	畢	觜	参	井	鬼	柳	星	張	翼	軫	角	亢	氐	房	☆
5月	心	尾	箕	斗	女	虚	危	室	壁	奎	婁	胃	昴	畢	畢	觜	参	井	鬼	柳	星	張	翼	軫	角	亢	氐	房	心	尾	箕
6月	斗	女	虚	危	室	壁	奎	婁	胃	昴	畢	觜	参	井	鬼	柳	星	張	翼	軫	角	亢	氐	房	心	尾	箕	斗	女	虚	☆
7月	危	室	壁	奎	婁	胃	昴	畢	觜	参	井	鬼	鬼	柳	星	張	翼	軫	角	亢	氐	房	心	尾	箕	斗	女	虚	危	室	壁
8月	奎	婁	胃	昴	畢	觜	参	井	鬼	柳	張	翼	軫	角	亢	氐	房	心	尾	箕	斗	女	虚	危	室	壁	奎	婁	胃	昴	畢
9月	觜	参	井	鬼	柳	星	張	翼	軫	角	亢	氐	房	心	尾	箕	斗	女	虚	危	室	壁	奎	婁	胃	昴	畢	觜	参	井	☆
10月	鬼	柳	星	張	翼	軫	角	亢	氐	氐	房	心	尾	箕	斗	女	虚	危	室	壁	奎	婁	胃	昴	畢	觜	参	井	鬼	柳	星
11月	張	翼	軫	角	亢	氐	房	心	尾	箕	斗	女	虚	危	室	壁	奎	婁	胃	昴	畢	觜	参	井	鬼	柳	星	張	翼	軫	☆
12月	角	亢	氐	房	心	尾	箕	斗	女	虚	危	室	壁	奎	婁	胃	昴	畢	觜	参	井	鬼	柳	星	張	翼	軫	角	亢	氐	房

1962年（昭和37年）

	1	2	3	4	5	6	7	8	9	10	11	12	13	14	15	16	17	18	19	20	21	22	23	24	25	26	27	28	29	30	31
1月	心	尾	箕	斗	女	虚	危	室	壁	奎	婁	胃	昴	畢	觜	参	井	鬼	柳	星	張	翼	軫	角	亢	氐	房	心	尾	箕	斗
2月	女	虚	危	室	室	壁	奎	婁	胃	昴	畢	觜	参	井	鬼	柳	星	張	翼	軫	角	亢	氐	房	心	尾	箕	斗	☆	☆	☆
3月	女	虚	危	室	壁	奎	婁	胃	昴	畢	觜	参	井	鬼	柳	星	張	翼	軫	角	亢	氐	房	心	尾	箕	斗	女	虚	危	室
4月	壁	奎	婁	胃	胃	昴	畢	觜	参	井	鬼	柳	星	張	翼	軫	角	亢	氐	房	心	尾	箕	斗	女	虚	危	室	壁	奎	☆
5月	婁	胃	昴	畢	觜	参	井	鬼	柳	星	張	翼	軫	角	亢	氐	房	心	尾	箕	斗	女	虚	危	室	壁	奎	婁	胃	昴	畢
6月	觜	参	井	鬼	柳	星	張	翼	軫	角	亢	氐	房	心	尾	箕	斗	女	虚	危	室	壁	奎	婁	胃	昴	畢	觜	参	井	☆
7月	鬼	鬼	柳	星	張	翼	軫	角	亢	氐	房	心	尾	箕	斗	女	虚	危	室	壁	奎	婁	胃	昴	畢	觜	参	井	鬼	柳	張
8月	翼	軫	角	亢	氐	房	心	尾	箕	斗	女	虚	危	室	壁	奎	婁	胃	昴	畢	觜	参	井	鬼	柳	星	張	翼	軫	角	亢
9月	氐	房	心	尾	箕	斗	女	虚	危	室	壁	奎	婁	胃	昴	畢	觜	参	井	鬼	柳	星	張	翼	軫	角	亢	氐	氐	房	☆
10月	心	尾	箕	斗	女	虚	危	室	壁	奎	婁	胃	昴	畢	觜	参	井	鬼	柳	星	張	翼	軫	角	亢	氐	房	心	尾	箕	斗
11月	女	虚	危	室	壁	奎	婁	胃	昴	畢	觜	参	井	鬼	柳	星	張	翼	軫	角	亢	氐	房	心	尾	箕	斗	女	虚	危	☆
12月	室	壁	奎	婁	胃	昴	畢	觜	参	井	鬼	柳	星	張	翼	軫	角	亢	氐	房	心	尾	箕	斗	女	虚	虚	危	室	壁	奎

1963年（昭和38年）

	1	2	3	4	5	6	7	8	9	10	11	12	13	14	15	16	17	18	19	20	21	22	23	24	25	26	27	28	29	30	31
1月	婁	胃	昴	畢	觜	参	井	鬼	柳	星	張	翼	軫	角	亢	氐	房	心	尾	箕	斗	女	虚	危	室	壁	奎	婁	胃	昴	畢
2月	觜	参	井	鬼	柳	星	張	翼	軫	角	亢	氐	房	心	尾	箕	斗	女	虚	危	室	壁	奎	奎	婁	胃	昴	畢	☆	☆	☆
3月	觜	参	井	鬼	柳	星	張	翼	軫	角	亢	氐	房	心	尾	箕	斗	女	虚	危	室	壁	奎	婁	胃	昴	畢	觜	参	井	鬼
4月	柳	星	張	翼	軫	角	亢	氐	房	心	尾	箕	斗	女	虚	危	室	壁	奎	婁	胃	昴	畢	畢	觜	参	井	鬼	柳	星	☆
5月	張	翼	軫	角	亢	氐	房	心	尾	箕	斗	女	虚	危	室	壁	奎	婁	胃	昴	畢	觜	畢	觜	参	井	鬼	柳	星	張	翼
6月	軫	角	亢	氐	房	心	尾	箕	斗	女	虚	危	室	壁	奎	婁	胃	昴	畢	觜	参	井	鬼	柳	星	張	翼	軫	角	亢	☆
7月	氐	房	心	尾	箕	斗	女	虚	危	室	壁	奎	婁	胃	昴	畢	觜	参	井	鬼	鬼	柳	星	張	翼	軫	角	亢	氐	房	心
8月	尾	箕	斗	女	虚	危	室	壁	奎	婁	胃	昴	畢	觜	参	井	鬼	柳	張	翼	軫	角	亢	氐	房	心	尾	箕	斗	女	虚
9月	危	室	壁	奎	婁	胃	昴	畢	觜	参	井	鬼	柳	星	張	翼	軫	角	亢	氐	房	心	尾	箕	斗	女	虚	危	室	壁	☆
10月	奎	婁	胃	昴	畢	觜	参	井	鬼	柳	星	張	翼	軫	角	亢	氐	房	心	尾	箕	斗	女	虚	危	室	壁	奎	婁	胃	昴
11月	畢	觜	参	井	鬼	柳	星	張	翼	軫	角	亢	氐	房	心	心	尾	箕	斗	女	虚	危	室	壁	奎	婁	胃	昴	畢	觜	☆
12月	参	井	鬼	柳	星	張	翼	軫	角	亢	氐	房	心	尾	箕	斗	女	虚	危	室	壁	奎	婁	胃	昴	畢	觜	参	井	鬼	柳

※グレーのマス目は、日曜日を表します。

1964年（昭和39年）

	1	2	3	4	5	6	7	8	9	10	11	12	13	14	15	16	17	18	19	20	21	22	23	24	25	26	27	28	29	30	31
1月	星	張	翼	軫	角	亢	氐	房	心	尾	箕	斗	女	虚	虚	危	室	壁	奎	婁	胃	昴	畢	觜	参	井	鬼	柳	星	張	翼
2月	軫	角	亢	氐	房	心	尾	箕	斗	女	虚	危	室	壁	奎	婁	胃	昴	畢	觜	参	井	鬼	柳	星	張	翼	軫	角	☆	☆
3月	亢	氐	房	心	尾	箕	斗	女	虚	危	室	壁	奎	奎	婁	胃	昴	畢	觜	参	井	鬼	柳	星	張	翼	軫	角	亢	氐	房
4月	心	尾	箕	斗	女	虚	危	室	壁	奎	婁	胃	昴	畢	觜	参	井	鬼	柳	星	張	翼	軫	角	亢	氐	房	心	尾	箕	☆
5月	斗	女	虚	危	室	壁	奎	婁	胃	昴	畢	畢	觜	参	井	鬼	柳	星	張	翼	軫	角	亢	氐	房	心	尾	箕	斗	女	虚
6月	危	室	壁	奎	婁	胃	昴	畢	觜	参	井	鬼	柳	星	張	翼	軫	角	亢	氐	房	心	尾	箕	斗	女	虚	危	室	壁	☆
7月	奎	婁	胃	昴	畢	觜	参	井	鬼	柳	星	張	翼	軫	角	亢	氐	房	心	尾	箕	斗	女	虚	危	室	壁	奎	婁	胃	昴
8月	畢	觜	参	井	鬼	柳	星	張	翼	軫	角	亢	氐	房	心	尾	箕	斗	女	虚	危	室	壁	奎	婁	胃	昴	畢	觜	参	井
9月	鬼	柳	星	張	翼	角	亢	氐	房	心	尾	箕	斗	女	虚	危	室	壁	奎	婁	胃	昴	畢	觜	参	井	鬼	柳	星	張	☆
10月	翼	軫	角	亢	氐	氐	房	心	尾	箕	斗	女	虚	危	室	壁	奎	婁	胃	昴	畢	觜	参	井	鬼	柳	星	張	翼	軫	角
11月	亢	氐	房	心	尾	箕	斗	女	虚	危	室	壁	奎	婁	胃	昴	畢	觜	参	井	鬼	柳	星	張	翼	軫	角	亢	氐	房	☆
12月	心	尾	箕	斗	女	虚	危	室	壁	奎	婁	胃	昴	畢	觜	参	井	鬼	柳	星	張	翼	軫	角	亢	氐	房	心	尾	箕	斗

1965年（昭和40年）

	1	2	3	4	5	6	7	8	9	10	11	12	13	14	15	16	17	18	19	20	21	22	23	24	25	26	27	28	29	30	31
1月	女	虚	虚	危	室	壁	奎	婁	胃	昴	畢	觜	参	井	鬼	柳	星	張	翼	軫	角	亢	氐	房	心	尾	箕	斗	女	虚	危
2月	室	室	壁	奎	婁	胃	昴	畢	觜	参	井	鬼	柳	星	張	翼	軫	角	亢	氐	房	心	尾	箕	斗	女	虚	危	☆	☆	☆
3月	室	壁	奎	婁	胃	昴	畢	觜	参	井	鬼	柳	星	張	翼	軫	角	亢	氐	房	心	尾	箕	斗	女	虚	危	室	壁	奎	婁
4月	胃	胃	昴	畢	觜	参	井	鬼	柳	星	張	翼	軫	角	亢	氐	房	心	尾	箕	斗	女	虚	危	室	壁	奎	婁	胃	昴	☆
5月	畢	觜	参	井	鬼	柳	星	張	翼	軫	角	亢	氐	房	心	尾	箕	斗	女	虚	危	室	壁	奎	婁	胃	昴	畢	觜	参	参
6月	井	鬼	柳	星	張	翼	軫	角	亢	氐	房	心	尾	箕	斗	女	虚	危	室	壁	奎	婁	胃	昴	畢	觜	参	井	鬼	柳	☆
7月	星	張	翼	軫	角	亢	氐	房	心	尾	箕	斗	女	虚	危	室	壁	奎	婁	胃	昴	畢	觜	参	井	鬼	柳	張	翼	軫	角
8月	亢	氐	房	心	尾	箕	斗	女	虚	危	室	壁	奎	婁	胃	昴	畢	觜	参	井	鬼	柳	星	張	翼	軫	角	亢	氐	房	心
9月	尾	箕	斗	女	虚	危	室	壁	奎	婁	胃	昴	畢	觜	参	井	鬼	柳	星	張	翼	軫	角	亢	氐	房	心	尾	箕	斗	☆
10月	女	虚	危	室	壁	奎	婁	胃	昴	畢	觜	参	井	鬼	柳	星	張	翼	軫	角	亢	氐	房	心	尾	箕	斗	女	虚	危	室
11月	壁	奎	婁	胃	昴	畢	觜	参	井	鬼	柳	星	張	翼	軫	角	亢	氐	房	心	尾	箕	斗	女	虚	危	室	壁	奎	婁	☆
12月	胃	昴	畢	觜	参	井	鬼	柳	星	張	翼	軫	角	亢	氐	房	心	尾	箕	斗	女	虚	虚	危	室	壁	奎	婁	胃	昴	畢

1966年（昭和41年）

	1	2	3	4	5	6	7	8	9	10	11	12	13	14	15	16	17	18	19	20	21	22	23	24	25	26	27	28	29	30	31
1月	觜	参	井	鬼	柳	星	張	翼	軫	角	亢	氐	房	心	尾	箕	斗	女	虚	危	室	室	壁	奎	婁	胃	昴	畢	觜	参	井
2月	鬼	柳	星	張	翼	軫	角	亢	氐	房	心	尾	箕	斗	女	虚	危	室	壁	奎	婁	胃	昴	畢	觜	参	井	鬼	☆	☆	☆
3月	柳	星	張	翼	軫	角	亢	氐	房	心	尾	箕	斗	女	虚	危	室	壁	奎	婁	胃	胃	昴	畢	觜	参	井	鬼	柳	星	張
4月	翼	軫	角	亢	氐	房	心	尾	箕	斗	女	虚	危	室	壁	奎	婁	胃	昴	畢	胃	昴	畢	觜	参	井	鬼	柳	星	張	☆
5月	翼	軫	角	亢	氐	房	心	尾	箕	斗	女	虚	危	室	壁	奎	婁	胃	昴	畢	觜	参	井	鬼	柳	星	張	翼	軫	角	亢
6月	氐	房	心	尾	箕	斗	女	虚	危	室	壁	奎	婁	胃	昴	畢	觜	参	参	井	鬼	柳	星	張	翼	軫	角	亢	氐	房	☆
7月	心	尾	箕	斗	女	虚	危	室	壁	奎	婁	胃	昴	畢	觜	参	井	鬼	柳	星	張	翼	軫	角	亢	氐	房	心	尾	箕	斗
8月	女	虚	危	室	壁	奎	婁	胃	昴	畢	觜	参	井	鬼	柳	張	翼	軫	角	亢	氐	房	心	尾	箕	斗	女	虚	危	室	壁
9月	奎	婁	胃	昴	畢	觜	参	井	鬼	柳	星	張	翼	軫	角	亢	氐	房	心	尾	箕	斗	女	虚	危	室	壁	奎	婁	胃	☆
10月	昴	畢	觜	参	井	鬼	柳	星	張	翼	軫	角	亢	氐	房	心	尾	箕	斗	女	虚	危	室	壁	奎	婁	胃	昴	畢	觜	参
11月	井	鬼	柳	星	張	翼	軫	角	亢	氐	房	心	尾	箕	斗	女	虚	危	室	壁	奎	婁	胃	昴	畢	觜	参	井	鬼	柳	☆
12月	星	張	翼	軫	角	亢	氐	房	心	尾	箕	斗	女	虚	危	室	壁	奎	婁	胃	昴	畢	觜	参	井	鬼	柳	星	張	翼	軫

1967年（昭和42年）

	1	2	3	4	5	6	7	8	9	10	11	12	13	14	15	16	17	18	19	20	21	22	23	24	25	26	27	28	29	30	31
1月	角	亢	氐	房	心	尾	箕	斗	女	虚	虚	危	室	壁	奎	婁	胃	昴	畢	觜	参	井	鬼	柳	星	張	翼	軫	角	亢	氐
2月	房	心	尾	箕	斗	女	虚	危	室	壁	奎	婁	胃	昴	畢	觜	参	井	鬼	柳	星	張	翼	軫	角	亢	氐	房	☆	☆	☆
3月	心	尾	箕	斗	女	虚	危	室	壁	奎	奎	婁	胃	昴	畢	觜	参	井	鬼	柳	星	張	翼	軫	角	亢	氐	房	心	尾	箕
4月	斗	女	虚	危	室	壁	奎	婁	胃	胃	昴	畢	觜	参	井	鬼	柳	星	張	翼	軫	角	亢	氐	房	心	尾	箕	斗	女	☆
5月	虚	危	室	壁	奎	婁	胃	昴	畢	觜	参	井	鬼	柳	星	張	翼	軫	角	亢	氐	房	心	尾	箕	斗	女	虚	危	室	壁
6月	奎	婁	胃	昴	畢	觜	参	参	井	鬼	柳	星	張	翼	軫	角	亢	氐	房	心	尾	箕	斗	女	虚	危	室	壁	奎	婁	☆
7月	胃	昴	畢	觜	参	井	鬼	鬼	柳	星	張	翼	軫	角	亢	氐	房	心	尾	箕	斗	女	虚	危	室	壁	奎	婁	胃	昴	畢
8月	觜	参	井	鬼	柳	張	翼	軫	角	亢	氐	房	心	尾	箕	斗	女	虚	危	室	壁	奎	婁	胃	昴	畢	觜	参	井	鬼	柳
9月	星	張	翼	角	亢	氐	房	心	尾	箕	斗	女	虚	危	室	壁	奎	婁	胃	昴	畢	觜	参	井	鬼	柳	星	張	翼	軫	☆
10月	角	亢	氐	氐	房	心	尾	箕	斗	女	虚	危	室	壁	奎	婁	胃	昴	畢	觜	参	井	鬼	柳	星	張	翼	軫	角	亢	氐
11月	房	心	尾	箕	斗	女	虚	危	室	壁	奎	婁	胃	昴	畢	觜	参	井	鬼	柳	星	張	翼	軫	角	亢	氐	房	心	尾	☆
12月	箕	斗	女	虚	危	室	壁	奎	婁	胃	昴	畢	觜	参	井	鬼	柳	星	張	翼	軫	角	亢	氐	房	心	尾	箕	斗	女	虚

※グレーのマス目は、日曜日を表します。

1968年（昭和43年）

	1	2	3	4	5	6	7	8	9	10	11	12	13	14	15	16	17	18	19	20	21	22	23	24	25	26	27	28	29	30	31
1月	危	室	壁	奎	婁	胃	昴	畢	觜	参	井	鬼	柳	星	張	翼	軫	角	亢	氐	房	心	尾	箕	斗	女	虚	危	室	室	壁
2月	奎	婁	胃	昴	畢	觜	参	井	鬼	柳	星	張	翼	軫	角	亢	氐	房	心	尾	箕	斗	女	虚	危	室	壁	奎	婁	☆	☆
3月	胃	昴	畢	觜	参	井	鬼	柳	星	張	翼	軫	角	亢	氐	房	心	尾	箕	斗	女	虚	危	室	壁	奎	婁	胃	胃	昴	畢
4月	觜	参	井	鬼	柳	星	張	翼	軫	角	亢	氐	房	心	尾	箕	斗	女	虚	危	室	壁	奎	婁	胃	昴	畢	畢	觜	参	☆
5月	井	鬼	柳	星	張	翼	軫	角	亢	氐	房	心	尾	箕	斗	女	虚	危	室	壁	奎	婁	胃	昴	畢	觜	参	井	鬼	柳	星
6月	張	翼	軫	角	亢	氐	房	心	尾	箕	斗	女	虚	危	室	壁	奎	婁	胃	昴	畢	觜	参	井	鬼	鬼	柳	星	張	翼	☆
7月	軫	角	亢	氐	房	心	尾	箕	斗	女	虚	危	室	壁	奎	婁	胃	昴	畢	觜	参	井	鬼	柳	張	翼	軫	角	亢	氐	房
8月	心	尾	箕	斗	女	虚	危	室	壁	奎	婁	胃	昴	畢	觜	参	井	鬼	柳	星	張	翼	軫	張	翼	軫	角	亢	氐	房	心
9月	尾	箕	斗	女	虚	危	室	壁	奎	婁	胃	昴	畢	觜	参	井	鬼	柳	星	張	翼	角	亢	氐	房	心	尾	箕	斗	女	☆
10月	虚	危	室	壁	奎	婁	胃	昴	畢	觜	参	井	鬼	柳	星	張	翼	軫	角	亢	氐	氐	房	心	尾	箕	斗	女	虚	危	室
11月	壁	奎	婁	胃	昴	畢	觜	参	井	鬼	柳	星	張	翼	軫	角	亢	氐	房	心	尾	箕	斗	女	虚	危	室	壁	奎	婁	☆
12月	胃	昴	畢	觜	参	井	鬼	柳	星	張	翼	軫	角	亢	氐	房	心	尾	箕	斗	女	虚	危	室	壁	奎	婁	胃	昴	畢	觜

1969年（昭和44年）

	1	2	3	4	5	6	7	8	9	10	11	12	13	14	15	16	17	18	19	20	21	22	23	24	25	26	27	28	29	30	31
1月	参	井	鬼	柳	星	張	翼	軫	角	亢	氐	房	心	尾	箕	斗	女	虚	危	室	壁	奎	婁	胃	昴	畢	觜	参	井	鬼	柳
2月	星	張	翼	軫	角	亢	氐	房	心	尾	箕	斗	女	虚	危	室	室	壁	奎	婁	胃	昴	畢	觜	参	井	鬼	柳	☆	☆	☆
3月	星	張	翼	軫	角	亢	氐	房	心	尾	箕	斗	女	虚	危	室	壁	奎	婁	胃	昴	畢	觜	参	井	鬼	柳	星	張	翼	軫
4月	角	亢	氐	房	心	尾	箕	斗	女	虚	危	室	壁	奎	婁	胃	胃	昴	畢	觜	参	井	鬼	柳	星	張	翼	軫	角	亢	☆
5月	氐	房	心	尾	箕	斗	女	虚	危	室	壁	奎	婁	胃	昴	畢	觜	参	井	鬼	柳	星	張	翼	軫	角	亢	氐	房	心	尾
6月	箕	斗	女	虚	危	室	壁	奎	婁	胃	昴	畢	觜	参	参	井	鬼	柳	星	張	翼	軫	角	亢	氐	房	心	尾	箕	斗	☆
7月	女	虚	危	室	壁	奎	婁	胃	昴	畢	觜	参	井	鬼	柳	星	張	翼	軫	角	亢	氐	房	心	尾	箕	斗	女	虚	危	室
8月	壁	奎	婁	胃	昴	畢	觜	参	井	鬼	柳	星	張	翼	軫	角	亢	氐	房	心	尾	箕	斗	女	虚	危	室	壁	奎	婁	胃
9月	昴	畢	觜	参	井	鬼	柳	星	張	翼	軫	角	亢	氐	房	心	尾	箕	斗	女	虚	危	室	壁	奎	婁	胃	昴	畢	觜	☆
10月	参	井	鬼	柳	星	張	翼	軫	角	亢	氐	房	心	尾	箕	斗	女	虚	危	室	壁	奎	婁	胃	昴	畢	觜	参	井	鬼	柳
11月	星	張	翼	軫	角	亢	氐	房	心	心	尾	箕	斗	女	虚	危	室	壁	奎	婁	胃	昴	畢	觜	参	井	鬼	柳	星	張	☆
12月	翼	軫	角	亢	氐	房	心	尾	斗	女	虚	危	室	壁	奎	婁	胃	昴	畢	觜	参	井	鬼	柳	星	張	翼	軫	角	亢	氐

1970年（昭和45年）

	1	2	3	4	5	6	7	8	9	10	11	12	13	14	15	16	17	18	19	20	21	22	23	24	25	26	27	28	29	30	31
1月	房	心	尾	箕	斗	女	虚	虚	危	室	壁	奎	婁	胃	昴	畢	觜	参	井	鬼	柳	星	張	翼	軫	角	亢	氐	房	心	尾
2月	箕	斗	女	虚	危	室	壁	奎	婁	胃	昴	畢	觜	参	井	鬼	柳	星	張	翼	軫	角	亢	氐	房	心	尾	箕	☆	☆	☆
3月	斗	女	虚	危	室	壁	奎	奎	婁	胃	昴	畢	觜	参	井	鬼	柳	星	張	翼	軫	角	亢	氐	房	心	尾	箕	斗	女	虚
4月	危	室	壁	奎	婁	胃	昴	畢	觜	参	井	鬼	柳	星	張	翼	軫	角	亢	氐	房	心	尾	箕	斗	女	虚	危	室	壁	☆
5月	奎	婁	胃	昴	畢	觜	参	井	鬼	柳	星	張	翼	軫	角	亢	氐	房	心	尾	箕	斗	女	虚	危	室	壁	奎	婁	胃	昴
6月	畢	觜	参	参	井	鬼	柳	星	張	翼	軫	角	亢	氐	房	心	尾	箕	斗	女	虚	危	室	壁	奎	婁	胃	昴	畢	觜	☆
7月	参	井	鬼	鬼	柳	星	張	翼	軫	角	亢	氐	房	心	尾	箕	斗	女	虚	危	室	壁	奎	婁	胃	昴	畢	觜	参	井	鬼
8月	柳	張	翼	軫	角	亢	氐	房	心	尾	箕	斗	女	虚	危	室	壁	奎	婁	胃	昴	畢	觜	参	井	鬼	柳	星	張	翼	軫
9月	角	亢	氐	房	心	尾	箕	斗	女	虚	危	室	壁	奎	婁	胃	昴	畢	觜	参	井	鬼	柳	星	張	翼	軫	角	亢	氐	☆
10月	房	心	尾	箕	斗	女	虚	危	室	壁	奎	婁	胃	昴	畢	觜	参	井	鬼	柳	星	張	翼	軫	角	亢	氐	房	心	心	尾
11月	箕	斗	女	虚	危	室	壁	奎	婁	胃	昴	畢	觜	参	井	鬼	柳	星	張	翼	軫	角	亢	氐	房	心	尾	箕	斗	女	☆
12月	虚	危	室	壁	奎	婁	胃	昴	畢	觜	参	井	鬼	柳	星	張	翼	軫	角	亢	氐	房	心	尾	箕	斗	女	虚	危	室	壁

1971年（昭和46年）

	1	2	3	4	5	6	7	8	9	10	11	12	13	14	15	16	17	18	19	20	21	22	23	24	25	26	27	28	29	30	31
1月	奎	婁	胃	昴	畢	觜	参	井	鬼	柳	星	張	翼	軫	角	亢	氐	房	心	尾	箕	斗	女	虚	危	室	室	壁	奎	婁	胃
2月	昴	畢	觜	参	井	鬼	柳	星	張	翼	軫	角	亢	氐	房	心	尾	箕	斗	女	虚	危	室	壁	奎	婁	胃	昴	☆	☆	☆
3月	畢	觜	参	井	鬼	柳	星	張	翼	軫	角	亢	氐	房	心	尾	箕	斗	女	虚	危	室	壁	奎	婁	胃	胃	昴	畢	觜	参
4月	井	鬼	柳	星	張	翼	軫	角	亢	氐	房	心	尾	箕	斗	女	虚	危	室	壁	奎	婁	胃	昴	畢	觜	参	井	鬼	柳	☆
5月	星	張	翼	軫	角	亢	氐	房	心	尾	箕	斗	女	虚	危	室	壁	奎	婁	胃	昴	畢	觜	参	井	鬼	柳	星	張	翼	軫
6月	角	亢	氐	房	心	尾	箕	斗	女	虚	危	室	壁	奎	婁	胃	昴	畢	觜	参	井	鬼	参	井	鬼	柳	星	張	翼	軫	☆
7月	角	亢	氐	房	心	尾	箕	斗	女	虚	危	室	壁	奎	婁	胃	昴	畢	觜	参	井	鬼	柳	星	張	翼	軫	角	亢	氐	房
8月	心	尾	箕	斗	女	虚	危	室	壁	奎	婁	胃	昴	畢	觜	参	井	鬼	柳	星	張	翼	軫	角	亢	氐	房	心	尾	箕	斗
9月	女	虚	危	室	壁	奎	婁	胃	昴	畢	觜	参	井	鬼	柳	星	張	翼	軫	角	亢	氐	房	心	尾	箕	斗	女	虚	危	室
10月	壁	奎	婁	胃	昴	畢	觜	参	井	鬼	柳	星	張	翼	軫	角	亢	氐	氐	房	心	尾	箕	斗	女	虚	危	室	壁	奎	婁
11月	胃	昴	畢	觜	参	井	鬼	柳	星	張	翼	軫	角	亢	氐	房	心	心	尾	箕	斗	女	虚	危	室	壁	奎	婁	胃	昴	☆
12月	畢	觜	参	井	鬼	柳	星	張	翼	軫	角	亢	氐	房	心	尾	箕	斗	女	虚	危	室	壁	奎	婁	胃	昴	畢	觜	参	井

※グレーのマス目は、日曜日を表します。

1972年（昭和47年）

	1	2	3	4	5	6	7	8	9	10	11	12	13	14	15	16	17	18	19	20	21	22	23	24	25	26	27	28	29	30	31
1月	鬼	柳	星	張	翼	軫	角	亢	氐	房	心	尾	箕	斗	女	虚	危	室	壁	奎	婁	胃	昴	畢	觜	参	井	鬼	柳	星	張
2月	翼	軫	角	亢	氐	房	心	尾	箕	斗	女	虚	危	室	室	壁	奎	婁	胃	昴	畢	觜	参	井	鬼	柳	星	張	翼	☆	☆
3月	軫	角	亢	氐	房	心	尾	箕	斗	女	虚	危	室	壁	奎	婁	胃	昴	畢	觜	参	井	鬼	柳	星	張	翼	軫	角	亢	氐
4月	房	心	尾	箕	斗	女	虚	危	室	壁	奎	婁	胃	胃	昴	畢	觜	参	井	鬼	柳	星	張	翼	軫	角	亢	氐	房	心	☆
5月	尾	箕	斗	女	虚	危	室	壁	奎	婁	胃	昴	畢	觜	参	井	鬼	柳	星	張	翼	軫	角	亢	氐	房	心	尾	箕	斗	女
6月	虚	危	室	壁	奎	婁	胃	昴	畢	觜	参	井	鬼	柳	星	張	翼	軫	角	亢	氐	房	心	尾	箕	斗	女	虚	危	室	☆
7月	壁	奎	婁	胃	昴	畢	觜	参	井	鬼	鬼	柳	星	張	翼	軫	角	亢	氐	房	心	尾	箕	斗	女	虚	危	室	壁	奎	婁
8月	胃	昴	畢	觜	参	井	鬼	柳	張	翼	軫	角	亢	氐	房	心	尾	箕	斗	女	虚	危	室	壁	奎	婁	胃	昴	畢	觜	参
9月	井	鬼	柳	星	張	翼	軫	角	亢	氐	房	心	尾	箕	斗	女	虚	危	室	壁	奎	婁	胃	昴	畢	觜	参	井	鬼	柳	☆
10月	星	張	翼	軫	角	亢	氐	房	心	尾	箕	斗	女	虚	危	室	壁	奎	婁	胃	昴	畢	觜	参	井	鬼	柳	星	張	翼	軫
11月	角	亢	氐	房	心	心	尾	箕	斗	女	虚	危	室	壁	奎	婁	胃	昴	畢	觜	参	井	鬼	柳	星	張	翼	軫	角	亢	☆
12月	氐	房	心	尾	箕	斗	女	虚	危	室	壁	奎	婁	胃	昴	畢	觜	参	井	鬼	柳	星	張	翼	軫	角	亢	氐	房	心	尾

1973年（昭和48年）

	1	2	3	4	5	6	7	8	9	10	11	12	13	14	15	16	17	18	19	20	21	22	23	24	25	26	27	28	29	30	31
1月	箕	斗	女	虚	虚	危	室	壁	奎	婁	胃	昴	畢	觜	参	井	鬼	柳	星	張	翼	軫	角	亢	氐	房	心	尾	箕	斗	女
2月	虚	危	室	壁	奎	婁	胃	昴	畢	觜	参	井	鬼	柳	星	張	翼	軫	角	亢	氐	房	心	尾	箕	斗	女	虚	☆	☆	☆
3月	危	室	壁	奎	奎	婁	胃	昴	畢	觜	参	井	鬼	柳	星	張	翼	軫	角	亢	氐	房	心	尾	箕	斗	女	虚	危	室	壁
4月	奎	婁	胃	昴	畢	觜	参	井	鬼	柳	星	張	翼	軫	角	亢	氐	房	心	尾	箕	斗	女	虚	危	室	壁	奎	婁	胃	☆
5月	昴	畢	畢	觜	参	井	鬼	柳	星	張	翼	軫	角	亢	氐	房	心	尾	箕	斗	女	虚	危	室	壁	奎	婁	胃	昴	畢	觜
6月	参	井	鬼	柳	星	張	翼	軫	角	亢	氐	房	心	尾	箕	斗	女	虚	危	室	壁	奎	婁	胃	昴	畢	觜	参	井	鬼	☆
7月	柳	星	張	翼	軫	角	亢	氐	房	心	尾	箕	斗	女	虚	危	室	壁	奎	婁	胃	昴	畢	觜	参	井	鬼	柳	星	張	翼
8月	軫	角	亢	氐	房	心	尾	箕	斗	女	虚	危	室	壁	奎	婁	胃	昴	畢	觜	参	井	鬼	柳	星	張	翼	角	亢	氐	房
9月	心	尾	箕	斗	女	虚	危	室	壁	奎	婁	胃	昴	畢	觜	参	井	鬼	柳	星	張	翼	軫	角	亢	氐	房	心	尾	箕	☆
10月	斗	女	虚	危	室	壁	奎	婁	胃	昴	畢	觜	参	井	鬼	柳	星	張	翼	軫	角	亢	氐	房	心	心	尾	箕	斗	女	虚
11月	危	室	壁	奎	婁	胃	昴	畢	觜	参	井	鬼	柳	星	張	翼	軫	角	亢	氐	房	心	尾	箕	斗	女	虚	危	室	壁	☆
12月	奎	婁	胃	昴	畢	觜	参	井	鬼	柳	星	張	翼	軫	角	亢	氐	房	心	尾	箕	斗	女	虚	虚	危	室	壁	奎	婁	胃

1974年（昭和49年）

	1	2	3	4	5	6	7	8	9	10	11	12	13	14	15	16	17	18	19	20	21	22	23	24	25	26	27	28	29	30	31
1月	昴	畢	觜	参	井	鬼	柳	星	張	翼	軫	角	亢	氐	房	心	尾	箕	斗	女	虚	危	室	壁	奎	婁	胃	昴	畢	觜	参
2月	井	鬼	柳	星	張	翼	軫	角	亢	氐	房	心	尾	箕	斗	女	虚	危	室	壁	奎	奎	婁	胃	昴	畢	觜	参	☆	☆	☆
3月	井	鬼	柳	星	張	翼	軫	角	亢	氐	房	心	尾	箕	斗	女	虚	危	室	壁	奎	婁	胃	胃	昴	畢	觜	参	井	鬼	柳
4月	星	張	翼	軫	角	亢	氐	房	心	尾	箕	斗	女	虚	危	室	壁	奎	婁	胃	昴	畢	觜	参	井	鬼	柳	星	張	翼	☆
5月	軫	角	亢	氐	房	心	尾	箕	斗	女	虚	危	室	壁	奎	婁	胃	昴	畢	觜	参	畢	觜	参	井	鬼	柳	星	張	翼	軫
6月	角	亢	氐	房	心	尾	箕	斗	女	虚	危	室	壁	奎	婁	胃	昴	畢	觜	参	井	鬼	柳	星	張	翼	軫	角	亢	氐	☆
7月	房	心	尾	箕	斗	女	虚	危	室	壁	奎	婁	胃	昴	畢	觜	参	井	鬼	柳	星	張	翼	軫	角	亢	氐	房	心	尾	箕
8月	斗	女	虚	危	室	壁	奎	婁	胃	昴	畢	觜	参	井	鬼	柳	星	張	翼	軫	角	亢	氐	房	心	尾	箕	斗	女	虚	危
9月	室	壁	奎	婁	胃	昴	畢	觜	参	井	鬼	柳	星	張	翼	角	亢	氐	房	心	尾	箕	斗	女	虚	危	室	壁	奎	婁	☆
10月	胃	昴	畢	觜	参	井	鬼	柳	星	張	翼	軫	角	亢	氐	房	心	尾	箕	斗	女	虚	危	室	壁	奎	婁	胃	昴	畢	觜
11月	参	井	鬼	柳	星	張	翼	軫	角	亢	氐	房	心	心	尾	箕	斗	女	虚	危	室	壁	奎	婁	胃	昴	畢	觜	参	井	☆
12月	鬼	柳	星	張	翼	軫	角	亢	氐	房	心	尾	箕	斗	女	虚	危	室	壁	奎	婁	胃	昴	畢	觜	参	井	鬼	柳	星	張

1975年（昭和50年）

	1	2	3	4	5	6	7	8	9	10	11	12	13	14	15	16	17	18	19	20	21	22	23	24	25	26	27	28	29	30	31
1月	昴	畢	觜	参	井	鬼	柳	星	張	翼	軫	角	亢	氐	房	心	尾	箕	斗	女	虚	危	室	壁	奎	婁	胃	昴	畢	觜	参
2月	井	鬼	柳	星	張	翼	軫	角	亢	氐	房	心	尾	箕	斗	女	虚	危	室	壁	奎	奎	婁	胃	昴	畢	觜	参	☆	☆	☆
3月	井	鬼	柳	星	張	翼	軫	角	亢	氐	房	心	尾	箕	斗	女	虚	危	室	壁	奎	婁	胃	胃	昴	畢	觜	参	井	鬼	柳
4月	星	張	翼	軫	角	亢	氐	房	心	尾	箕	斗	女	虚	危	室	壁	奎	婁	胃	昴	畢	觜	参	井	鬼	柳	星	張	翼	☆
5月	軫	角	亢	氐	房	心	尾	箕	斗	女	虚	危	室	壁	奎	婁	胃	昴	畢	觜	参	畢	觜	参	井	鬼	柳	星	張	翼	軫
6月	角	亢	氐	房	心	尾	箕	斗	女	虚	危	室	壁	奎	婁	胃	昴	畢	觜	参	井	鬼	柳	星	張	翼	軫	角	亢	氐	☆
7月	房	心	尾	箕	斗	女	虚	危	室	壁	奎	婁	胃	昴	畢	觜	参	井	鬼	柳	星	張	翼	軫	角	亢	氐	房	心	尾	箕
8月	斗	女	虚	危	室	壁	奎	婁	胃	昴	畢	觜	参	井	鬼	柳	星	張	翼	軫	角	亢	氐	房	心	尾	箕	斗	女	虚	危
9月	室	壁	奎	婁	胃	昴	畢	觜	参	井	鬼	柳	星	張	翼	角	亢	氐	房	心	尾	箕	斗	女	虚	危	室	壁	奎	婁	☆
10月	胃	昴	畢	觜	参	井	鬼	柳	星	張	翼	軫	角	亢	氐	房	心	尾	箕	斗	女	虚	危	室	壁	奎	婁	胃	昴	畢	觜
11月	参	井	鬼	柳	星	張	翼	軫	角	亢	氐	房	心	心	尾	箕	斗	女	虚	危	室	壁	奎	婁	胃	昴	畢	觜	参	井	☆
12月	鬼	柳	星	張	翼	軫	角	亢	氐	房	心	尾	箕	斗	女	虚	危	室	壁	奎	婁	胃	昴	畢	觜	参	井	鬼	柳	星	張

※グレーのマス目は、日曜日を表します。

1976年（昭和51年）

	1	2	3	4	5	6	7	8	9	10	11	12	13	14	15	16	17	18	19	20	21	22	23	24	25	26	27	28	29	30	31
1月	虚	危	室	壁	奎	婁	胃	昴	畢	觜	参	井	鬼	柳	星	張	翼	軫	角	亢	氐	房	心	尾	箕	斗	女	虚	危	室	室
2月	壁	奎	婁	胃	昴	畢	觜	参	井	鬼	柳	星	張	翼	軫	角	亢	氐	房	心	尾	箕	斗	女	虚	危	室	壁	奎	☆	☆
3月	奎	婁	胃	昴	畢	觜	参	井	鬼	柳	星	張	翼	軫	角	亢	氐	房	心	尾	箕	斗	女	虚	危	室	壁	奎	婁	胃	胃
4月	昴	畢	觜	参	井	鬼	柳	星	張	翼	軫	角	亢	氐	房	心	尾	箕	斗	女	虚	危	室	壁	奎	婁	胃	昴	畢	觜	☆
5月	参	井	鬼	柳	星	張	翼	軫	角	亢	氐	房	心	尾	箕	斗	女	虚	危	室	壁	奎	婁	胃	昴	畢	觜	参	参	井	鬼
6月	柳	星	張	翼	軫	角	亢	氐	房	心	尾	箕	斗	女	虚	危	室	壁	奎	婁	胃	昴	畢	觜	参	井	鬼	柳	星	張	☆
7月	翼	軫	角	亢	氐	房	心	尾	箕	斗	女	虚	危	室	壁	奎	婁	胃	昴	畢	觜	参	井	鬼	柳	星	張	翼	軫	角	亢
8月	氐	房	心	尾	箕	斗	女	虚	危	室	壁	奎	婁	胃	昴	畢	觜	参	井	鬼	柳	星	張	翼	角	亢	氐	房	心	尾	箕
9月	斗	女	虚	危	室	壁	奎	婁	胃	昴	畢	觜	参	井	鬼	柳	星	張	翼	軫	角	亢	氐	角	亢	氐	房	心	尾	箕	☆
10月	斗	女	虚	危	室	壁	奎	婁	胃	昴	畢	觜	参	井	鬼	柳	星	張	翼	軫	角	亢	氐	房	心	尾	箕	斗	女	虚	危
11月	室	壁	奎	婁	胃	昴	畢	觜	参	井	鬼	柳	星	張	翼	軫	角	亢	氐	房	心	心	尾	箕	斗	女	虚	危	室	壁	☆
12月	奎	婁	胃	昴	畢	觜	参	井	鬼	柳	星	張	翼	軫	角	亢	氐	房	心	尾	斗	女	虚	危	室	壁	奎	婁	胃	昴	畢

1977年（昭和52年）

	1	2	3	4	5	6	7	8	9	10	11	12	13	14	15	16	17	18	19	20	21	22	23	24	25	26	27	28	29	30	31
1月	觜	参	井	鬼	柳	星	張	翼	軫	角	亢	氐	房	心	尾	箕	斗	女	虚	危	室	壁	奎	婁	胃	昴	畢	觜	参	井	鬼
2月	柳	星	張	翼	軫	角	亢	氐	房	心	尾	箕	斗	女	虚	危	室	室	壁	奎	婁	胃	昴	畢	觜	参	井	鬼	☆	☆	☆
3月	柳	星	張	翼	軫	角	亢	氐	房	心	尾	箕	斗	女	虚	危	室	壁	奎	奎	婁	胃	昴	畢	觜	参	井	鬼	柳	星	張
4月	翼	軫	角	亢	氐	房	心	尾	箕	斗	女	虚	危	室	壁	奎	婁	胃	昴	畢	觜	参	井	鬼	柳	星	張	翼	軫	角	☆
5月	亢	氐	房	心	尾	箕	斗	女	虚	危	室	壁	奎	婁	胃	昴	畢	畢	觜	参	井	鬼	柳	星	張	翼	軫	角	亢	氐	房
6月	心	尾	箕	斗	女	虚	危	室	壁	奎	婁	胃	昴	畢	觜	参	参	井	鬼	柳	星	張	翼	軫	角	亢	氐	房	心	尾	☆
7月	箕	斗	女	虚	危	室	壁	奎	婁	胃	昴	畢	觜	参	井	鬼	柳	星	張	翼	軫	角	亢	氐	房	心	尾	箕	斗	女	虚
8月	危	室	壁	奎	婁	胃	昴	畢	觜	参	井	鬼	柳	星	張	翼	軫	角	亢	氐	房	心	尾	箕	斗	女	虚	危	室	壁	奎
9月	婁	胃	昴	畢	觜	参	井	鬼	柳	星	張	翼	角	亢	氐	房	心	尾	箕	斗	女	虚	危	室	壁	奎	婁	胃	昴	畢	☆
10月	觜	参	井	鬼	柳	星	張	翼	軫	角	亢	氐	氐	房	心	尾	箕	斗	女	虚	危	室	壁	奎	婁	胃	昴	畢	觜	参	井
11月	鬼	柳	星	張	翼	軫	角	亢	氐	房	心	尾	箕	斗	女	虚	危	室	壁	奎	婁	胃	昴	畢	觜	参	井	鬼	柳	星	☆
12月	張	翼	軫	角	亢	氐	房	心	尾	箕	斗	女	虚	危	室	壁	奎	婁	胃	昴	畢	觜	参	井	鬼	柳	星	張	翼	軫	角

1978年（昭和53年）

	1	2	3	4	5	6	7	8	9	10	11	12	13	14	15	16	17	18	19	20	21	22	23	24	25	26	27	28	29	30	31
1月	亢	氐	房	心	尾	箕	斗	女	虚	危	室	壁	奎	婁	胃	昴	畢	觜	参	井	鬼	柳	星	張	翼	軫	角	亢	氐	房	心
2月	尾	箕	斗	女	虚	危	室	壁	奎	婁	胃	昴	畢	觜	参	井	鬼	柳	星	張	翼	軫	角	亢	氐	房	心	尾	☆	☆	☆
3月	箕	斗	女	虚	危	室	壁	奎	奎	婁	胃	昴	畢	觜	参	井	鬼	柳	星	張	翼	軫	角	亢	氐	房	心	尾	箕	斗	女
4月	虚	危	室	壁	奎	婁	胃	胃	昴	畢	觜	参	井	鬼	柳	星	張	翼	軫	角	亢	氐	房	心	尾	箕	斗	女	虚	危	☆
5月	室	壁	奎	婁	胃	昴	畢	觜	参	井	鬼	柳	星	張	翼	軫	角	亢	氐	房	心	尾	箕	斗	女	虚	危	室	壁	奎	婁
6月	胃	昴	畢	觜	参	参	井	鬼	柳	星	張	翼	軫	角	亢	氐	房	心	尾	箕	斗	女	虚	危	室	壁	奎	婁	胃	昴	☆
7月	畢	觜	参	井	鬼	柳	星	張	翼	軫	角	亢	氐	房	心	尾	箕	斗	女	虚	危	室	壁	奎	婁	胃	昴	畢	觜	参	井
8月	鬼	柳	星	張	翼	軫	角	亢	氐	房	心	尾	箕	斗	女	虚	危	室	壁	奎	婁	胃	昴	畢	觜	参	井	鬼	柳	星	張
9月	翼	軫	角	亢	氐	房	心	尾	箕	斗	女	虚	危	室	壁	奎	婁	胃	昴	畢	觜	参	井	鬼	柳	星	張	翼	軫	角	☆
10月	亢	氐	房	心	尾	箕	斗	女	虚	危	室	壁	奎	婁	胃	昴	畢	觜	参	井	鬼	柳	星	張	翼	軫	角	亢	氐	房	心
11月	心	尾	箕	斗	女	虚	危	室	壁	奎	婁	胃	昴	畢	觜	参	井	鬼	柳	星	張	翼	軫	角	亢	氐	房	心	尾	斗	☆
12月	女	虚	危	室	壁	奎	婁	胃	昴	畢	觜	参	井	鬼	柳	星	張	翼	軫	角	亢	氐	房	心	尾	箕	斗	女	虚	虚	危

1979年（昭和54年）

	1	2	3	4	5	6	7	8	9	10	11	12	13	14	15	16	17	18	19	20	21	22	23	24	25	26	27	28	29	30	31
1月	室	壁	奎	婁	胃	昴	畢	觜	参	井	鬼	柳	星	張	翼	軫	角	亢	氐	房	心	尾	箕	斗	女	虚	危	室	壁	奎	婁
2月	胃	昴	畢	觜	参	井	鬼	柳	星	張	翼	軫	角	亢	氐	房	心	尾	箕	斗	女	虚	危	室	壁	奎	奎	婁	☆	☆	☆
3月	胃	昴	畢	觜	参	井	鬼	柳	星	張	翼	軫	角	亢	氐	房	心	尾	箕	斗	女	虚	危	室	壁	奎	婁	胃	昴	畢	觜
4月	参	井	鬼	柳	星	張	翼	軫	角	亢	氐	房	心	尾	箕	斗	女	虚	危	室	壁	奎	婁	胃	昴	畢	觜	参	井	鬼	☆
5月	柳	星	張	翼	軫	角	亢	氐	房	心	尾	箕	斗	女	虚	危	室	壁	奎	婁	胃	昴	畢	觜	参	参	井	鬼	柳	星	張
6月	翼	軫	角	亢	氐	房	心	尾	箕	斗	女	虚	危	室	壁	奎	婁	胃	昴	畢	觜	参	井	鬼	柳	星	張	翼	軫	角	☆
7月	亢	氐	房	心	尾	箕	斗	女	虚	危	室	壁	奎	婁	胃	昴	畢	觜	参	井	鬼	柳	星	鬼	柳	星	張	翼	軫	角	亢
8月	氐	房	心	尾	箕	斗	女	虚	危	室	壁	奎	婁	胃	昴	畢	觜	参	井	鬼	柳	星	張	翼	軫	角	亢	氐	房	心	尾
9月	箕	斗	女	虚	危	室	壁	奎	婁	胃	昴	畢	觜	参	井	鬼	柳	星	張	翼	角	亢	氐	房	心	尾	箕	斗	女	虚	☆
10月	危	室	壁	奎	婁	胃	昴	畢	觜	参	井	鬼	柳	星	張	翼	軫	角	亢	氐	氐	房	心	尾	箕	斗	女	虚	危	室	壁
11月	奎	婁	胃	昴	畢	觜	参	井	鬼	柳	星	張	翼	軫	角	亢	氐	房	心	心	尾	箕	斗	女	虚	危	室	壁	奎	婁	☆
12月	胃	昴	畢	觜	参	井	鬼	柳	星	張	翼	軫	角	亢	氐	房	心	尾	斗	女	虚	危	室	壁	奎	婁	胃	昴	畢	觜	参

※グレーのマス目は、日曜日を表します。

1980年（昭和55年）

	1	2	3	4	5	6	7	8	9	10	11	12	13	14	15	16	17	18	19	20	21	22	23	24	25	26	27	28	29	30	31
1月	井	鬼	柳	星	張	翼	軫	角	亢	氐	房	心	尾	箕	斗	女	虚	虚	危	室	壁	奎	婁	胃	昴	畢	觜	参	井	鬼	柳
2月	星	張	翼	軫	角	亢	氐	房	心	尾	箕	斗	女	虚	危	室	壁	奎	婁	胃	昴	畢	觜	参	井	鬼	柳	星	張	☆	☆
3月	翼	軫	角	亢	氐	房	心	尾	箕	斗	女	虚	危	室	壁	奎	奎	婁	胃	昴	畢	觜	参	井	鬼	柳	星	張	翼	軫	角
4月	亢	氐	房	心	尾	箕	斗	女	虚	危	室	壁	奎	婁	胃	昴	畢	觜	参	井	鬼	柳	星	張	翼	軫	角	亢	氐	房	☆
5月	心	尾	箕	斗	女	虚	危	室	壁	奎	婁	胃	昴	畢	觜	参	井	鬼	柳	星	張	翼	軫	角	亢	氐	房	心	尾	箕	斗
6月	女	虚	危	室	壁	奎	婁	胃	昴	畢	觜	参	参	井	鬼	柳	星	張	翼	軫	角	亢	氐	房	心	尾	箕	斗	女	虚	☆
7月	危	室	壁	奎	婁	胃	昴	畢	觜	参	井	鬼	柳	星	張	翼	軫	角	亢	氐	房	心	尾	箕	斗	女	虚	危	室	壁	奎
8月	婁	胃	昴	畢	觜	参	井	鬼	柳	星	張	翼	軫	角	亢	氐	房	心	尾	箕	斗	女	虚	危	室	壁	奎	婁	胃	昴	畢
9月	觜	参	井	鬼	柳	星	張	翼	角	亢	氐	房	心	尾	箕	斗	女	虚	危	室	壁	奎	婁	胃	昴	畢	觜	参	井	鬼	☆
10月	柳	星	張	翼	軫	角	亢	氐	氐	房	心	尾	箕	斗	女	虚	危	室	壁	奎	婁	胃	昴	畢	觜	参	井	鬼	柳	星	張
11月	翼	軫	角	亢	氐	房	心	心	尾	箕	斗	女	虚	危	室	壁	奎	婁	胃	昴	畢	觜	参	井	鬼	柳	星	張	翼	軫	☆
12月	角	亢	氐	房	心	尾	斗	女	虚	危	室	壁	奎	婁	胃	昴	畢	觜	参	井	鬼	柳	星	張	翼	軫	角	亢	氐	房	心

1981年（昭和56年）

	1	2	3	4	5	6	7	8	9	10	11	12	13	14	15	16	17	18	19	20	21	22	23	24	25	26	27	28	29	30	31
1月	尾	箕	斗	女	虚	虚	危	室	壁	奎	婁	胃	昴	畢	觜	参	井	鬼	柳	星	張	翼	軫	角	亢	氐	房	心	尾	箕	斗
2月	女	虚	危	室	室	壁	奎	婁	胃	昴	畢	觜	参	井	鬼	柳	星	張	翼	軫	角	亢	氐	房	心	尾	箕	斗	☆	☆	☆
3月	女	虚	危	室	壁	奎	婁	胃	昴	畢	觜	参	井	鬼	柳	星	張	翼	軫	角	亢	氐	房	心	尾	箕	斗	女	虚	危	室
4月	壁	奎	婁	胃	胃	昴	畢	觜	参	井	鬼	柳	星	張	翼	軫	角	亢	氐	房	心	尾	箕	斗	女	虚	危	室	壁	奎	☆
5月	婁	胃	昴	畢	觜	参	井	鬼	柳	星	張	翼	軫	角	亢	氐	房	心	尾	箕	斗	女	虚	危	室	壁	奎	婁	胃	昴	畢
6月	觜	参	井	鬼	柳	星	張	翼	軫	角	亢	氐	房	心	尾	箕	斗	女	虚	危	室	壁	奎	婁	胃	昴	畢	觜	参	井	☆
7月	鬼	鬼	柳	星	張	翼	軫	角	亢	氐	房	心	尾	箕	斗	女	虚	危	室	壁	奎	婁	胃	昴	畢	觜	参	井	鬼	柳	張
8月	翼	軫	角	亢	氐	房	心	尾	箕	斗	女	虚	危	室	壁	奎	婁	胃	昴	畢	觜	参	井	鬼	柳	星	張	翼	角	亢	氐
9月	房	心	尾	箕	斗	女	虚	危	室	壁	奎	婁	胃	昴	畢	觜	参	井	鬼	柳	星	張	翼	軫	角	亢	氐	氐	房	心	☆
10月	尾	箕	斗	女	虚	危	室	壁	奎	婁	胃	昴	畢	觜	参	井	鬼	柳	星	張	翼	軫	角	亢	氐	房	心	心	尾	箕	斗
11月	女	虚	危	室	壁	奎	婁	胃	昴	畢	觜	参	井	鬼	柳	星	張	翼	軫	角	亢	氐	房	心	尾	斗	女	虚	危	室	☆
12月	壁	奎	婁	胃	昴	畢	觜	参	井	鬼	柳	星	張	翼	軫	角	亢	氐	房	心	尾	箕	斗	女	虚	虚	危	室	壁	奎	婁

1982年（昭和57年）

	1	2	3	4	5	6	7	8	9	10	11	12	13	14	15	16	17	18	19	20	21	22	23	24	25	26	27	28	29	30	31
1月	胃	昴	畢	觜	参	井	鬼	柳	星	張	翼	軫	角	亢	氐	房	心	尾	箕	斗	女	虚	危	室	室	壁	奎	婁	胃	昴	畢
2月	觜	参	井	鬼	柳	星	張	翼	軫	角	亢	氐	房	心	尾	箕	斗	女	虚	危	室	壁	奎	奎	婁	胃	昴	畢	☆	☆	☆
3月	觜	参	井	鬼	柳	星	張	翼	軫	角	亢	氐	房	心	尾	箕	斗	女	虚	危	室	壁	奎	婁	胃	昴	畢	觜	参	井	鬼
4月	柳	星	張	翼	軫	角	亢	氐	房	心	尾	箕	斗	女	虚	危	室	壁	奎	婁	胃	昴	畢	畢	觜	参	井	鬼	柳	星	☆
5月	張	翼	軫	角	亢	氐	房	心	尾	箕	斗	女	虚	危	室	壁	奎	婁	胃	昴	畢	觜	畢	觜	参	井	鬼	柳	星	張	翼
6月	軫	角	亢	氐	房	心	尾	箕	斗	女	虚	危	室	壁	奎	婁	胃	昴	畢	觜	参	井	鬼	柳	星	張	翼	軫	角	亢	☆
7月	氐	房	心	尾	箕	斗	女	虚	危	室	壁	奎	婁	胃	昴	畢	觜	参	井	鬼	鬼	柳	星	張	翼	軫	角	亢	氐	房	心
8月	尾	箕	斗	女	虚	危	室	壁	奎	婁	胃	昴	畢	觜	参	井	鬼	柳	張	翼	軫	角	亢	氐	房	心	尾	箕	斗	女	虚
9月	危	室	壁	奎	婁	胃	昴	畢	觜	参	井	鬼	柳	星	張	翼	角	亢	氐	房	心	尾	箕	斗	女	虚	危	室	壁	奎	☆
10月	婁	胃	昴	畢	觜	参	井	鬼	柳	星	張	翼	軫	角	亢	氐	氐	房	心	尾	箕	斗	女	虚	危	室	壁	奎	婁	胃	昴
11月	畢	觜	参	井	鬼	柳	星	張	翼	軫	角	亢	氐	房	心	心	尾	箕	斗	女	虚	危	室	壁	奎	婁	胃	昴	畢	觜	☆
12月	参	井	鬼	柳	星	張	翼	軫	角	亢	氐	房	心	尾	斗	女	虚	危	室	壁	奎	婁	胃	昴	畢	觜	参	井	鬼	柳	星

1983年（昭和58年）

	1	2	3	4	5	6	7	8	9	10	11	12	13	14	15	16	17	18	19	20	21	22	23	24	25	26	27	28	29	30	31
1月	張	翼	軫	角	亢	氐	房	心	尾	箕	斗	女	虚	虚	危	室	壁	奎	婁	胃	昴	畢	觜	参	井	鬼	柳	星	張	翼	軫
2月	角	亢	氐	房	心	尾	箕	斗	女	虚	危	室	室	壁	奎	婁	胃	昴	畢	觜	参	井	鬼	柳	星	張	翼	軫	☆	☆	☆
3月	角	亢	氐	房	心	尾	箕	斗	女	虚	危	室	壁	奎	奎	婁	胃	昴	畢	觜	参	井	鬼	柳	星	張	翼	軫	角	亢	氐
4月	房	心	尾	箕	斗	女	虚	危	室	壁	奎	婁	胃	昴	畢	觜	参	井	鬼	柳	星	張	翼	軫	角	亢	氐	房	心	尾	☆
5月	箕	斗	女	虚	危	室	壁	奎	婁	胃	昴	畢	畢	觜	参	井	鬼	柳	星	張	翼	軫	角	亢	氐	房	心	尾	箕	斗	女
6月	虚	危	室	壁	奎	婁	胃	昴	畢	觜	参	井	鬼	柳	星	張	翼	軫	角	亢	氐	房	心	尾	箕	斗	女	虚	危	室	☆
7月	壁	奎	婁	胃	昴	畢	觜	参	井	鬼	柳	星	張	翼	軫	角	亢	氐	房	心	尾	箕	斗	女	虚	危	室	壁	奎	婁	胃
8月	昴	畢	觜	参	井	鬼	柳	星	張	翼	軫	角	亢	氐	房	心	尾	箕	斗	女	虚	危	室	壁	奎	婁	胃	昴	畢	觜	参
9月	井	鬼	柳	星	張	翼	角	亢	氐	房	心	尾	箕	斗	女	虚	危	室	壁	奎	婁	胃	昴	畢	觜	参	井	鬼	柳	星	☆
10月	張	翼	軫	角	亢	氐	房	心	尾	箕	斗	女	虚	危	室	壁	奎	婁	胃	昴	畢	觜	参	井	鬼	柳	星	張	翼	軫	角
11月	亢	氐	房	心	心	尾	箕	斗	女	虚	危	室	壁	奎	婁	胃	昴	畢	觜	参	井	鬼	柳	星	張	翼	軫	角	亢	氐	☆
12月	房	心	尾	斗	女	虚	危	室	壁	奎	婁	胃	昴	畢	觜	参	井	鬼	柳	星	張	翼	軫	角	亢	氐	房	心	尾	箕	斗

※グレーのマス目は、日曜日を表します。

1984年（昭和59年）

	1	2	3	4	5	6	7	8	9	10	11	12	13	14	15	16	17	18	19	20	21	22	23	24	25	26	27	28	29	30	31
1月	女	虚	虚	危	室	壁	奎	婁	胃	昴	畢	觜	参	井	鬼	柳	星	張	翼	軫	角	亢	氐	房	心	尾	箕	斗	女	虚	危
2月	室	室	壁	奎	婁	胃	昴	畢	觜	参	井	鬼	柳	星	張	翼	軫	角	亢	氐	房	心	尾	箕	斗	女	虚	危	室	☆	☆
3月	壁	奎	奎	婁	胃	昴	畢	觜	参	井	鬼	柳	星	張	翼	軫	角	亢	氐	房	心	尾	箕	斗	女	虚	危	室	壁	奎	婁
4月	胃	昴	畢	觜	参	井	鬼	柳	星	張	翼	軫	角	亢	氐	房	心	尾	箕	斗	女	虚	危	室	壁	奎	婁	胃	昴	畢	☆
5月	畢	觜	参	井	鬼	柳	星	張	翼	軫	角	亢	氐	房	心	尾	箕	斗	女	虚	危	室	壁	奎	婁	胃	昴	畢	觜	参	参
6月	井	鬼	柳	星	張	翼	軫	角	亢	氐	房	心	尾	箕	斗	女	虚	危	室	壁	奎	婁	胃	昴	畢	觜	参	井	鬼	柳	☆
7月	星	張	翼	軫	角	亢	氐	房	心	尾	箕	斗	女	虚	危	室	壁	奎	婁	胃	昴	畢	觜	参	井	鬼	柳	張	翼	軫	角
8月	亢	氐	房	心	尾	箕	斗	女	虚	危	室	壁	奎	婁	胃	昴	畢	觜	参	井	鬼	柳	星	張	翼	軫	角	亢	氐	房	心
9月	尾	箕	斗	女	虚	危	室	壁	奎	婁	胃	昴	畢	觜	参	井	鬼	柳	星	張	翼	軫	角	亢	氐	房	心	尾	箕	斗	☆
10月	女	虚	危	室	壁	奎	婁	胃	昴	畢	觜	参	井	鬼	柳	星	張	翼	軫	角	亢	氐	房	心	尾	箕	斗	女	虚	危	室
11月	壁	奎	婁	胃	昴	畢	觜	参	井	鬼	柳	星	張	翼	軫	角	亢	氐	房	心	尾	箕	心	尾	箕	斗	女	虚	危	室	☆
12月	壁	奎	婁	胃	昴	畢	觜	参	井	鬼	柳	星	張	翼	軫	角	亢	氐	房	心	尾	斗	女	虚	危	室	壁	奎	婁	胃	昴

1985年（昭和60年）

	1	2	3	4	5	6	7	8	9	10	11	12	13	14	15	16	17	18	19	20	21	22	23	24	25	26	27	28	29	30	31
1月	畢	觜	参	井	鬼	柳	星	張	翼	軫	角	亢	氐	房	心	尾	箕	斗	女	虚	虚	危	室	壁	奎	婁	胃	昴	畢	觜	参
2月	井	鬼	柳	星	張	翼	軫	角	亢	氐	房	心	尾	箕	斗	女	虚	危	室	室	壁	奎	婁	胃	昴	畢	觜	参	☆	☆	☆
3月	井	鬼	柳	星	張	翼	軫	角	亢	氐	房	心	尾	箕	斗	女	虚	危	室	壁	奎	婁	胃	昴	畢	觜	参	井	鬼	柳	星
4月	張	翼	軫	角	亢	氐	房	心	尾	箕	斗	女	虚	危	室	壁	奎	婁	胃	胃	昴	畢	觜	参	井	鬼	柳	星	張	翼	☆
5月	軫	角	亢	氐	房	心	尾	箕	斗	女	虚	危	室	壁	奎	婁	胃	昴	畢	畢	觜	参	井	鬼	柳	星	張	翼	軫	角	亢
6月	氐	房	心	尾	箕	斗	女	虚	危	室	壁	奎	婁	胃	昴	畢	觜	参	井	鬼	柳	星	張	翼	軫	角	亢	氐	房	心	☆
7月	尾	箕	斗	女	虚	危	室	壁	奎	婁	胃	昴	畢	觜	参	井	鬼	鬼	柳	星	張	翼	軫	角	亢	氐	房	心	尾	箕	斗
8月	女	虚	危	室	壁	奎	婁	胃	昴	畢	觜	参	井	鬼	柳	張	翼	軫	角	亢	氐	房	心	尾	箕	斗	女	虚	危	室	壁
9月	奎	婁	胃	昴	畢	觜	参	井	鬼	柳	星	張	翼	軫	角	亢	氐	房	心	尾	箕	斗	女	虚	危	室	壁	奎	婁	胃	☆
10月	昴	畢	觜	参	井	鬼	柳	星	張	翼	軫	角	亢	氐	房	心	尾	箕	斗	女	虚	危	室	壁	奎	婁	胃	昴	畢	觜	参
11月	井	鬼	柳	星	張	翼	軫	角	亢	氐	房	心	尾	箕	斗	女	虚	危	室	壁	奎	婁	胃	昴	畢	觜	参	井	鬼	柳	☆
12月	星	張	翼	軫	角	亢	氐	房	心	尾	箕	斗	女	虚	危	室	壁	奎	婁	胃	昴	畢	觜	参	井	鬼	柳	星	張	翼	軫

1986年（昭和61年）

	1	2	3	4	5	6	7	8	9	10	11	12	13	14	15	16	17	18	19	20	21	22	23	24	25	26	27	28	29	30	31
1月	角	亢	氐	房	心	尾	箕	斗	女	虚	危	室	壁	奎	婁	胃	昴	畢	觜	参	井	鬼	柳	星	張	翼	軫	角	亢	氐	房
2月	心	尾	箕	斗	女	虚	危	室	室	壁	奎	婁	胃	昴	畢	觜	参	井	鬼	柳	星	張	翼	軫	角	亢	氐	房	☆	☆	☆
3月	心	尾	箕	斗	女	虚	危	室	壁	奎	婁	胃	昴	畢	觜	参	井	鬼	柳	星	張	翼	軫	角	亢	氐	房	心	尾	箕	斗
4月	女	虚	危	室	壁	奎	婁	胃	胃	昴	畢	觜	参	井	鬼	柳	星	張	翼	軫	角	亢	氐	房	心	尾	箕	斗	女	虚	☆
5月	危	室	壁	奎	婁	胃	昴	畢	畢	觜	参	井	鬼	柳	星	張	翼	軫	角	亢	氐	房	心	尾	箕	斗	女	虚	危	室	壁
6月	奎	婁	胃	昴	畢	觜	参	井	鬼	柳	星	張	翼	軫	角	亢	氐	房	心	尾	箕	斗	女	虚	危	室	壁	奎	婁	胃	☆
7月	昴	畢	觜	参	井	鬼	鬼	柳	星	張	翼	軫	角	亢	氐	房	心	尾	箕	斗	女	虚	危	室	壁	奎	婁	胃	昴	畢	觜
8月	参	井	鬼	柳	星	張	翼	軫	角	亢	氐	房	心	尾	箕	斗	女	虚	危	室	壁	奎	婁	胃	昴	畢	觜	参	井	鬼	柳
9月	星	張	翼	角	亢	氐	房	心	尾	箕	斗	女	虚	危	室	壁	奎	婁	胃	昴	畢	觜	参	井	鬼	柳	星	張	翼	軫	☆
10月	角	亢	氐	氐	房	心	尾	箕	斗	女	虚	危	室	壁	奎	婁	胃	昴	畢	觜	参	井	鬼	柳	星	張	翼	軫	角	亢	氐
11月	房	心	尾	箕	斗	女	虚	危	室	壁	奎	婁	胃	昴	畢	觜	参	井	鬼	柳	星	張	翼	軫	角	亢	氐	房	心	尾	☆
12月	箕	斗	女	虚	危	室	壁	奎	婁	胃	昴	畢	觜	参	井	鬼	柳	星	張	翼	軫	角	亢	氐	房	心	尾	箕	斗	女	虚

1987年（昭和62年）

	1	2	3	4	5	6	7	8	9	10	11	12	13	14	15	16	17	18	19	20	21	22	23	24	25	26	27	28	29	30	31
1月	危	室	壁	奎	婁	胃	昴	畢	觜	参	井	鬼	柳	星	張	翼	軫	角	亢	氐	房	心	尾	箕	斗	女	虚	危	室	壁	奎
2月	婁	胃	昴	畢	觜	参	井	鬼	柳	星	張	翼	軫	角	亢	氐	房	心	尾	箕	斗	女	虚	危	室	壁	奎	奎	☆	☆	☆
3月	婁	胃	昴	畢	觜	参	井	鬼	柳	星	張	翼	軫	角	亢	氐	房	心	尾	箕	斗	女	虚	危	室	壁	奎	婁	胃	昴	畢
4月	觜	参	井	鬼	柳	星	張	翼	軫	角	亢	氐	房	心	尾	箕	斗	女	虚	危	室	壁	奎	婁	胃	昴	畢	畢	觜	参	☆
5月	井	鬼	柳	星	張	翼	軫	角	亢	氐	房	心	尾	箕	斗	女	虚	危	室	壁	奎	婁	胃	昴	畢	觜	参	参	井	鬼	柳
6月	星	張	翼	軫	角	亢	氐	房	心	尾	箕	斗	女	虚	危	室	壁	奎	婁	胃	昴	畢	觜	参	井	鬼	柳	星	張	翼	☆
7月	軫	角	亢	氐	房	心	尾	箕	斗	女	虚	危	室	壁	奎	婁	胃	昴	畢	觜	参	井	鬼	柳	星	鬼	柳	星	張	翼	軫
8月	角	亢	氐	房	心	尾	箕	斗	女	虚	危	室	壁	奎	婁	胃	昴	畢	觜	参	井	鬼	柳	張	翼	軫	角	亢	氐	房	心
9月	尾	箕	斗	女	虚	危	室	壁	奎	婁	胃	昴	畢	觜	参	井	鬼	柳	星	張	翼	軫	角	亢	氐	房	心	尾	箕	斗	☆
10月	女	虚	危	室	壁	奎	婁	胃	昴	畢	觜	参	井	鬼	柳	星	張	翼	軫	角	亢	氐	氐	房	心	尾	箕	斗	女	虚	危
11月	室	壁	奎	婁	胃	昴	畢	觜	参	井	鬼	柳	星	張	翼	軫	角	亢	氐	房	心	尾	箕	斗	女	虚	危	室	壁	奎	☆
12月	婁	胃	昴	畢	觜	参	井	鬼	柳	星	張	翼	軫	角	亢	氐	房	心	尾	箕	斗	女	虚	危	室	壁	奎	婁	胃	昴	畢

※グレーのマス目は、日曜日を表します。

1988年（昭和63年）

	1	2	3	4	5	6	7	8	9	10	11	12	13	14	15	16	17	18	19	20	21	22	23	24	25	26	27	28	29	30	31
1月	觜	参	井	鬼	柳	星	張	翼	軫	角	亢	氐	房	心	尾	箕	斗	女	虚	危	室	壁	奎	婁	胃	昴	畢	觜	参	井	鬼
2月	柳	星	張	翼	軫	角	亢	氐	房	心	尾	箕	斗	女	虚	危	室	室	壁	奎	婁	胃	昴	畢	觜	参	井	鬼	柳	☆	☆
3月	星	張	翼	軫	角	亢	氐	房	心	尾	箕	斗	女	虚	危	室	壁	奎	婁	胃	昴	畢	觜	参	井	鬼	柳	星	張	翼	軫
4月	角	亢	氐	房	心	尾	箕	斗	女	虚	危	室	壁	奎	婁	胃	昴	畢	觜	参	井	鬼	柳	星	張	翼	軫	角	亢	氐	☆
5月	房	心	尾	箕	斗	女	虚	危	室	壁	奎	婁	胃	昴	畢	畢	觜	参	井	鬼	柳	星	張	翼	軫	角	亢	氐	房	心	尾
6月	箕	斗	女	虚	危	室	壁	奎	婁	胃	昴	畢	觜	参	井	鬼	柳	星	張	翼	軫	角	亢	氐	房	心	尾	箕	斗	女	☆
7月	虚	危	室	壁	奎	婁	胃	昴	畢	觜	参	井	鬼	鬼	柳	星	張	翼	軫	角	亢	氐	房	心	尾	箕	斗	女	虚	危	室
8月	壁	奎	婁	胃	昴	畢	觜	参	井	鬼	柳	張	翼	軫	角	亢	氐	房	心	尾	箕	斗	女	虚	危	室	壁	奎	婁	胃	昴
9月	畢	觜	参	井	鬼	柳	星	張	翼	軫	角	亢	氐	房	心	尾	箕	斗	女	虚	危	室	壁	奎	婁	胃	昴	畢	觜	参	☆
10月	井	鬼	柳	星	張	翼	軫	角	亢	氐	氐	房	心	尾	箕	斗	女	虚	危	室	壁	奎	婁	胃	昴	畢	觜	参	井	鬼	柳
11月	星	張	翼	軫	角	亢	氐	房	心	尾	箕	斗	女	虚	危	室	壁	奎	婁	胃	昴	畢	觜	参	井	鬼	柳	星	張	翼	☆
12月	軫	角	亢	氐	房	心	尾	箕	斗	女	虚	危	室	壁	奎	婁	胃	昴	畢	觜	参	井	鬼	柳	星	張	翼	軫	角	亢	氐

1989年（昭和64／平成元年）

	1	2	3	4	5	6	7	8	9	10	11	12	13	14	15	16	17	18	19	20	21	22	23	24	25	26	27	28	29	30	31
1月	房	心	尾	箕	斗	女	虚	虚	危	室	壁	奎	婁	胃	昴	畢	觜	参	井	鬼	柳	星	張	翼	軫	角	亢	氐	房	心	尾
2月	箕	斗	女	虚	危	室	壁	奎	婁	胃	昴	畢	觜	参	井	鬼	柳	星	張	翼	軫	角	亢	氐	房	心	尾	箕	☆	☆	☆
3月	斗	女	虚	危	室	壁	奎	奎	婁	胃	昴	畢	觜	参	井	鬼	柳	星	張	翼	軫	角	亢	氐	房	心	尾	箕	斗	女	虚
4月	危	室	壁	奎	婁	胃	昴	畢	觜	参	井	鬼	柳	星	張	翼	軫	角	亢	氐	房	心	尾	箕	斗	女	虚	危	室	壁	☆
5月	奎	婁	胃	昴	畢	觜	参	井	鬼	柳	星	張	翼	軫	角	亢	氐	房	心	尾	箕	斗	女	虚	危	室	壁	奎	婁	胃	昴
6月	畢	觜	参	参	井	鬼	柳	星	張	翼	軫	角	亢	氐	房	心	尾	箕	斗	女	虚	危	室	壁	奎	婁	胃	昴	畢	觜	☆
7月	参	井	鬼	柳	星	張	翼	軫	角	亢	氐	房	心	尾	箕	斗	女	虚	危	室	壁	奎	婁	胃	昴	畢	觜	参	井	鬼	柳
8月	星	張	翼	軫	角	亢	氐	房	心	尾	箕	斗	女	虚	危	室	壁	奎	婁	胃	昴	畢	觜	参	井	鬼	柳	星	張	翼	角
9月	亢	氐	房	心	尾	箕	斗	女	虚	危	室	壁	奎	婁	胃	昴	畢	觜	参	井	鬼	柳	星	張	翼	軫	角	亢	氐	氐	☆
10月	房	心	尾	箕	斗	女	虚	危	室	壁	奎	婁	胃	昴	畢	觜	参	井	鬼	柳	星	張	翼	軫	角	亢	氐	房	心	心	尾
11月	箕	斗	女	虚	危	室	壁	奎	婁	胃	昴	畢	觜	参	井	鬼	柳	星	張	翼	軫	角	亢	氐	房	心	尾	斗	女	虚	☆
12月	危	室	壁	奎	婁	胃	昴	畢	觜	参	井	鬼	柳	星	張	翼	軫	角	亢	氐	房	心	尾	箕	斗	女	虚	虚	危	室	壁

1990年（平成2年）

	1	2	3	4	5	6	7	8	9	10	11	12	13	14	15	16	17	18	19	20	21	22	23	24	25	26	27	28	29	30	31
1月	奎	婁	胃	昴	畢	觜	参	井	鬼	柳	星	張	翼	軫	角	亢	氐	房	心	尾	箕	斗	女	虚	危	室	室	壁	奎	婁	胃
2月	昴	畢	觜	参	井	鬼	柳	星	張	翼	軫	角	亢	氐	房	心	尾	箕	斗	女	虚	危	室	壁	奎	婁	胃	昴	☆	☆	☆
3月	畢	觜	参	井	鬼	柳	星	張	翼	軫	角	亢	氐	房	心	尾	箕	斗	女	虚	危	室	壁	奎	婁	胃	胃	昴	畢	觜	参
4月	井	鬼	柳	星	張	翼	軫	角	亢	氐	房	心	尾	箕	斗	女	虚	危	室	壁	奎	婁	胃	昴	畢	觜	参	井	鬼	柳	☆
5月	星	張	翼	軫	角	亢	氐	房	心	尾	箕	斗	女	虚	危	室	壁	奎	婁	胃	昴	畢	觜	参	井	鬼	柳	星	張	翼	軫
6月	角	亢	氐	房	心	尾	箕	斗	女	虚	危	室	壁	奎	婁	胃	昴	畢	觜	参	井	鬼	参	井	鬼	柳	星	張	翼	軫	☆
7月	角	亢	氐	房	心	尾	箕	斗	女	虚	危	室	壁	奎	婁	胃	昴	畢	觜	参	井	鬼	柳	星	張	翼	軫	角	亢	氐	房
8月	心	尾	箕	斗	女	虚	危	室	壁	奎	婁	胃	昴	畢	觜	参	井	鬼	柳	張	翼	軫	角	亢	氐	房	心	尾	箕	斗	女
9月	虚	危	室	壁	奎	婁	胃	昴	畢	觜	参	井	鬼	柳	星	張	翼	軫	角	亢	氐	房	心	尾	箕	斗	女	虚	危	室	☆
10月	壁	奎	婁	胃	昴	畢	觜	参	井	鬼	柳	星	張	翼	軫	角	亢	氐	氐	房	心	尾	箕	斗	女	虚	危	室	壁	奎	婁
11月	胃	昴	畢	觜	参	井	鬼	柳	星	張	翼	軫	角	亢	氐	房	心	尾	箕	斗	女	虚	危	室	壁	奎	婁	胃	昴	畢	☆
12月	觜	参	井	鬼	柳	星	張	翼	軫	角	亢	氐	房	心	尾	箕	斗	女	虚	危	室	壁	奎	婁	胃	昴	畢	觜	参	井	鬼

1991年（平成3年）

	1	2	3	4	5	6	7	8	9	10	11	12	13	14	15	16	17	18	19	20	21	22	23	24	25	26	27	28	29	30	31
1月	柳	星	張	翼	軫	角	亢	氐	房	心	尾	箕	斗	女	虚	虚	箕	室	壁	奎	婁	胃	昴	畢	觜	参	井	鬼	柳	星	張
2月	翼	軫	角	亢	氐	房	心	尾	箕	斗	女	虚	危	室	室	壁	奎	婁	胃	昴	畢	觜	参	井	鬼	柳	星	張	☆	☆	☆
3月	翼	軫	角	亢	氐	房	心	尾	箕	斗	女	虚	危	室	壁	奎	婁	胃	昴	畢	觜	参	井	鬼	柳	星	張	翼	軫	角	亢
4月	氐	房	心	尾	箕	斗	女	虚	危	室	壁	奎	婁	胃	胃	昴	畢	觜	参	井	鬼	柳	星	張	翼	軫	角	亢	氐	房	☆
5月	心	尾	箕	斗	女	虚	危	室	壁	奎	婁	胃	昴	畢	觜	参	井	鬼	柳	星	張	翼	軫	角	亢	氐	房	心	尾	箕	斗
6月	女	虚	危	室	壁	奎	婁	胃	昴	畢	觜	参	井	鬼	柳	星	張	翼	軫	角	亢	氐	房	心	尾	箕	斗	女	虚	危	☆
7月	室	壁	奎	婁	胃	昴	畢	觜	参	井	鬼	鬼	柳	星	張	翼	軫	角	亢	氐	房	心	尾	箕	斗	女	虚	危	室	壁	奎
8月	婁	胃	昴	畢	觜	参	井	鬼	柳	星	張	翼	軫	角	亢	氐	心	尾	箕	斗	女	虚	危	室	壁	奎	婁	胃	昴	畢	觜
9月	参	井	鬼	柳	星	張	翼	角	亢	氐	房	心	尾	箕	斗	女	虚	危	室	壁	奎	婁	胃	昴	畢	觜	参	井	鬼	柳	☆
10月	星	張	翼	軫	角	亢	氐	氐	房	心	尾	箕	斗	女	虚	危	室	壁	奎	婁	胃	昴	畢	觜	参	井	鬼	柳	星	張	翼
11月	軫	角	亢	氐	房	心	尾	箕	斗	女	虚	危	室	壁	奎	婁	胃	昴	畢	觜	参	井	鬼	柳	星	張	翼	軫	角	亢	☆
12月	氐	房	心	尾	箕	斗	女	虚	危	室	壁	奎	婁	胃	昴	畢	觜	参	井	鬼	柳	星	張	翼	軫	角	亢	氐	房	心	尾

※グレーのマス目は、日曜日を表します。

1992年（平成4年）

	1	2	3	4	5	6	7	8	9	10	11	12	13	14	15	16	17	18	19	20	21	22	23	24	25	26	27	28	29	30	31
1月	箕	斗	女	虚	虚	危	室	壁	奎	婁	胃	昴	畢	觜	参	井	鬼	柳	星	張	翼	軫	角	亢	氐	房	心	尾	箕	斗	女
2月	虚	危	室	室	壁	奎	婁	胃	昴	畢	觜	参	井	鬼	柳	星	張	翼	軫	角	亢	氐	房	心	尾	箕	斗	女	虚	☆	☆
3月	危	室	壁	奎	婁	胃	昴	畢	觜	参	井	鬼	柳	星	張	翼	軫	角	亢	氐	房	心	尾	箕	斗	女	虚	危	室	壁	奎
4月	婁	胃	胃	昴	畢	觜	参	井	鬼	柳	星	張	翼	軫	角	亢	氐	房	心	尾	箕	斗	女	虚	危	室	壁	奎	婁	胃	☆
5月	昴	畢	畢	觜	参	井	鬼	柳	星	張	翼	軫	角	亢	氐	房	心	尾	箕	斗	女	虚	危	室	壁	奎	婁	胃	昴	畢	觜
6月	参	井	鬼	柳	星	張	翼	軫	角	亢	氐	房	心	尾	箕	斗	女	虚	危	室	壁	奎	婁	胃	昴	畢	觜	参	井	鬼	☆
7月	柳	星	張	翼	軫	角	亢	氐	房	心	尾	箕	斗	女	虚	危	室	壁	奎	婁	胃	昴	畢	觜	参	井	鬼	柳	星	張	翼
8月	軫	角	亢	氐	房	心	尾	箕	斗	女	虚	危	室	壁	奎	婁	胃	昴	畢	觜	参	井	鬼	柳	星	張	翼	角	亢	氐	房
9月	心	尾	箕	斗	女	虚	危	室	壁	奎	婁	胃	昴	畢	觜	参	井	鬼	柳	星	張	翼	軫	角	亢	氐	房	心	尾	箕	☆
10月	斗	女	虚	危	室	壁	奎	婁	胃	昴	畢	觜	参	井	鬼	柳	星	張	翼	軫	角	亢	氐	房	心	心	尾	箕	斗	女	虚
11月	危	室	壁	奎	婁	胃	昴	畢	觜	参	井	鬼	柳	星	張	翼	軫	角	亢	氐	房	心	尾	斗	女	虚	危	室	壁	奎	☆
12月	婁	胃	昴	畢	觜	参	井	鬼	柳	星	張	翼	軫	角	亢	氐	房	心	尾	箕	斗	女	虚	虚	危	室	壁	奎	婁	胃	昴

1993年（平成5年）

	1	2	3	4	5	6	7	8	9	10	11	12	13	14	15	16	17	18	19	20	21	22	23	24	25	26	27	28	29	30	31
1月	畢	觜	参	井	鬼	柳	星	張	翼	軫	角	亢	氐	房	心	尾	箕	斗	女	虚	危	室	室	壁	奎	婁	胃	昴	畢	觜	参
2月	井	鬼	柳	星	張	翼	軫	角	亢	氐	房	心	尾	箕	斗	女	虚	危	室	壁	奎	婁	胃	昴	畢	觜	参	井	☆	☆	☆
3月	鬼	柳	星	張	翼	軫	角	亢	氐	房	心	尾	箕	斗	女	虚	危	室	壁	奎	婁	胃	胃	昴	畢	觜	参	井	鬼	柳	星
4月	張	翼	軫	角	亢	氐	房	心	尾	箕	斗	女	虚	危	室	壁	奎	婁	胃	昴	畢	胃	昴	畢	觜	参	井	鬼	柳	星	☆
5月	張	翼	軫	角	亢	氐	房	心	尾	箕	斗	女	虚	危	室	壁	奎	婁	胃	昴	畢	觜	参	井	鬼	柳	星	張	翼	軫	角
6月	亢	氐	房	心	尾	箕	斗	女	虚	危	室	壁	奎	婁	胃	昴	畢	觜	参	参	井	鬼	柳	星	張	翼	軫	角	亢	氐	☆
7月	房	心	尾	箕	斗	女	虚	危	室	壁	奎	婁	胃	昴	畢	觜	参	井	鬼	柳	星	張	翼	軫	角	亢	氐	房	心	尾	箕
8月	斗	女	虚	危	室	壁	奎	婁	胃	昴	畢	觜	参	井	鬼	柳	星	張	翼	軫	角	亢	氐	房	心	尾	箕	斗	女	虚	危
9月	室	壁	奎	婁	胃	昴	畢	觜	参	井	鬼	柳	星	張	翼	角	亢	氐	房	心	尾	箕	斗	女	虚	危	室	壁	奎	婁	☆
10月	胃	昴	畢	觜	参	井	鬼	柳	星	張	翼	軫	角	亢	氐	房	心	尾	箕	斗	女	虚	危	室	壁	奎	婁	胃	昴	畢	觜
11月	参	井	鬼	柳	星	張	翼	軫	角	亢	氐	房	心	心	尾	箕	斗	女	虚	危	室	壁	奎	婁	胃	昴	畢	觜	参	井	☆
12月	鬼	柳	星	張	翼	軫	角	亢	氐	房	心	尾	斗	女	虚	危	室	壁	奎	婁	胃	昴	畢	觜	参	井	鬼	柳	星	張	翼

1994年（平成6年）

	1	2	3	4	5	6	7	8	9	10	11	12	13	14	15	16	17	18	19	20	21	22	23	24	25	26	27	28	29	30	31
1月	軫	角	亢	氐	房	心	尾	箕	斗	女	虚	虚	危	室	壁	奎	婁	胃	昴	畢	觜	参	井	鬼	柳	星	張	翼	軫	角	亢
2月	氐	房	心	尾	箕	斗	女	虚	危	室	壁	奎	婁	胃	昴	畢	觜	参	井	鬼	柳	星	張	翼	軫	角	亢	氐	☆	☆	☆
3月	房	心	尾	箕	斗	女	虚	危	室	壁	奎	奎	婁	胃	昴	畢	觜	参	井	鬼	柳	星	張	翼	軫	角	亢	氐	房	心	尾
4月	箕	斗	女	虚	危	室	壁	奎	婁	胃	胃	昴	畢	觜	参	井	鬼	柳	星	張	翼	軫	角	亢	氐	房	心	尾	箕	斗	☆
5月	女	虚	危	室	壁	奎	婁	胃	昴	畢	畢	觜	参	井	鬼	柳	星	張	翼	軫	角	亢	氐	房	心	尾	箕	斗	女	虚	危
6月	室	壁	奎	婁	胃	昴	畢	觜	参	井	鬼	柳	星	張	翼	軫	角	亢	氐	房	心	尾	箕	斗	女	虚	危	室	壁	奎	☆
7月	婁	胃	昴	畢	觜	参	井	鬼	鬼	柳	星	張	翼	軫	角	亢	氐	房	心	尾	箕	斗	女	虚	危	室	壁	奎	婁	胃	昴
8月	畢	觜	参	井	鬼	柳	張	翼	軫	角	亢	氐	房	心	尾	箕	斗	女	虚	危	室	壁	奎	婁	胃	昴	畢	觜	参	井	鬼
9月	柳	星	張	翼	軫	角	亢	氐	房	心	尾	箕	斗	女	虚	危	室	壁	奎	婁	胃	昴	畢	觜	参	井	鬼	柳	星	張	☆
10月	翼	軫	角	亢	氐	房	心	尾	箕	斗	女	虚	危	室	壁	奎	婁	胃	昴	畢	觜	参	井	鬼	柳	星	張	翼	軫	角	亢
11月	氐	房	心	尾	箕	斗	女	虚	危	室	壁	奎	婁	胃	昴	畢	觜	参	井	鬼	柳	星	張	翼	軫	角	亢	氐	房	心	☆
12月	尾	箕	斗	女	虚	危	室	壁	奎	婁	胃	昴	畢	觜	参	井	鬼	柳	星	張	翼	軫	角	亢	氐	房	心	尾	箕	斗	女

1995年（平成7年）

	1	2	3	4	5	6	7	8	9	10	11	12	13	14	15	16	17	18	19	20	21	22	23	24	25	26	27	28	29	30	31
1月	虚	危	室	壁	奎	婁	胃	昴	畢	觜	参	井	鬼	柳	星	張	翼	軫	角	亢	氐	房	心	尾	箕	斗	女	虚	危	室	室
2月	壁	奎	婁	胃	昴	畢	觜	参	井	鬼	柳	星	張	翼	軫	角	亢	氐	房	心	尾	箕	斗	女	虚	危	室	壁	☆	☆	☆
3月	奎	婁	胃	昴	畢	觜	参	井	鬼	柳	星	張	翼	軫	角	亢	氐	房	心	尾	箕	斗	女	虚	危	室	壁	奎	婁	胃	胃
4月	昴	畢	觜	参	井	鬼	柳	星	張	翼	軫	角	亢	氐	房	心	尾	箕	斗	女	虚	危	室	壁	奎	婁	胃	昴	畢	畢	☆
5月	觜	参	井	鬼	柳	星	張	翼	軫	角	亢	氐	房	心	尾	箕	斗	女	虚	危	室	壁	奎	婁	胃	昴	畢	觜	参	井	鬼
6月	柳	星	張	翼	軫	角	亢	氐	房	心	尾	箕	斗	女	虚	危	室	壁	奎	婁	胃	昴	畢	觜	参	井	鬼	鬼	柳	星	☆
7月	張	翼	軫	角	亢	氐	房	心	尾	箕	斗	女	虚	危	室	壁	奎	婁	胃	昴	畢	觜	参	井	鬼	柳	星	張	翼	軫	角
8月	亢	氐	房	心	尾	箕	斗	女	虚	危	室	壁	奎	婁	胃	昴	畢	觜	参	井	鬼	柳	星	張	翼	角	亢	氐	房	心	尾
9月	箕	斗	女	虚	危	室	壁	奎	婁	胃	昴	畢	觜	参	井	鬼	柳	星	張	翼	軫	角	亢	氐	角	亢	氐	房	心	尾	☆
10月	箕	斗	女	虚	危	室	壁	奎	婁	胃	昴	畢	觜	参	井	鬼	柳	星	張	翼	軫	角	亢	氐	房	心	尾	箕	斗	女	虚
11月	危	室	壁	奎	婁	胃	昴	畢	觜	参	井	鬼	柳	星	張	翼	軫	角	亢	氐	房	心	心	尾	箕	斗	女	虚	危	室	☆
12月	壁	奎	婁	胃	昴	畢	觜	参	井	鬼	柳	星	張	翼	軫	角	亢	氐	房	心	尾	斗	女	虚	危	室	壁	奎	婁	胃	昴

※グレーのマス目は、日曜日を表します。

1996年（平成8年）

	1	2	3	4	5	6	7	8	9	10	11	12	13	14	15	16	17	18	19	20	21	22	23	24	25	26	27	28	29	30	31
1月	畢	觜	参	井	鬼	柳	星	張	翼	軫	角	亢	氐	房	心	尾	箕	斗	女	虚	危	室	壁	奎	婁	胃	昴	畢	觜	参	井
2月	鬼	柳	星	張	翼	軫	角	亢	氐	房	心	尾	箕	斗	女	虚	危	室	室	壁	奎	婁	胃	昴	畢	觜	参	井	鬼	☆	☆
3月	柳	星	張	翼	軫	角	亢	氐	房	心	尾	箕	斗	女	虚	危	室	壁	奎	婁	胃	昴	畢	觜	参	井	鬼	柳	星	張	翼
4月	軫	角	亢	氐	房	心	尾	箕	斗	女	虚	危	室	壁	奎	婁	胃	胃	昴	畢	觜	参	井	鬼	柳	星	張	翼	軫	角	☆
5月	亢	氐	房	心	尾	箕	斗	女	虚	危	室	壁	奎	婁	胃	昴	畢	觜	参	井	鬼	柳	星	張	翼	軫	角	亢	氐	房	心
6月	尾	箕	斗	女	虚	危	室	壁	奎	婁	胃	昴	畢	觜	参	参	井	鬼	柳	星	張	翼	軫	角	亢	氐	房	心	尾	箕	☆
7月	斗	女	虚	危	室	壁	奎	婁	胃	昴	畢	觜	参	井	鬼	鬼	柳	星	張	翼	軫	角	亢	氐	房	心	尾	箕	斗	女	虚
8月	危	室	壁	奎	婁	胃	昴	畢	觜	参	井	鬼	柳	張	翼	軫	角	亢	氐	房	心	尾	箕	斗	女	虚	危	室	壁	奎	婁
9月	胃	昴	畢	觜	参	井	鬼	柳	星	張	翼	軫	角	亢	氐	房	心	尾	箕	斗	女	虚	危	室	壁	奎	婁	胃	昴	畢	☆
10月	觜	参	井	鬼	柳	星	張	翼	軫	角	亢	氐	房	心	尾	箕	斗	女	虚	危	室	壁	奎	婁	胃	昴	畢	觜	参	井	鬼
11月	柳	星	張	翼	軫	角	亢	氐	房	心	心	尾	箕	斗	女	虚	危	室	壁	奎	婁	胃	昴	畢	觜	参	井	鬼	柳	星	☆
12月	張	翼	軫	角	亢	氐	房	心	尾	箕	斗	女	虚	危	室	壁	奎	婁	胃	昴	畢	觜	参	井	鬼	柳	星	張	翼	軫	角

1997年（平成9年）

	1	2	3	4	5	6	7	8	9	10	11	12	13	14	15	16	17	18	19	20	21	22	23	24	25	26	27	28	29	30	31
1月	亢	氐	房	心	尾	箕	斗	女	虚	危	室	壁	奎	婁	胃	昴	畢	觜	参	井	鬼	柳	星	張	翼	軫	角	亢	氐	房	心
2月	尾	箕	斗	女	虚	危	室	室	壁	奎	婁	胃	昴	畢	觜	参	井	鬼	柳	星	張	翼	軫	角	亢	氐	房	心	☆	☆	☆
3月	尾	箕	斗	女	虚	危	室	壁	奎	婁	胃	昴	畢	觜	参	井	鬼	柳	星	張	翼	軫	角	亢	氐	房	心	尾	箕	斗	女
4月	虚	危	室	壁	奎	婁	胃	昴	畢	觜	参	井	鬼	柳	星	張	翼	軫	角	亢	氐	房	心	尾	箕	斗	女	虚	危	室	☆
5月	壁	奎	婁	胃	昴	畢	畢	觜	参	井	鬼	柳	星	張	翼	軫	角	亢	氐	房	心	尾	箕	斗	女	虚	危	室	壁	奎	婁
6月	胃	昴	畢	觜	参	井	鬼	柳	星	張	翼	軫	角	亢	氐	房	心	尾	箕	斗	女	虚	危	室	壁	奎	婁	胃	昴	畢	☆
7月	觜	参	井	鬼	鬼	柳	星	張	翼	軫	角	亢	氐	房	心	尾	箕	斗	女	虚	危	室	壁	奎	婁	胃	昴	畢	觜	参	井
8月	鬼	柳	張	翼	軫	角	亢	氐	房	心	尾	箕	斗	女	虚	危	室	壁	奎	婁	胃	昴	畢	觜	参	井	鬼	柳	星	張	翼
9月	軫	角	亢	氐	房	心	尾	箕	斗	女	虚	危	室	壁	奎	婁	胃	昴	畢	觜	参	井	鬼	柳	星	張	翼	軫	角	亢	☆
10月	氐	氐	房	心	尾	箕	斗	女	虚	危	室	壁	奎	婁	胃	昴	畢	觜	参	井	鬼	柳	星	張	翼	軫	角	亢	氐	房	心
11月	尾	箕	斗	女	虚	危	室	壁	奎	婁	胃	昴	畢	觜	参	井	鬼	柳	星	張	翼	軫	角	亢	氐	房	心	尾	箕	斗	☆
12月	女	虚	危	室	壁	奎	婁	胃	昴	畢	觜	参	井	鬼	柳	星	張	翼	軫	角	亢	氐	房	心	尾	箕	斗	女	虚	虚	危

1998年（平成10年）

	1	2	3	4	5	6	7	8	9	10	11	12	13	14	15	16	17	18	19	20	21	22	23	24	25	26	27	28	29	30	31
1月	室	壁	奎	婁	胃	昴	畢	觜	参	井	鬼	柳	星	張	翼	軫	角	亢	氐	房	心	尾	箕	斗	女	虚	危	室	壁	奎	婁
2月	胃	昴	畢	觜	参	井	鬼	柳	星	張	翼	軫	角	亢	氐	房	心	尾	箕	斗	女	虚	危	室	壁	奎	奎	婁	☆	☆	☆
3月	胃	昴	畢	觜	参	井	鬼	柳	星	張	翼	軫	角	亢	氐	房	心	尾	箕	斗	女	虚	危	室	壁	奎	婁	胃	昴	畢	觜
4月	参	井	鬼	柳	星	張	翼	軫	角	亢	氐	房	心	尾	箕	斗	女	虚	危	室	壁	奎	婁	胃	昴	畢	觜	参	井	鬼	☆
5月	柳	星	張	翼	軫	角	亢	氐	房	心	尾	箕	斗	女	虚	危	室	壁	奎	婁	胃	昴	畢	觜	参	参	井	鬼	柳	星	張
6月	翼	軫	角	亢	氐	房	心	尾	箕	斗	女	虚	危	室	壁	奎	婁	胃	昴	畢	觜	参	井	参	井	鬼	柳	星	張	翼	☆
7月	軫	角	亢	氐	房	心	尾	箕	斗	女	虚	危	室	壁	奎	婁	胃	昴	畢	觜	参	井	鬼	柳	星	張	翼	軫	角	亢	氐
8月	房	心	尾	箕	斗	女	虚	危	室	壁	奎	婁	胃	昴	畢	觜	参	井	鬼	柳	星	張	翼	軫	角	亢	氐	房	心	尾	箕
9月	斗	女	虚	危	室	壁	奎	婁	胃	昴	畢	觜	参	井	鬼	柳	星	張	翼	軫	角	亢	氐	房	心	尾	箕	斗	女	虚	☆
10月	危	室	壁	奎	婁	胃	昴	畢	觜	参	井	鬼	柳	星	張	翼	軫	角	亢	氐	房	心	尾	箕	斗	女	虚	危	室	壁	奎
11月	婁	胃	昴	畢	觜	参	井	鬼	柳	星	張	翼	軫	角	亢	氐	房	心	心	尾	箕	斗	女	虚	危	室	壁	奎	婁	胃	☆
12月	昴	畢	觜	参	井	鬼	柳	星	張	翼	軫	角	亢	氐	房	心	尾	箕	斗	女	虚	危	室	壁	奎	婁	胃	昴	畢	觜	参

1999年（平成11年）

	1	2	3	4	5	6	7	8	9	10	11	12	13	14	15	16	17	18	19	20	21	22	23	24	25	26	27	28	29	30	31
1月	井	鬼	柳	星	張	翼	軫	角	亢	氐	房	心	尾	箕	斗	女	虚	虚	危	室	壁	奎	婁	胃	昴	畢	觜	参	井	鬼	柳
2月	星	張	翼	軫	角	亢	氐	房	心	尾	箕	斗	女	虚	危	室	壁	奎	婁	胃	昴	畢	觜	参	井	鬼	柳	星	☆	☆	☆
3月	張	翼	軫	角	亢	氐	房	心	尾	箕	斗	女	虚	危	室	壁	奎	奎	婁	胃	昴	畢	觜	参	井	鬼	柳	星	張	翼	軫
4月	角	亢	氐	房	心	尾	箕	斗	女	虚	危	室	壁	奎	婁	胃	昴	畢	觜	参	井	鬼	柳	星	張	翼	軫	角	亢	氐	☆
5月	房	心	尾	箕	斗	女	虚	危	室	壁	奎	婁	胃	昴	畢	觜	参	井	鬼	柳	星	張	翼	軫	角	亢	氐	房	心	尾	箕
6月	斗	女	虚	危	室	壁	奎	婁	胃	昴	畢	觜	参	参	井	鬼	柳	星	張	翼	軫	角	亢	氐	房	心	尾	箕	斗	女	☆
7月	虚	危	室	壁	奎	婁	胃	昴	畢	觜	参	井	鬼	柳	星	張	翼	軫	角	亢	氐	房	心	尾	箕	斗	女	虚	危	室	壁
8月	奎	婁	胃	昴	畢	觜	参	井	鬼	柳	張	翼	軫	角	亢	氐	房	心	尾	箕	斗	女	虚	危	室	壁	奎	婁	胃	昴	畢
9月	觜	参	井	鬼	柳	星	張	翼	軫	角	亢	氐	房	心	尾	箕	斗	女	虚	危	室	壁	奎	婁	胃	昴	畢	觜	参	井	☆
10月	鬼	柳	星	張	翼	軫	角	亢	氐	房	心	尾	箕	斗	女	虚	危	室	壁	奎	婁	胃	昴	畢	觜	参	井	鬼	柳	星	張
11月	翼	軫	角	亢	氐	房	心	心	尾	箕	斗	女	虚	危	室	壁	奎	婁	胃	昴	畢	觜	参	井	鬼	柳	星	張	翼	軫	☆
12月	角	亢	氐	房	心	尾	箕	斗	女	虚	危	室	壁	奎	婁	胃	昴	畢	觜	参	井	鬼	柳	星	張	翼	軫	角	亢	氐	房

※グレーのマス目は、日曜日を表します。

2000年（平成12年）

	1	2	3	4	5	6	7	8	9	10	11	12	13	14	15	16	17	18	19	20	21	22	23	24	25	26	27	28	29	30	31
1月	心	尾	箕	斗	女	虚	虚	危	室	壁	奎	婁	胃	昴	畢	觜	参	井	鬼	柳	星	張	翼	軫	角	亢	氐	房	心	尾	箕
2月	斗	女	虚	危	室	壁	奎	婁	胃	昴	畢	觜	参	井	鬼	柳	星	張	翼	軫	角	亢	氐	房	心	尾	箕	斗	女	☆	☆
3月	虚	危	室	壁	奎	奎	婁	胃	昴	畢	觜	参	井	鬼	柳	星	張	翼	軫	角	亢	氐	房	心	尾	箕	斗	女	虚	危	室
4月	壁	奎	婁	胃	胃	昴	畢	觜	参	井	鬼	柳	星	張	翼	軫	角	亢	氐	房	心	尾	箕	斗	女	虚	危	室	壁	奎	☆
5月	婁	胃	昴	畢	觜	参	井	鬼	柳	星	張	翼	軫	角	亢	氐	房	心	尾	箕	斗	女	虚	危	室	壁	奎	婁	胃	昴	畢
6月	觜	参	井	鬼	柳	星	張	翼	軫	角	亢	氐	房	心	尾	箕	斗	女	虚	危	室	壁	奎	婁	胃	昴	畢	觜	参	井	☆
7月	鬼	鬼	柳	星	張	翼	軫	角	亢	氐	房	心	尾	箕	斗	女	虚	危	室	壁	奎	婁	胃	昴	畢	觜	参	井	鬼	柳	張
8月	翼	軫	角	亢	氐	房	心	尾	箕	斗	女	虚	危	室	壁	奎	婁	胃	昴	畢	觜	参	井	鬼	柳	星	張	翼	角	亢	氐
9月	房	心	尾	箕	斗	女	虚	危	室	壁	奎	婁	胃	昴	畢	觜	参	井	鬼	柳	星	張	翼	軫	角	亢	氐	氐	房	心	☆
10月	尾	箕	斗	女	虚	危	室	壁	奎	婁	胃	昴	畢	觜	参	井	鬼	柳	星	張	翼	軫	角	亢	氐	房	心	尾	箕	斗	女
11月	虚	危	室	壁	奎	婁	胃	昴	畢	觜	参	井	鬼	柳	星	張	翼	軫	角	亢	氐	房	心	尾	箕	斗	女	虚	危	室	☆
12月	壁	奎	婁	胃	昴	畢	觜	参	井	鬼	柳	星	張	翼	軫	角	亢	氐	房	心	尾	箕	斗	女	虚	虚	危	室	壁	奎	婁

2001年（平成13年）

	1	2	3	4	5	6	7	8	9	10	11	12	13	14	15	16	17	18	19	20	21	22	23	24	25	26	27	28	29	30	31
1月	胃	昴	畢	觜	参	井	鬼	柳	星	張	翼	軫	角	亢	氐	房	心	尾	箕	斗	女	虚	危	室	壁	奎	婁	胃	昴	畢	觜
2月	参	井	鬼	柳	星	張	翼	軫	角	亢	氐	房	心	尾	箕	斗	女	虚	危	室	壁	奎	奎	婁	胃	昴	畢	觜	☆	☆	☆
3月	参	井	鬼	柳	星	張	翼	軫	角	亢	氐	房	心	尾	箕	斗	女	虚	危	室	壁	奎	婁	胃	胃	昴	畢	觜	参	井	鬼
4月	柳	星	張	翼	軫	角	亢	氐	房	心	尾	箕	斗	女	虚	危	室	壁	奎	婁	胃	昴	畢	畢	觜	参	井	鬼	柳	星	☆
5月	張	翼	軫	角	亢	氐	房	心	尾	箕	斗	女	虚	危	室	壁	奎	婁	胃	昴	畢	觜	畢	觜	参	井	鬼	柳	星	張	翼
6月	軫	角	亢	氐	房	心	尾	箕	斗	女	虚	危	室	壁	奎	婁	胃	昴	畢	觜	参	井	鬼	柳	星	張	翼	軫	角	亢	☆
7月	氐	房	心	尾	箕	斗	女	虚	危	室	壁	奎	婁	胃	昴	畢	觜	参	井	鬼	鬼	柳	星	張	翼	軫	角	亢	氐	房	心
8月	尾	箕	斗	女	虚	危	室	壁	奎	婁	胃	昴	畢	觜	参	井	鬼	柳	張	翼	軫	角	亢	氐	房	心	尾	箕	斗	女	虚
9月	危	室	壁	奎	婁	胃	昴	畢	觜	参	井	鬼	柳	星	張	翼	角	亢	氐	房	心	尾	箕	斗	女	虚	危	室	壁	奎	☆
10月	婁	胃	昴	畢	觜	参	井	鬼	柳	星	張	翼	軫	角	亢	氐	氐	房	心	尾	箕	斗	女	虚	危	室	壁	奎	婁	胃	昴
11月	畢	觜	参	井	鬼	柳	星	張	翼	軫	角	亢	氐	房	心	尾	箕	斗	女	虚	危	室	壁	奎	婁	胃	昴	畢	觜	参	☆
12月	井	鬼	柳	星	張	翼	軫	角	亢	氐	房	心	尾	箕	斗	女	虚	危	室	壁	奎	婁	胃	昴	畢	觜	参	井	鬼	柳	星

2002年（平成14年）

	1	2	3	4	5	6	7	8	9	10	11	12	13	14	15	16	17	18	19	20	21	22	23	24	25	26	27	28	29	30	31
1月	張	翼	軫	角	亢	氐	房	心	尾	箕	斗	女	虚	危	室	壁	奎	婁	胃	昴	畢	觜	参	井	鬼	柳	星	張	翼	軫	角
2月	亢	氐	房	心	尾	箕	斗	女	虚	危	室	室	壁	奎	婁	胃	昴	畢	觜	参	井	鬼	柳	星	張	翼	軫	角	☆	☆	☆
3月	亢	氐	房	心	尾	箕	斗	女	虚	危	室	壁	奎	奎	婁	胃	昴	畢	觜	参	井	鬼	柳	星	張	翼	軫	角	亢	氐	房
4月	心	尾	箕	斗	女	虚	危	室	壁	奎	婁	胃	胃	昴	畢	觜	参	井	鬼	柳	星	張	翼	軫	角	亢	氐	房	心	尾	☆
5月	箕	斗	女	虚	危	室	壁	奎	婁	胃	昴	畢	觜	参	井	鬼	柳	星	張	翼	軫	角	亢	氐	房	心	尾	箕	斗	女	虚
6月	危	室	壁	奎	婁	胃	昴	畢	觜	参	参	井	鬼	柳	星	張	翼	軫	角	亢	氐	房	心	尾	箕	斗	女	虚	危	室	☆
7月	壁	奎	婁	胃	昴	畢	觜	参	井	鬼	柳	星	張	翼	軫	角	亢	氐	房	心	尾	箕	斗	女	虚	危	室	壁	奎	婁	胃
8月	昴	畢	觜	参	井	鬼	柳	星	張	翼	軫	角	亢	氐	房	心	尾	箕	斗	女	虚	危	室	壁	奎	婁	胃	昴	畢	觜	参
9月	参	井	鬼	柳	星	張	翼	角	亢	氐	房	心	尾	箕	斗	女	虚	危	室	壁	奎	婁	胃	昴	畢	觜	参	井	鬼	柳	☆
10月	張	翼	軫	角	亢	氐	房	心	尾	箕	斗	女	虚	危	室	壁	奎	婁	胃	昴	畢	觜	参	井	鬼	柳	星	張	翼	軫	角
11月	亢	氐	房	心	心	尾	箕	斗	女	虚	危	室	壁	奎	婁	胃	昴	畢	觜	参	井	鬼	柳	星	張	翼	軫	角	亢	氐	☆
12月	房	心	尾	斗	女	虚	危	室	壁	奎	婁	胃	昴	畢	觜	参	井	鬼	柳	星	張	翼	軫	角	亢	氐	房	心	尾	箕	斗

2003年（平成15年）

	1	2	3	4	5	6	7	8	9	10	11	12	13	14	15	16	17	18	19	20	21	22	23	24	25	26	27	28	29	30	31
1月	女	虚	虚	危	室	壁	奎	婁	胃	昴	畢	觜	参	井	鬼	柳	星	張	翼	軫	角	亢	氐	房	心	尾	箕	斗	女	虚	危
2月	室	壁	奎	婁	胃	昴	畢	觜	参	井	鬼	柳	星	張	翼	軫	角	亢	氐	房	心	尾	箕	斗	女	虚	危	室	☆	☆	☆
3月	壁	奎	奎	婁	胃	昴	畢	觜	参	井	鬼	柳	星	張	翼	軫	角	亢	氐	房	心	尾	箕	斗	女	虚	危	室	壁	奎	婁
4月	胃	胃	昴	畢	觜	参	井	鬼	柳	星	張	翼	軫	角	亢	氐	房	心	尾	箕	斗	女	虚	危	室	壁	奎	婁	胃	昴	☆
5月	畢	觜	参	井	鬼	柳	星	張	翼	軫	角	亢	氐	房	心	尾	箕	斗	女	虚	危	室	壁	奎	婁	胃	昴	畢	觜	参	参
6月	井	鬼	柳	星	張	翼	軫	角	亢	氐	房	心	尾	箕	斗	女	虚	危	室	壁	奎	婁	胃	昴	畢	觜	参	井	鬼	鬼	☆
7月	柳	星	張	翼	軫	角	亢	氐	房	心	尾	箕	斗	女	虚	危	室	壁	奎	婁	胃	昴	畢	觜	参	井	鬼	柳	張	翼	軫
8月	角	亢	氐	房	心	尾	箕	斗	女	虚	危	室	壁	奎	婁	胃	昴	畢	觜	参	井	鬼	柳	星	張	翼	軫	角	亢	氐	房
9月	心	尾	箕	斗	女	虚	危	室	壁	奎	婁	胃	昴	畢	觜	参	井	鬼	柳	星	張	翼	軫	角	亢	氐	房	心	尾	箕	☆
10月	斗	女	虚	危	室	壁	奎	婁	胃	昴	畢	觜	参	井	鬼	柳	星	張	翼	軫	角	亢	氐	房	心	尾	箕	斗	女	虚	危
11月	室	壁	奎	婁	胃	昴	畢	觜	参	井	鬼	柳	星	張	翼	軫	角	亢	氐	房	心	尾	箕	斗	女	虚	危	室	壁	奎	☆
12月	婁	胃	昴	畢	觜	参	井	鬼	柳	星	張	翼	軫	角	亢	氐	房	心	尾	箕	斗	女	虚	危	室	壁	奎	婁	胃	昴	畢

※グレーのマス目は、日曜日を表します。

2004年（平成16年）

	1	2	3	4	5	6	7	8	9	10	11	12	13	14	15	16	17	18	19	20	21	22	23	24	25	26	27	28	29	30	31
1月	觜	参	井	鬼	柳	星	張	翼	軫	角	亢	氐	房	心	尾	箕	斗	女	虚	危	室	室	壁	奎	婁	胃	昴	畢	觜	参	井
2月	鬼	柳	星	張	翼	軫	角	亢	氐	房	心	尾	箕	斗	女	虚	危	室	壁	奎	婁	胃	昴	畢	觜	参	井	鬼	柳	☆	☆
3月	星	張	翼	軫	角	亢	氐	房	心	尾	箕	斗	女	虚	危	室	壁	奎	婁	胃	奎	婁	胃	昴	畢	觜	参	井	鬼	柳	星
4月	張	翼	軫	角	亢	氐	房	心	尾	箕	斗	女	虚	危	室	壁	奎	婁	胃	昴	畢	觜	参	井	鬼	柳	星	張	翼	軫	☆
5月	角	亢	氐	房	心	尾	箕	斗	女	虚	危	室	壁	奎	婁	胃	昴	畢	畢	觜	参	井	鬼	柳	星	張	翼	軫	角	亢	氐
6月	房	心	尾	箕	斗	女	虚	危	室	壁	奎	婁	胃	昴	畢	觜	参	参	井	鬼	柳	星	張	翼	軫	角	亢	氐	房	心	☆
7月	尾	箕	斗	女	虚	危	室	壁	奎	婁	胃	昴	畢	觜	参	井	鬼	柳	星	張	翼	軫	角	亢	氐	房	心	尾	箕	斗	女
8月	虚	危	室	壁	奎	婁	胃	昴	畢	觜	参	井	鬼	柳	星	張	翼	軫	角	亢	氐	房	心	尾	箕	斗	女	虚	危	室	壁
9月	奎	婁	胃	昴	畢	觜	参	井	鬼	柳	星	張	翼	軫	角	亢	氐	房	心	尾	箕	斗	女	虚	危	室	壁	奎	婁	胃	☆
10月	昴	畢	觜	参	井	鬼	柳	星	張	翼	軫	角	亢	氐	房	心	尾	箕	斗	女	虚	危	室	壁	奎	婁	胃	昴	畢	觜	参
11月	井	鬼	柳	星	張	翼	軫	角	亢	氐	房	心	心	尾	箕	斗	女	虚	危	室	壁	奎	婁	胃	昴	畢	觜	参	井	鬼	☆
12月	柳	星	張	翼	軫	角	亢	氐	房	心	尾	斗	女	虚	危	室	壁	奎	婁	胃	昴	畢	觜	参	井	鬼	柳	星	張	翼	軫

2005年（平成17年）

	1	2	3	4	5	6	7	8	9	10	11	12	13	14	15	16	17	18	19	20	21	22	23	24	25	26	27	28	29	30	31
1月	角	亢	氐	房	心	尾	箕	斗	女	虚	危	室	壁	奎	婁	胃	昴	畢	觜	参	井	鬼	柳	星	張	翼	軫	角	亢	氐	房
2月	心	尾	箕	斗	女	虚	危	室	室	壁	奎	婁	胃	昴	畢	觜	参	井	鬼	柳	星	張	翼	軫	角	亢	氐	房	☆	☆	☆
3月	心	尾	箕	斗	女	虚	危	室	壁	奎	婁	胃	昴	畢	觜	参	井	鬼	柳	星	張	翼	軫	角	亢	氐	房	心	尾	箕	斗
4月	女	虚	危	室	壁	奎	婁	胃	胃	昴	畢	觜	参	井	鬼	柳	星	張	翼	軫	角	亢	氐	房	心	尾	箕	斗	女	虚	☆
5月	危	室	壁	奎	婁	胃	昴	畢	觜	参	井	鬼	柳	星	張	翼	軫	角	亢	氐	房	心	尾	箕	斗	女	虚	危	室	壁	奎
6月	婁	胃	昴	畢	觜	参	参	井	鬼	柳	星	張	翼	軫	角	亢	氐	房	心	尾	箕	斗	女	虚	危	室	壁	奎	婁	胃	☆
7月	昴	畢	觜	参	井	鬼	柳	星	張	翼	軫	角	亢	氐	房	心	尾	箕	斗	女	虚	危	室	壁	奎	婁	胃	昴	畢	觜	参
8月	井	鬼	柳	星	張	翼	軫	角	亢	氐	房	心	尾	箕	斗	女	虚	危	室	壁	奎	婁	胃	昴	畢	觜	参	井	鬼	柳	星
9月	張	翼	軫	角	亢	氐	房	心	尾	箕	斗	女	虚	危	室	壁	奎	婁	胃	昴	畢	觜	参	井	鬼	柳	星	張	翼	軫	☆
10月	角	亢	氐	房	心	尾	箕	斗	女	虚	危	室	壁	奎	婁	胃	昴	畢	觜	参	井	鬼	柳	星	張	翼	軫	角	亢	氐	房
11月	心	心	尾	箕	斗	女	虚	危	室	壁	奎	婁	胃	昴	畢	觜	参	井	鬼	柳	星	張	翼	軫	角	亢	氐	房	心	尾	☆
12月	箕	斗	女	虚	危	室	壁	奎	婁	胃	昴	畢	觜	参	井	鬼	柳	星	張	翼	軫	角	亢	氐	房	心	尾	箕	斗	女	虚

2006年（平成18年）

	1	2	3	4	5	6	7	8	9	10	11	12	13	14	15	16	17	18	19	20	21	22	23	24	25	26	27	28	29	30	31
1月	危	室	壁	奎	婁	胃	昴	畢	觜	参	井	鬼	柳	星	張	翼	軫	角	亢	氐	房	心	尾	箕	斗	女	虚	危	室	壁	奎
2月	婁	胃	昴	畢	觜	参	井	鬼	柳	星	張	翼	軫	角	亢	氐	房	心	尾	箕	斗	女	虚	危	室	壁	奎	奎	☆	☆	☆
3月	婁	胃	昴	畢	觜	参	井	鬼	柳	星	張	翼	軫	角	亢	氐	房	心	尾	箕	斗	女	虚	危	室	壁	奎	婁	胃	昴	畢
4月	觜	参	井	鬼	柳	星	張	翼	軫	角	亢	氐	房	心	尾	箕	斗	女	虚	危	室	壁	奎	婁	胃	昴	畢	畢	觜	参	☆
5月	井	鬼	柳	星	張	翼	軫	角	亢	氐	房	心	尾	箕	斗	女	虚	危	室	壁	奎	婁	胃	昴	畢	觜	参	井	鬼	柳	星
6月	張	翼	軫	角	亢	氐	房	心	尾	箕	斗	女	虚	危	室	壁	奎	婁	胃	昴	畢	觜	参	井	鬼	鬼	柳	星	張	翼	☆
7月	軫	角	亢	氐	房	心	尾	箕	斗	女	虚	危	室	壁	奎	婁	胃	昴	畢	觜	参	井	鬼	柳	張	翼	軫	角	亢	氐	房
8月	心	尾	箕	斗	女	虚	危	室	壁	奎	婁	胃	昴	畢	觜	参	井	鬼	柳	星	張	翼	軫	張	翼	軫	角	亢	氐	房	心
9月	尾	箕	斗	女	虚	危	室	壁	奎	婁	胃	昴	畢	觜	参	井	鬼	柳	星	張	翼	角	亢	氐	房	心	尾	箕	斗	女	☆
10月	虚	危	室	壁	奎	婁	胃	昴	畢	觜	参	井	鬼	柳	星	張	翼	軫	角	亢	氐	氐	房	心	尾	箕	斗	女	虚	危	室
11月	壁	奎	婁	胃	昴	畢	觜	参	井	鬼	柳	星	張	翼	軫	角	亢	氐	房	心	心	尾	箕	斗	女	虚	危	室	壁	奎	☆
12月	婁	胃	昴	畢	觜	参	井	鬼	柳	星	張	翼	軫	角	亢	氐	房	心	尾	斗	女	虚	危	室	壁	奎	婁	胃	昴	畢	觜

2007年（平成19年）

	1	2	3	4	5	6	7	8	9	10	11	12	13	14	15	16	17	18	19	20	21	22	23	24	25	26	27	28	29	30	31
1月	参	井	鬼	柳	星	張	翼	軫	角	亢	氐	房	心	尾	箕	斗	女	虚	虚	危	室	壁	奎	婁	胃	昴	畢	觜	参	井	鬼
2月	柳	星	張	翼	軫	角	亢	氐	房	心	尾	箕	斗	女	虚	危	室	室	壁	奎	婁	胃	昴	畢	觜	参	井	鬼	☆	☆	☆
3月	柳	星	張	翼	軫	角	亢	氐	房	心	尾	箕	斗	女	虚	危	室	壁	奎	婁	胃	昴	畢	觜	参	井	鬼	柳	星	張	翼
4月	軫	角	亢	氐	房	心	尾	箕	斗	女	虚	危	室	壁	奎	婁	胃	昴	畢	觜	参	井	鬼	柳	星	張	翼	軫	角	亢	☆
5月	氐	房	心	尾	箕	斗	女	虚	危	室	壁	奎	婁	胃	昴	畢	畢	觜	参	井	鬼	柳	星	張	翼	軫	角	亢	氐	房	心
6月	尾	箕	斗	女	虚	危	室	壁	奎	婁	胃	昴	畢	觜	参	井	鬼	柳	星	張	翼	軫	角	亢	氐	房	心	尾	箕	斗	☆
7月	女	虚	危	室	壁	奎	婁	胃	昴	畢	觜	参	井	鬼	柳	星	張	翼	軫	角	亢	氐	房	心	尾	箕	斗	女	虚	危	室
8月	壁	奎	婁	胃	昴	畢	觜	参	井	鬼	柳	星	張	翼	軫	角	亢	氐	房	心	尾	箕	斗	女	虚	危	室	壁	奎	婁	胃
9月	昴	畢	觜	参	井	鬼	柳	星	張	翼	角	亢	氐	房	心	尾	箕	斗	女	虚	危	室	壁	奎	婁	胃	昴	畢	觜	参	☆
10月	井	鬼	柳	星	張	翼	軫	角	亢	氐	氐	房	心	尾	箕	斗	女	虚	危	室	壁	奎	婁	胃	昴	畢	觜	参	井	鬼	柳
11月	星	張	翼	軫	角	亢	氐	房	心	心	尾	箕	斗	女	虚	危	室	壁	奎	婁	胃	昴	畢	觜	参	井	鬼	柳	星	張	☆
12月	翼	軫	角	亢	氐	房	心	尾	箕	斗	女	虚	危	室	壁	奎	婁	胃	昴	畢	觜	参	井	鬼	柳	星	張	翼	軫	角	亢

※グレーのマス目は、日曜日を表します。

2008年（平成20年）

	1	2	3	4	5	6	7	8	9	10	11	12	13	14	15	16	17	18	19	20	21	22	23	24	25	26	27	28	29	30	31
1月	氐	房	心	尾	箕	斗	女	虚	危	室	壁	奎	婁	胃	昴	畢	觜	参	井	鬼	柳	星	張	翼	軫	角	亢	氐	房	心	尾
2月	箕	斗	女	虚	危	室	室	壁	奎	婁	胃	昴	畢	觜	参	井	鬼	柳	星	張	翼	軫	角	亢	氐	房	心	尾	箕	☆	☆
3月	斗	女	虚	危	室	壁	奎	奎	婁	胃	昴	畢	觜	参	井	鬼	柳	星	張	翼	軫	角	亢	氐	房	心	尾	箕	斗	女	虚
4月	危	室	壁	奎	婁	胃	昴	畢	觜	参	井	鬼	柳	星	張	翼	軫	角	亢	氐	房	心	尾	箕	斗	女	虚	危	室	壁	☆
5月	奎	婁	胃	昴	畢	觜	参	井	鬼	柳	星	張	翼	軫	角	亢	氐	房	心	尾	箕	斗	女	虚	危	室	壁	奎	婁	胃	昴
6月	畢	觜	参	参	井	鬼	柳	星	張	翼	軫	角	亢	氐	房	心	尾	箕	斗	女	虚	危	室	壁	奎	婁	胃	昴	畢	觜	☆
7月	参	井	鬼	柳	星	張	翼	軫	角	亢	氐	房	心	尾	箕	斗	女	虚	危	室	壁	奎	婁	胃	昴	畢	觜	参	井	鬼	柳
8月	張	翼	軫	角	亢	氐	房	心	尾	箕	斗	女	虚	危	室	壁	奎	婁	胃	昴	畢	觜	参	井	鬼	柳	星	張	翼	軫	角
9月	亢	氐	房	心	尾	箕	斗	女	虚	危	室	壁	奎	婁	胃	昴	畢	觜	参	井	鬼	柳	星	張	翼	軫	角	亢	氐	房	☆
10月	心	尾	箕	斗	女	虚	危	室	壁	奎	婁	胃	昴	畢	觜	参	井	鬼	柳	星	張	翼	軫	角	亢	氐	房	心	心	尾	箕
11月	斗	女	虚	危	室	壁	奎	婁	胃	昴	畢	觜	参	井	鬼	柳	星	張	翼	軫	角	亢	氐	房	心	尾	箕	斗	女	虚	☆
12月	危	室	壁	奎	婁	胃	昴	畢	觜	参	井	鬼	柳	星	張	翼	軫	角	亢	氐	房	心	尾	箕	斗	女	虚	危	室	壁	奎

2009年（平成21年）

	1	2	3	4	5	6	7	8	9	10	11	12	13	14	15	16	17	18	19	20	21	22	23	24	25	26	27	28	29	30	31
1月	婁	胃	昴	畢	觜	参	井	鬼	柳	星	張	翼	軫	角	亢	氐	房	心	尾	箕	斗	女	虚	危	室	室	壁	奎	婁	胃	昴
2月	畢	觜	参	井	鬼	柳	星	張	翼	軫	角	亢	氐	房	心	尾	箕	斗	女	虚	危	室	壁	奎	奎	婁	胃	昴	☆	☆	☆
3月	畢	觜	参	井	鬼	柳	星	張	翼	軫	角	亢	氐	房	心	尾	箕	斗	女	虚	危	室	壁	奎	婁	胃	胃	昴	畢	觜	参
4月	井	鬼	柳	星	張	翼	軫	角	亢	氐	房	心	尾	箕	斗	女	虚	危	室	壁	奎	婁	胃	昴	畢	觜	参	井	鬼	柳	☆
5月	星	張	翼	軫	角	亢	氐	房	心	尾	箕	斗	女	虚	危	室	壁	奎	婁	胃	昴	畢	觜	参	井	鬼	柳	星	張	翼	軫
6月	角	亢	氐	房	心	尾	箕	斗	女	虚	危	室	壁	奎	婁	胃	昴	畢	觜	参	井	鬼	参	井	鬼	柳	星	張	翼	軫	☆
7月	角	亢	氐	房	心	尾	箕	斗	女	虚	危	室	壁	奎	婁	胃	昴	畢	觜	参	井	鬼	柳	星	張	翼	軫	角	亢	氐	房
8月	心	尾	箕	斗	女	虚	危	室	壁	奎	婁	胃	昴	畢	觜	参	井	鬼	柳	張	翼	軫	角	亢	氐	房	心	尾	箕	斗	女
9月	虚	危	室	壁	奎	婁	胃	昴	畢	觜	参	井	鬼	柳	星	張	翼	軫	角	亢	氐	房	心	尾	箕	斗	女	虚	危	室	☆
10月	壁	奎	婁	胃	昴	畢	觜	参	井	鬼	柳	星	張	翼	軫	角	亢	氐	房	心	尾	箕	斗	女	虚	危	室	壁	奎	婁	胃
11月	昴	畢	觜	参	井	鬼	柳	星	張	翼	軫	角	亢	氐	房	心	心	尾	箕	斗	女	虚	危	室	壁	奎	婁	胃	昴	畢	☆
12月	觜	参	井	鬼	柳	星	張	翼	軫	角	亢	氐	房	心	尾	斗	女	虚	危	室	壁	奎	婁	胃	昴	畢	觜	参	井	鬼	柳

2010年（平成22年）

	1	2	3	4	5	6	7	8	9	10	11	12	13	14	15	16	17	18	19	20	21	22	23	24	25	26	27	28	29	30	31
1月	星	張	翼	軫	角	亢	氐	房	心	尾	箕	斗	女	虚	虚	危	室	壁	奎	婁	胃	昴	畢	觜	参	井	鬼	柳	星	張	翼
2月	軫	角	亢	氐	房	心	尾	箕	斗	女	虚	危	室	室	壁	奎	婁	胃	昴	畢	觜	参	井	鬼	柳	星	張	翼	☆	☆	☆
3月	軫	角	亢	氐	房	心	尾	箕	斗	女	虚	危	室	壁	奎	奎	婁	胃	昴	畢	觜	参	井	鬼	柳	星	張	翼	軫	角	亢
4月	氐	房	心	尾	箕	斗	女	虚	危	室	壁	奎	婁	胃	昴	畢	觜	参	井	鬼	柳	星	張	翼	軫	角	亢	氐	房	心	☆
5月	尾	箕	斗	女	虚	危	室	壁	奎	婁	胃	昴	畢	畢	觜	参	井	鬼	柳	星	張	翼	軫	角	亢	氐	房	心	尾	箕	斗
6月	女	虚	危	室	壁	奎	婁	胃	昴	畢	觜	参	井	鬼	柳	星	張	翼	軫	角	亢	氐	房	心	尾	箕	斗	女	虚	危	☆
7月	室	壁	奎	婁	胃	昴	畢	觜	参	井	鬼	鬼	柳	星	張	翼	軫	角	亢	氐	房	心	尾	箕	斗	女	虚	危	室	壁	奎
8月	婁	胃	昴	畢	觜	参	井	鬼	柳	張	翼	軫	角	亢	氐	房	心	尾	箕	斗	女	虚	危	室	壁	奎	婁	胃	昴	畢	觜
9月	参	井	鬼	柳	星	張	翼	角	亢	氐	房	心	尾	箕	斗	女	虚	危	室	壁	奎	婁	胃	昴	畢	觜	参	井	鬼	柳	☆
10月	星	張	翼	軫	角	亢	氐	氐	房	心	尾	箕	斗	女	虚	危	室	壁	奎	婁	胃	昴	畢	觜	参	井	鬼	柳	星	張	翼
11月	軫	角	亢	氐	房	心	尾	箕	斗	女	虚	危	室	壁	奎	婁	胃	昴	畢	觜	参	井	鬼	柳	星	張	翼	軫	角	亢	☆
12月	氐	房	心	尾	箕	斗	女	虚	危	室	壁	奎	婁	胃	昴	畢	觜	参	井	鬼	柳	星	張	翼	軫	角	亢	氐	房	心	尾

2011年（平成23年）

	1	2	3	4	5	6	7	8	9	10	11	12	13	14	15	16	17	18	19	20	21	22	23	24	25	26	27	28	29	30	31
1月	箕	斗	女	虚	危	室	壁	奎	婁	胃	昴	畢	觜	参	井	鬼	柳	星	張	翼	軫	角	亢	氐	房	心	尾	箕	斗	女	虚
2月	危	室	室	壁	奎	婁	胃	昴	畢	觜	参	井	鬼	柳	星	張	翼	軫	角	亢	氐	房	心	尾	箕	斗	女	虚	☆	☆	☆
3月	危	室	壁	奎	奎	婁	胃	昴	畢	觜	参	井	鬼	柳	星	張	翼	軫	角	亢	氐	房	心	尾	箕	斗	女	虚	危	室	壁
4月	奎	婁	胃	昴	畢	觜	参	井	鬼	柳	星	張	翼	軫	角	亢	氐	房	心	尾	箕	斗	女	虚	危	室	壁	奎	婁	胃	☆
5月	昴	畢	畢	觜	参	井	鬼	柳	星	張	翼	軫	角	亢	氐	房	心	尾	箕	斗	女	虚	危	室	壁	奎	婁	胃	昴	畢	觜
6月	参	参	井	鬼	柳	星	張	翼	軫	角	亢	氐	房	心	尾	箕	斗	女	虚	危	室	壁	奎	婁	胃	昴	畢	觜	参	井	☆
7月	鬼	柳	星	張	翼	軫	角	亢	氐	房	心	尾	箕	斗	女	虚	危	室	壁	奎	婁	胃	昴	畢	觜	参	井	鬼	柳	星	張
8月	翼	軫	角	亢	氐	房	心	尾	箕	斗	女	虚	危	室	壁	奎	婁	胃	昴	畢	觜	参	井	鬼	柳	星	張	翼	角	亢	氐
9月	房	心	尾	箕	斗	女	虚	危	室	壁	奎	婁	胃	昴	畢	觜	参	井	鬼	柳	星	張	翼	軫	角	亢	氐	房	心	尾	☆
10月	箕	斗	女	虚	危	室	壁	奎	婁	胃	昴	畢	觜	参	井	鬼	柳	星	張	翼	軫	角	亢	氐	房	心	心	尾	箕	斗	女
11月	虚	危	室	壁	奎	婁	胃	昴	畢	觜	参	井	鬼	柳	星	張	翼	軫	角	亢	氐	房	心	尾	斗	女	虚	危	室	壁	☆
12月	奎	婁	胃	昴	畢	觜	参	井	鬼	柳	星	張	翼	軫	角	亢	氐	房	心	尾	箕	斗	女	虚	虚	危	室	壁	奎	婁	胃

※グレーのマス目は、日曜日を表します。

2012年（平成24年）

	1	2	3	4	5	6	7	8	9	10	11	12	13	14	15	16	17	18	19	20	21	22	23	24	25	26	27	28	29	30	31
1月	昴	畢	觜	参	井	鬼	柳	星	張	翼	軫	角	亢	氐	房	心	尾	箕	斗	女	虚	危	室	壁	奎	婁	胃	昴	畢	觜	参
2月	井	鬼	柳	星	張	翼	軫	角	亢	氐	房	心	尾	箕	斗	女	虚	危	室	壁	奎	奎	婁	胃	昴	畢	觜	参	井	☆	☆
3月	鬼	柳	星	張	翼	軫	角	亢	氐	房	心	尾	箕	斗	女	虚	危	室	壁	奎	婁	胃	昴	畢	觜	参	井	鬼	柳	星	張
4月	翼	軫	角	亢	氐	房	心	尾	箕	斗	女	虚	危	室	壁	奎	婁	胃	昴	畢	胃	昴	畢	觜	参	井	鬼	柳	星	張	☆
5月	翼	軫	角	亢	氐	房	心	尾	箕	斗	女	虚	危	室	壁	奎	婁	胃	昴	畢	畢	觜	参	井	鬼	柳	星	張	翼	軫	角
6月	亢	氐	房	心	尾	箕	斗	女	虚	危	室	壁	奎	婁	胃	昴	畢	觜	参	参	井	鬼	柳	星	張	翼	軫	角	亢	氐	☆
7月	房	心	尾	箕	斗	女	虚	危	室	壁	奎	婁	胃	昴	畢	觜	参	井	鬼	柳	星	張	翼	軫	角	亢	氐	房	心	尾	箕
8月	斗	女	虚	危	室	壁	奎	婁	胃	昴	畢	觜	参	井	鬼	柳	星	張	翼	軫	角	亢	氐	房	心	尾	箕	斗	女	虚	危
9月	室	壁	奎	婁	胃	昴	畢	觜	参	井	鬼	柳	星	張	翼	角	亢	氐	房	心	尾	箕	斗	女	虚	危	室	壁	奎	婁	☆
10月	胃	昴	畢	觜	参	井	鬼	柳	星	張	翼	軫	角	亢	氐	房	心	尾	箕	斗	女	虚	危	室	壁	奎	婁	胃	昴	畢	觜
11月	参	井	鬼	柳	星	張	翼	軫	角	亢	氐	房	心	心	尾	箕	斗	女	虚	危	室	壁	奎	婁	胃	昴	畢	觜	参	井	☆
12月	鬼	柳	星	張	翼	軫	角	亢	氐	房	心	尾	斗	女	虚	危	室	壁	奎	婁	胃	昴	畢	觜	参	井	鬼	柳	星	張	翼

2013年（平成25年）

	1	2	3	4	5	6	7	8	9	10	11	12	13	14	15	16	17	18	19	20	21	22	23	24	25	26	27	28	29	30	31
1月	軫	角	亢	氐	房	心	尾	箕	斗	女	虚	虚	危	室	壁	奎	婁	胃	昴	畢	觜	参	井	鬼	柳	星	張	翼	軫	角	亢
2月	氐	房	心	尾	箕	斗	女	虚	危	室	壁	奎	婁	胃	昴	畢	觜	参	井	鬼	柳	星	張	翼	軫	角	亢	氐	☆	☆	☆
3月	房	心	尾	箕	斗	女	虚	危	室	壁	奎	奎	婁	胃	昴	畢	觜	参	井	鬼	柳	星	張	翼	軫	角	亢	氐	房	心	尾
4月	箕	斗	女	虚	危	室	壁	奎	婁	胃	昴	畢	觜	参	井	鬼	柳	星	張	翼	軫	角	亢	氐	房	心	尾	箕	斗	女	☆
5月	虚	危	室	壁	奎	婁	胃	昴	畢	畢	觜	参	井	鬼	柳	星	張	翼	軫	角	亢	氐	房	心	尾	箕	斗	女	虚	危	室
6月	壁	奎	婁	胃	昴	畢	觜	参	参	井	鬼	柳	星	張	翼	軫	角	亢	氐	房	心	尾	箕	斗	女	虚	危	室	壁	奎	☆
7月	婁	胃	昴	畢	觜	参	井	鬼	柳	星	張	翼	軫	角	亢	氐	房	心	尾	箕	斗	女	虚	危	室	壁	奎	婁	胃	昴	畢
8月	觜	参	井	鬼	柳	星	張	翼	軫	角	亢	氐	房	心	尾	箕	斗	女	虚	危	室	壁	奎	婁	胃	昴	畢	觜	参	井	鬼
9月	柳	星	張	翼	角	亢	氐	房	心	尾	箕	斗	女	虚	危	室	壁	奎	婁	胃	昴	畢	觜	参	井	鬼	柳	星	張	翼	☆
10月	軫	角	亢	氐	氐	房	心	尾	箕	斗	女	虚	危	室	壁	奎	婁	胃	昴	畢	觜	参	井	鬼	柳	星	張	翼	軫	角	亢
11月	氐	房	心	尾	箕	斗	女	虚	危	室	壁	奎	婁	胃	昴	畢	觜	参	井	鬼	柳	星	張	翼	軫	角	亢	氐	房	心	☆
12月	尾	箕	斗	女	虚	危	室	壁	奎	婁	胃	昴	畢	觜	参	井	鬼	柳	星	張	翼	軫	角	亢	氐	房	心	尾	箕	斗	女

2014年（平成26年）

	1	2	3	4	5	6	7	8	9	10	11	12	13	14	15	16	17	18	19	20	21	22	23	24	25	26	27	28	29	30	31
1月	虚	危	室	壁	奎	婁	胃	昴	畢	觜	参	井	鬼	柳	星	張	翼	軫	角	亢	氐	房	心	尾	箕	斗	女	虚	危	室	室
2月	壁	奎	婁	胃	昴	畢	觜	参	井	鬼	柳	星	張	翼	軫	角	亢	氐	房	心	尾	箕	斗	女	虚	危	室	壁	☆	☆	☆
3月	奎	婁	胃	昴	畢	觜	参	井	鬼	柳	星	張	翼	軫	角	亢	氐	房	心	尾	箕	斗	女	虚	危	室	壁	奎	婁	胃	胃
4月	昴	畢	觜	参	井	鬼	柳	星	張	翼	軫	角	亢	氐	房	心	尾	箕	斗	女	虚	危	室	壁	奎	婁	胃	昴	畢	觜	☆
5月	参	井	鬼	柳	星	張	翼	軫	角	亢	氐	房	心	尾	箕	斗	女	虚	危	室	壁	奎	婁	胃	昴	畢	觜	参	参	井	鬼
6月	柳	星	張	翼	軫	角	亢	氐	房	心	尾	箕	斗	女	虚	危	室	壁	奎	婁	胃	昴	畢	觜	参	井	鬼	柳	星	張	☆
7月	翼	軫	角	亢	氐	房	心	尾	箕	斗	女	虚	危	室	壁	奎	婁	胃	昴	畢	觜	参	井	鬼	柳	星	張	翼	軫	角	亢
8月	氐	房	心	尾	箕	斗	女	虚	危	室	壁	奎	婁	胃	昴	畢	觜	参	井	鬼	柳	星	張	翼	角	亢	氐	房	心	尾	箕
9月	斗	女	虚	危	室	壁	奎	婁	胃	昴	畢	觜	参	井	鬼	柳	星	張	翼	軫	角	亢	氐	氐	房	心	尾	箕	斗	女	☆
10月	虚	危	室	壁	奎	婁	胃	昴	畢	觜	参	井	鬼	柳	星	張	翼	軫	角	亢	氐	房	心	氐	房	心	尾	箕	斗	女	虚
11月	危	室	壁	奎	婁	胃	昴	畢	觜	参	井	鬼	柳	星	張	翼	軫	角	亢	氐	房	心	尾	箕	斗	女	虚	危	室	壁	☆
12月	奎	婁	胃	昴	畢	觜	参	井	鬼	柳	星	張	翼	軫	角	亢	氐	房	心	尾	箕	斗	女	虚	危	室	壁	奎	婁	胃	昴

2015年（平成27年）

	1	2	3	4	5	6	7	8	9	10	11	12	13	14	15	16	17	18	19	20	21	22	23	24	25	26	27	28	29	30	31
1月	畢	觜	参	井	鬼	柳	星	張	翼	軫	角	亢	氐	房	心	尾	箕	斗	女	虚	危	室	壁	奎	婁	胃	昴	畢	觜	参	井
2月	鬼	柳	星	張	翼	軫	角	亢	氐	房	心	尾	箕	斗	女	虚	危	室	室	壁	奎	婁	胃	昴	畢	觜	参	井	☆	☆	☆
3月	鬼	柳	星	張	翼	軫	角	亢	氐	房	心	尾	箕	斗	女	虚	危	室	壁	奎	婁	胃	昴	畢	觜	参	井	鬼	柳	星	張
4月	翼	軫	角	亢	氐	房	心	尾	箕	斗	女	虚	危	室	壁	奎	婁	胃	胃	昴	畢	觜	参	井	鬼	柳	星	張	翼	軫	☆
5月	角	亢	氐	房	心	尾	箕	斗	女	虚	危	室	壁	奎	婁	胃	昴	畢	觜	参	井	鬼	柳	星	張	翼	軫	角	亢	氐	房
6月	心	尾	箕	斗	女	虚	危	室	壁	奎	婁	胃	昴	畢	觜	参	井	鬼	柳	星	張	翼	軫	角	亢	氐	房	心	尾	箕	☆
7月	斗	女	虚	危	室	壁	奎	婁	胃	昴	畢	觜	参	井	鬼	鬼	柳	星	張	翼	軫	角	亢	氐	房	心	尾	箕	斗	女	虚
8月	危	室	壁	奎	婁	胃	昴	畢	觜	参	井	鬼	柳	張	翼	軫	角	亢	氐	房	心	尾	箕	斗	女	虚	危	室	壁	奎	婁
9月	胃	昴	畢	觜	参	井	鬼	柳	星	張	翼	軫	角	亢	氐	房	心	尾	箕	斗	女	虚	危	室	壁	奎	婁	胃	昴	畢	☆
10月	觜	参	井	鬼	柳	星	張	翼	軫	角	亢	氐	氐	房	心	尾	箕	斗	女	虚	危	室	壁	奎	婁	胃	昴	畢	觜	参	井
11月	鬼	柳	星	張	翼	軫	角	亢	氐	房	心	心	尾	箕	斗	女	虚	危	室	壁	奎	婁	胃	昴	畢	觜	参	井	鬼	柳	☆
12月	星	張	翼	軫	角	亢	氐	房	心	尾	斗	女	虚	危	室	壁	奎	婁	胃	昴	畢	觜	参	井	鬼	柳	星	張	翼	軫	角

※グレーのマス目は、日曜日を表します。

2016年（平成28年）

	1	2	3	4	5	6	7	8	9	10	11	12	13	14	15	16	17	18	19	20	21	22	23	24	25	26	27	28	29	30	31
1月	亢	氐	房	心	尾	箕	斗	女	虚	虚	危	室	壁	奎	婁	胃	昴	畢	觜	参	井	鬼	柳	星	張	翼	軫	角	亢	氐	房
2月	心	尾	箕	斗	女	虚	危	室	壁	奎	婁	胃	昴	畢	觜	参	井	鬼	柳	星	張	翼	軫	角	亢	氐	房	心	尾	☆	☆
3月	箕	斗	女	虚	危	室	壁	奎	奎	婁	胃	昴	畢	觜	参	井	鬼	柳	星	張	翼	軫	角	亢	氐	房	心	尾	箕	斗	女
4月	虚	危	室	壁	奎	婁	胃	昴	畢	觜	参	井	鬼	柳	星	張	翼	軫	角	亢	氐	房	心	尾	箕	斗	女	虚	危	室	☆
5月	壁	奎	婁	胃	昴	畢	畢	觜	参	井	鬼	柳	星	張	翼	軫	角	亢	氐	房	心	尾	箕	斗	女	虚	危	室	壁	奎	婁
6月	胃	昴	畢	觜	参	井	鬼	柳	星	張	翼	軫	角	亢	氐	房	心	尾	箕	斗	女	虚	危	室	壁	奎	婁	胃	昴	畢	☆
7月	觜	参	井	鬼	柳	星	張	翼	軫	角	亢	氐	房	心	尾	箕	斗	女	虚	危	室	壁	奎	婁	胃	昴	畢	觜	参	井	鬼
8月	柳	星	張	翼	軫	角	亢	氐	房	心	尾	箕	斗	女	虚	危	室	壁	奎	婁	胃	昴	畢	觜	参	井	鬼	柳	星	張	翼
9月	角	亢	氐	房	心	尾	箕	斗	女	虚	危	室	壁	奎	婁	胃	昴	畢	觜	参	井	鬼	柳	星	張	翼	軫	角	亢	氐	☆
10月	氐	房	心	尾	箕	斗	女	虚	危	室	壁	奎	婁	胃	昴	畢	觜	参	井	鬼	柳	星	張	翼	軫	角	亢	氐	房	心	心
11月	尾	箕	斗	女	虚	危	室	壁	奎	婁	胃	昴	畢	觜	参	井	鬼	柳	星	張	翼	軫	角	亢	氐	房	心	尾	斗	女	☆
12月	虚	危	室	壁	奎	婁	胃	昴	畢	觜	参	井	鬼	柳	星	張	翼	軫	角	亢	氐	房	心	尾	箕	斗	女	虚	虚	危	室

2017年（平成29年）

	1	2	3	4	5	6	7	8	9	10	11	12	13	14	15	16	17	18	19	20	21	22	23	24	25	26	27	28	29	30	31
1月	壁	奎	婁	胃	昴	畢	觜	参	井	鬼	柳	星	張	翼	軫	角	亢	氐	房	心	尾	箕	斗	女	虚	危	室	室	壁	奎	婁
2月	胃	昴	畢	觜	参	井	鬼	柳	星	張	翼	軫	角	亢	氐	房	心	尾	箕	斗	女	虚	危	室	壁	奎	奎	婁	☆	☆	☆
3月	胃	昴	畢	觜	参	井	鬼	柳	星	張	翼	軫	角	亢	氐	房	心	尾	箕	斗	女	虚	危	室	壁	奎	婁	胃	昴	畢	觜
4月	参	井	鬼	柳	星	張	翼	軫	角	亢	氐	房	心	尾	箕	斗	女	虚	危	室	壁	奎	婁	胃	昴	畢	觜	参	井	鬼	☆
5月	柳	星	張	翼	軫	角	亢	氐	房	心	尾	箕	斗	女	虚	危	室	壁	奎	婁	胃	昴	畢	觜	参	参	井	鬼	柳	星	張
6月	翼	軫	角	亢	氐	房	心	尾	箕	斗	女	虚	危	室	壁	奎	婁	胃	昴	畢	觜	参	井	参	井	鬼	柳	星	張	翼	☆
7月	軫	角	亢	氐	房	心	尾	箕	斗	女	虚	危	室	壁	奎	婁	胃	昴	畢	觜	参	井	鬼	柳	星	張	翼	軫	角	亢	氐
8月	房	心	尾	箕	斗	女	虚	危	室	壁	奎	婁	胃	昴	畢	觜	参	井	鬼	柳	星	張	翼	軫	角	亢	氐	房	心	尾	箕
9月	斗	女	虚	危	室	壁	奎	婁	胃	昴	畢	觜	参	井	鬼	柳	星	張	翼	角	亢	氐	房	心	尾	箕	斗	女	虚	危	☆
10月	室	壁	奎	婁	胃	昴	畢	觜	参	井	鬼	柳	星	張	翼	軫	角	亢	氐	氐	房	心	尾	箕	斗	女	虚	危	室	壁	奎
11月	婁	胃	昴	畢	觜	参	井	鬼	柳	星	張	翼	軫	角	亢	氐	房	心	尾	箕	斗	女	虚	危	室	壁	奎	婁	胃	昴	☆
12月	畢	觜	参	井	鬼	柳	星	張	翼	軫	角	亢	氐	房	心	尾	箕	斗	女	虚	危	室	壁	奎	婁	胃	昴	畢	觜	参	井

2018年（平成30年）

	1	2	3	4	5	6	7	8	9	10	11	12	13	14	15	16	17	18	19	20	21	22	23	24	25	26	27	28	29	30	31
1月	鬼	柳	星	張	翼	軫	角	亢	氐	房	心	尾	箕	斗	女	虚	虚	危	室	壁	奎	婁	胃	昴	畢	觜	参	井	鬼	柳	星
2月	張	翼	軫	角	亢	氐	房	心	尾	箕	斗	女	虚	危	室	室	壁	奎	婁	胃	昴	畢	觜	参	井	鬼	柳	星	☆	☆	☆
3月	張	翼	軫	角	亢	氐	房	心	尾	箕	斗	女	虚	危	室	壁	奎	婁	胃	昴	畢	觜	参	井	鬼	柳	星	張	翼	軫	角
4月	亢	氐	房	心	尾	箕	斗	女	虚	危	室	壁	奎	婁	胃	胃	昴	畢	觜	参	井	鬼	柳	星	張	翼	軫	角	亢	氐	☆
5月	房	心	尾	箕	斗	女	虚	危	室	壁	奎	婁	胃	昴	畢	觜	参	井	鬼	柳	星	張	翼	軫	角	亢	氐	房	心	尾	箕
6月	斗	女	虚	危	室	壁	奎	婁	胃	昴	畢	觜	参	参	井	鬼	柳	星	張	翼	軫	角	亢	氐	房	心	尾	箕	斗	女	☆
7月	虚	危	室	壁	奎	婁	胃	昴	畢	觜	参	井	鬼	柳	星	張	翼	軫	角	亢	氐	房	心	尾	箕	斗	女	虚	危	室	壁
8月	奎	婁	胃	昴	畢	觜	参	井	鬼	柳	張	翼	軫	角	亢	氐	房	心	尾	箕	斗	女	虚	危	室	壁	奎	婁	胃	昴	畢
9月	觜	参	井	鬼	柳	星	張	翼	軫	角	亢	氐	房	心	尾	箕	斗	女	虚	危	室	壁	奎	婁	胃	昴	畢	觜	参	井	☆
10月	鬼	柳	星	張	翼	軫	角	亢	氐	房	心	尾	箕	斗	女	虚	危	室	壁	奎	婁	胃	昴	畢	觜	参	井	鬼	柳	星	張
11月	翼	軫	角	亢	氐	房	心	心	尾	箕	斗	女	虚	危	室	壁	奎	婁	胃	昴	畢	觜	参	井	鬼	柳	星	張	翼	軫	☆
12月	角	亢	氐	房	心	尾	斗	女	虚	危	室	壁	奎	婁	胃	昴	畢	觜	参	井	鬼	柳	星	張	翼	軫	角	亢	氐	房	心

2019年（平成31／令和元年）

	1	2	3	4	5	6	7	8	9	10	11	12	13	14	15	16	17	18	19	20	21	22	23	24	25	26	27	28	29	30	31
1月	尾	箕	斗	女	虚	虚	危	室	壁	奎	婁	胃	昴	畢	觜	参	井	鬼	柳	星	張	翼	軫	角	亢	氐	房	心	尾	箕	斗
2月	女	虚	危	室	室	壁	奎	婁	胃	昴	畢	觜	参	井	鬼	柳	星	張	翼	軫	角	亢	氐	房	心	尾	箕	斗	☆	☆	☆
3月	女	虚	危	室	壁	奎	奎	婁	胃	昴	畢	觜	参	井	鬼	柳	星	張	翼	軫	角	亢	氐	房	心	尾	箕	斗	女	虚	危
4月	室	壁	奎	婁	胃	昴	畢	觜	参	井	鬼	柳	星	張	翼	軫	角	亢	氐	房	心	尾	箕	斗	女	虚	危	室	壁	奎	☆
5月	婁	胃	昴	畢	畢	觜	参	井	鬼	柳	星	張	翼	軫	角	亢	氐	房	心	尾	箕	斗	女	虚	危	室	壁	奎	婁	胃	昴
6月	畢	觜	参	井	鬼	柳	星	張	翼	軫	角	亢	氐	房	心	尾	箕	斗	女	虚	危	室	壁	奎	婁	胃	昴	畢	觜	参	☆
7月	井	鬼	鬼	柳	星	張	翼	軫	角	亢	氐	房	心	尾	箕	斗	女	虚	危	室	壁	奎	婁	胃	昴	畢	觜	参	井	鬼	柳
8月	張	翼	軫	角	亢	氐	房	心	尾	箕	斗	女	虚	危	室	壁	奎	婁	胃	昴	畢	觜	参	井	鬼	柳	星	張	翼	角	亢
9月	氐	房	心	尾	箕	斗	女	虚	危	室	壁	奎	婁	胃	昴	畢	觜	参	井	鬼	柳	星	張	翼	軫	角	亢	氐	氐	房	☆
10月	心	尾	箕	斗	女	虚	危	室	壁	奎	婁	胃	昴	畢	觜	参	井	鬼	柳	星	張	翼	軫	角	亢	氐	房	心	尾	箕	斗
11月	女	虚	危	室	壁	奎	婁	胃	昴	畢	觜	参	井	鬼	柳	星	張	翼	軫	角	亢	氐	房	心	尾	箕	斗	女	虚	危	☆
12月	室	壁	奎	婁	胃	昴	畢	觜	参	井	鬼	柳	星	張	翼	軫	角	亢	氐	房	心	尾	箕	斗	女	虚	危	室	壁	奎	婁

※グレーのマス目は、日曜日を表します。

2020年（令和2年）

	1	2	3	4	5	6	7	8	9	10	11	12	13	14	15	16	17	18	19	20	21	22	23	24	25	26	27	28	29	30	31
1月	胃	昴	畢	觜	参	井	鬼	柳	星	張	翼	軫	角	亢	氐	房	心	尾	箕	斗	女	虚	危	室	室	壁	奎	婁	胃	昴	畢
2月	觜	参	井	鬼	柳	星	張	翼	軫	角	亢	氐	房	心	尾	箕	斗	女	虚	危	室	壁	奎	奎	婁	胃	昴	畢	觜	☆	☆
3月	参	井	鬼	柳	星	張	翼	軫	角	亢	氐	房	心	尾	箕	斗	女	虚	危	室	壁	奎	婁	胃	昴	畢	觜	参	井	鬼	柳
4月	星	張	翼	軫	角	亢	氐	房	心	尾	箕	斗	女	虚	危	室	壁	奎	婁	胃	昴	畢	畢	觜	参	井	鬼	柳	星	張	☆
5月	翼	軫	角	亢	氐	房	心	尾	箕	斗	女	虚	危	室	壁	奎	婁	胃	昴	畢	觜	参	畢	觜	参	井	鬼	柳	星	張	翼
6月	軫	角	亢	氐	房	心	尾	箕	斗	女	虚	危	室	壁	奎	婁	胃	昴	畢	觜	参	井	鬼	柳	星	張	翼	軫	角	亢	☆
7月	氐	房	心	尾	箕	斗	女	虚	危	室	壁	奎	婁	胃	昴	畢	觜	参	井	鬼	鬼	柳	星	張	翼	軫	角	亢	氐	房	心
8月	尾	箕	斗	女	虚	危	室	壁	奎	婁	胃	昴	畢	觜	参	井	鬼	柳	張	翼	軫	角	亢	氐	房	心	尾	箕	斗	女	虚
9月	危	室	壁	奎	婁	胃	昴	畢	觜	参	井	鬼	柳	星	張	翼	角	亢	氐	房	心	尾	箕	斗	女	虚	危	室	壁	奎	☆
10月	婁	胃	昴	畢	觜	参	井	鬼	柳	星	張	翼	軫	角	亢	氐	氐	房	心	尾	箕	斗	女	虚	危	室	壁	奎	婁	胃	昴
11月	畢	觜	参	井	鬼	柳	星	張	翼	軫	角	亢	氐	房	心	尾	箕	斗	女	虚	危	室	壁	奎	婁	胃	昴	畢	觜	参	☆
12月	井	鬼	柳	星	張	翼	軫	角	亢	氐	房	心	尾	箕	斗	女	虚	危	室	壁	奎	婁	胃	昴	畢	觜	参	井	鬼	柳	星

2021年（令和3年）

	1	2	3	4	5	6	7	8	9	10	11	12	13	14	15	16	17	18	19	20	21	22	23	24	25	26	27	28	29	30	31
1月	張	翼	軫	角	亢	氐	房	心	尾	箕	斗	女	虚	危	室	壁	奎	婁	胃	昴	畢	觜	参	井	鬼	柳	星	張	翼	軫	角
2月	亢	氐	房	心	尾	箕	斗	女	虚	危	室	室	壁	奎	婁	胃	昴	畢	觜	参	井	鬼	柳	星	張	翼	軫	角	☆	☆	☆
3月	亢	氐	房	心	尾	箕	斗	女	虚	危	室	壁	奎	婁	胃	昴	畢	觜	参	井	鬼	柳	星	張	翼	軫	角	亢	氐	房	心
4月	尾	箕	斗	女	虚	危	室	壁	奎	婁	胃	胃	昴	畢	觜	参	井	鬼	柳	星	張	翼	軫	角	亢	氐	房	心	尾	箕	☆
5月	斗	女	虚	危	室	壁	奎	婁	胃	昴	畢	畢	觜	参	井	鬼	柳	星	張	翼	軫	角	亢	氐	房	心	尾	箕	斗	女	虚
6月	危	室	壁	奎	婁	胃	昴	畢	觜	参	井	鬼	柳	星	張	翼	軫	角	亢	氐	房	心	尾	箕	斗	女	虚	危	室	壁	☆
7月	奎	婁	胃	昴	畢	觜	参	井	鬼	鬼	柳	星	張	翼	軫	角	亢	氐	房	心	尾	箕	斗	女	虚	危	室	壁	奎	婁	胃
8月	昴	畢	觜	参	井	鬼	柳	張	翼	軫	角	亢	氐	房	心	尾	箕	斗	女	虚	危	室	壁	奎	婁	胃	昴	畢	觜	参	井
9月	鬼	柳	星	張	翼	軫	角	亢	氐	房	心	尾	箕	斗	女	虚	危	室	壁	奎	婁	胃	昴	畢	觜	参	井	鬼	柳	星	張
10月	張	翼	軫	角	亢	氐	房	心	尾	箕	斗	女	虚	危	室	壁	奎	婁	胃	昴	畢	觜	参	井	鬼	柳	星	張	翼	軫	角
11月	亢	氐	房	心	心	尾	箕	斗	女	虚	危	室	壁	奎	婁	胃	昴	畢	觜	参	井	鬼	柳	星	張	翼	軫	角	亢	氐	☆
12月	房	心	尾	斗	女	虚	危	室	壁	奎	婁	胃	昴	畢	觜	参	井	鬼	柳	星	張	翼	軫	角	亢	氐	房	心	尾	箕	斗

2022年（令和4年）

	1	2	3	4	5	6	7	8	9	10	11	12	13	14	15	16	17	18	19	20	21	22	23	24	25	26	27	28	29	30	31
1月	女	虚	虚	危	室	壁	奎	婁	胃	昴	畢	觜	参	井	鬼	柳	星	張	翼	軫	角	亢	氐	房	心	尾	箕	斗	女	虚	危
2月	室	壁	奎	婁	胃	昴	畢	觜	参	井	鬼	柳	星	張	翼	軫	角	亢	氐	房	心	尾	箕	斗	女	虚	危	室	☆	☆	☆
3月	壁	奎	婁	婁	胃	昴	畢	觜	参	井	鬼	柳	星	張	翼	軫	角	亢	氐	房	心	尾	箕	斗	女	虚	危	室	壁	奎	婁
4月	胃	昴	畢	觜	参	井	鬼	柳	星	張	翼	軫	角	亢	氐	房	心	尾	箕	斗	女	虚	危	室	壁	奎	婁	胃	昴	畢	☆
5月	畢	觜	参	井	鬼	柳	星	張	翼	軫	角	亢	氐	房	心	尾	箕	斗	女	虚	危	室	壁	奎	婁	胃	昴	畢	觜	参	井
6月	鬼	柳	星	張	翼	軫	角	亢	氐	房	心	尾	箕	斗	女	虚	危	室	壁	奎	婁	胃	昴	畢	觜	参	井	鬼	鬼	柳	☆
7月	星	張	翼	軫	角	亢	氐	房	心	尾	箕	斗	女	虚	危	室	壁	奎	婁	胃	昴	畢	觜	参	井	鬼	柳	張	張	翼	軫
8月	角	亢	氐	房	心	尾	箕	斗	女	虚	危	室	壁	奎	婁	胃	昴	畢	觜	参	井	鬼	柳	星	張	翼	角	亢	氐	房	心
9月	尾	箕	斗	女	虚	危	室	壁	奎	婁	胃	昴	畢	觜	参	井	鬼	柳	星	張	翼	軫	角	亢	氐	氐	房	心	尾	箕	☆
10月	斗	女	虚	危	室	壁	奎	婁	胃	昴	畢	觜	参	井	鬼	柳	星	張	翼	軫	角	亢	氐	房	心	尾	箕	斗	女	虚	危
11月	室	壁	奎	婁	胃	昴	畢	觜	参	井	鬼	柳	星	張	翼	軫	角	亢	氐	房	心	尾	箕	斗	女	虚	危	室	壁	奎	☆
12月	婁	胃	昴	畢	觜	参	井	鬼	柳	星	張	翼	軫	角	亢	氐	房	心	尾	箕	斗	女	虚	危	室	壁	奎	婁	胃	昴	畢

2023年（令和5年）

	1	2	3	4	5	6	7	8	9	10	11	12	13	14	15	16	17	18	19	20	21	22	23	24	25	26	27	28	29	30	31
1月	觜	参	井	鬼	柳	星	張	翼	軫	角	亢	氐	房	心	尾	箕	斗	女	虚	危	室	室	壁	奎	婁	胃	昴	畢	觜	参	井
2月	鬼	柳	星	張	翼	軫	角	亢	氐	房	心	尾	箕	斗	女	虚	危	室	壁	奎	婁	胃	昴	畢	觜	参	井	鬼	☆	☆	☆
3月	柳	星	張	翼	軫	角	亢	氐	房	心	尾	箕	斗	女	虚	危	室	壁	奎	婁	胃	奎	婁	胃	昴	畢	觜	参	井	鬼	柳
4月	星	張	翼	軫	角	亢	氐	房	心	尾	箕	斗	女	虚	危	室	壁	奎	婁	胃	昴	畢	觜	参	井	鬼	柳	星	張	翼	☆
5月	軫	角	亢	氐	房	心	尾	箕	斗	女	虚	危	室	壁	奎	婁	胃	昴	畢	畢	觜	参	井	鬼	柳	星	張	翼	軫	角	亢
6月	氐	房	心	尾	箕	斗	女	虚	危	室	壁	奎	婁	胃	昴	畢	觜	参	井	鬼	柳	星	張	翼	軫	角	亢	氐	房	心	☆
7月	尾	箕	斗	女	虚	危	室	壁	奎	婁	胃	昴	畢	觜	参	井	鬼	鬼	柳	星	張	翼	軫	角	亢	氐	房	心	尾	箕	斗
8月	女	虚	危	室	壁	奎	婁	胃	昴	畢	觜	参	井	鬼	柳	張	翼	軫	角	亢	氐	房	心	尾	箕	斗	女	虚	危	室	壁
9月	奎	婁	胃	昴	畢	觜	参	井	鬼	柳	星	張	翼	軫	角	亢	氐	房	心	尾	箕	斗	女	虚	危	室	壁	奎	婁	胃	☆
10月	昴	畢	觜	参	井	鬼	柳	星	張	翼	軫	角	亢	氐	氐	房	心	尾	箕	斗	女	虚	危	室	壁	奎	婁	胃	昴	畢	觜
11月	参	井	鬼	柳	星	張	翼	軫	角	亢	氐	房	心	尾	箕	斗	女	虚	危	室	壁	奎	婁	胃	昴	畢	觜	参	井	鬼	☆
12月	柳	星	張	翼	軫	角	亢	氐	房	心	尾	箕	斗	女	虚	危	室	壁	奎	婁	胃	昴	畢	觜	参	井	鬼	柳	星	張	翼

※グレーのマス目は、日曜日を表します。

宿曜占星術27宿早見表

2024年（令和6年）

	1	2	3	4	5	6	7	8	9	10	11	12	13	14	15	16	17	18	19	20	21	22	23	24	25	26	27	28	29	30	31
1月	軫	角	亢	氐	房	心	尾	箕	斗	女	虚	危	室	壁	奎	婁	胃	昴	畢	觜	参	井	鬼	柳	星	張	翼	軫	角	亢	氐
2月	房	心	尾	箕	斗	女	虚	危	室	壁	奎	婁	胃	昴	畢	觜	参	井	鬼	柳	星	張	翼	軫	角	亢	氐	房	☆	☆	☆
3月	心	尾	箕	斗	女	虚	危	室	壁	奎	婁	胃	昴	畢	觜	参	井	鬼	柳	星	張	翼	軫	角	亢	氐	房	心	尾	箕	斗
4月	女	虚	危	室	壁	奎	婁	胃	胃	昴	畢	觜	参	井	鬼	柳	星	張	翼	軫	角	亢	氐	房	心	尾	箕	斗	女	虚	☆
5月	危	室	壁	奎	婁	胃	昴	畢	觜	参	井	鬼	柳	星	張	翼	軫	角	亢	氐	房	心	尾	箕	斗	女	虚	危	室	壁	奎
6月	婁	胃	昴	畢	觜	参	井	鬼	柳	星	張	翼	軫	角	亢	氐	房	心	尾	箕	斗	女	虚	危	室	壁	奎	婁	胃	昴	☆
7月	畢	觜	参	井	鬼	鬼	柳	星	張	翼	軫	角	亢	氐	房	心	尾	箕	斗	女	虚	危	室	壁	奎	婁	胃	昴	畢	觜	参
8月	井	鬼	柳	張	翼	軫	角	亢	氐	房	心	尾	箕	斗	女	虚	危	室	壁	奎	婁	胃	昴	畢	觜	参	井	鬼	柳	星	張
9月	翼	軫	角	亢	氐	房	心	尾	箕	斗	女	虚	危	室	壁	奎	婁	胃	昴	畢	觜	参	井	鬼	柳	星	張	翼	軫	角	☆
10月	亢	氐	氐	房	心	尾	箕	斗	女	虚	危	室	壁	奎	婁	胃	昴	畢	觜	参	井	鬼	柳	星	張	翼	軫	角	亢	氐	房
11月	心	尾	箕	斗	女	虚	危	室	壁	奎	婁	胃	昴	畢	觜	参	井	鬼	柳	星	張	翼	軫	角	亢	氐	房	心	尾	箕	☆
12月	斗	女	虚	危	室	壁	奎	婁	胃	昴	畢	觜	参	井	鬼	柳	星	張	翼	軫	角	亢	氐	房	心	尾	箕	斗	女	虚	虚

2025年（令和7年）

	1	2	3	4	5	6	7	8	9	10	11	12	13	14	15	16	17	18	19	20	21	22	23	24	25	26	27	28	29	30	31
1月	危	室	壁	奎	婁	胃	昴	畢	觜	参	井	鬼	柳	星	張	翼	軫	角	亢	氐	房	心	尾	箕	斗	女	虚	危	室	壁	奎
2月	婁	胃	昴	畢	觜	参	井	鬼	柳	星	張	翼	軫	角	亢	氐	房	心	尾	箕	斗	女	虚	危	室	壁	奎	奎	☆	☆	☆
3月	婁	胃	昴	畢	觜	参	井	鬼	柳	星	張	翼	軫	角	亢	氐	房	心	尾	箕	斗	女	虚	危	室	壁	奎	婁	胃	昴	畢
4月	觜	参	井	鬼	柳	星	張	翼	軫	角	亢	氐	房	心	尾	箕	斗	女	虚	危	室	壁	奎	婁	胃	昴	畢	畢	觜	参	☆
5月	井	鬼	柳	星	張	翼	軫	角	亢	氐	房	心	尾	箕	斗	女	虚	危	室	壁	奎	婁	胃	昴	畢	觜	参	井	鬼	柳	星
6月	張	翼	軫	角	亢	氐	房	心	尾	箕	斗	女	虚	危	室	壁	奎	婁	胃	昴	畢	觜	参	井	鬼	柳	星	張	翼	軫	☆
7月	角	亢	氐	房	心	尾	箕	斗	女	虚	危	室	壁	奎	婁	胃	昴	畢	觜	参	井	鬼	柳	星	鬼	柳	星	張	翼	軫	角
8月	亢	氐	房	心	尾	箕	斗	女	虚	危	室	壁	奎	婁	胃	昴	畢	觜	参	井	鬼	柳	張	翼	軫	角	亢	氐	房	心	尾
9月	箕	斗	女	虚	危	室	壁	奎	婁	胃	昴	畢	觜	参	井	鬼	柳	星	張	翼	軫	角	亢	氐	房	心	尾	箕	斗	女	☆
10月	虚	危	室	壁	奎	婁	胃	昴	畢	觜	参	井	鬼	柳	星	張	翼	軫	角	亢	氐	房	心	尾	箕	斗	女	虚	危	室	壁
11月	奎	婁	胃	昴	畢	觜	参	井	鬼	柳	星	張	翼	軫	角	亢	氐	房	心	心	尾	箕	斗	女	虚	危	室	壁	奎	婁	☆
12月	胃	昴	畢	觜	参	井	鬼	柳	星	張	翼	軫	角	亢	氐	房	心	尾	箕	斗	女	虚	危	室	壁	奎	婁	胃	昴	畢	觜

2026年（令和8年）

	1	2	3	4	5	6	7	8	9	10	11	12	13	14	15	16	17	18	19	20	21	22	23	24	25	26	27	28	29	30	31
1月	参	井	鬼	柳	星	張	翼	軫	角	亢	氐	房	心	尾	箕	斗	女	虚	虚	危	室	壁	奎	婁	胃	昴	畢	觜	参	井	鬼
2月	柳	星	張	翼	軫	角	亢	氐	房	心	尾	箕	斗	女	虚	危	室	壁	奎	婁	胃	昴	畢	觜	参	井	鬼	柳	☆	☆	☆
3月	星	張	翼	軫	角	亢	氐	房	心	尾	箕	斗	女	虚	危	室	壁	奎	奎	婁	胃	昴	畢	觜	参	井	鬼	柳	星	張	翼
4月	軫	角	亢	氐	房	心	尾	箕	斗	女	虚	危	室	壁	奎	婁	胃	昴	畢	觜	参	井	鬼	柳	星	張	翼	軫	角	亢	☆
5月	氐	房	心	尾	箕	斗	女	虚	危	室	壁	奎	婁	胃	昴	畢	畢	觜	参	井	鬼	柳	星	張	翼	軫	角	亢	氐	房	心
6月	尾	箕	斗	女	虚	危	室	壁	奎	婁	胃	昴	畢	觜	参	井	鬼	柳	星	張	翼	軫	角	亢	氐	房	心	尾	箕	斗	☆
7月	女	虚	危	室	壁	奎	婁	胃	昴	畢	觜	参	井	鬼	柳	星	張	翼	軫	角	亢	氐	房	心	尾	箕	斗	女	虚	危	室
8月	壁	奎	婁	胃	昴	畢	觜	参	井	鬼	柳	星	張	翼	軫	角	亢	氐	房	心	尾	箕	斗	女	虚	危	室	壁	奎	婁	胃
9月	昴	畢	觜	参	井	鬼	柳	星	張	翼	角	亢	氐	房	心	尾	箕	斗	女	虚	危	室	壁	奎	婁	胃	昴	畢	觜	参	☆
10月	井	鬼	柳	星	張	翼	軫	角	亢	氐	氐	房	心	尾	箕	斗	女	虚	危	室	壁	奎	婁	胃	昴	畢	觜	参	井	鬼	柳
11月	星	張	翼	軫	角	亢	氐	房	心	尾	箕	斗	女	虚	危	室	壁	奎	婁	胃	昴	畢	觜	参	井	鬼	柳	星	張	翼	☆
12月	軫	角	亢	氐	房	心	尾	箕	斗	女	虚	危	室	壁	奎	婁	胃	昴	畢	觜	参	井	鬼	柳	星	張	翼	軫	角	亢	氐

2027年（令和9年）

	1	2	3	4	5	6	7	8	9	10	11	12	13	14	15	16	17	18	19	20	21	22	23	24	25	26	27	28	29	30	31
1月	房	心	尾	箕	斗	女	虚	虚	危	室	壁	奎	婁	胃	昴	畢	觜	参	井	鬼	柳	星	張	翼	軫	角	亢	氐	房	心	尾
2月	箕	斗	女	虚	危	室	室	壁	奎	婁	胃	昴	畢	觜	参	井	鬼	柳	星	張	翼	軫	角	亢	氐	房	心	尾	☆	☆	☆
3月	箕	斗	女	虚	危	室	壁	奎	婁	胃	昴	畢	觜	参	井	鬼	柳	星	張	翼	軫	角	亢	氐	房	心	尾	箕	斗	女	虚
4月	危	室	壁	奎	婁	胃	胃	昴	畢	觜	参	井	鬼	柳	星	張	翼	軫	角	亢	氐	房	心	尾	箕	斗	女	虚	危	室	☆
5月	壁	奎	婁	胃	昴	畢	觜	参	井	鬼	柳	星	張	翼	軫	角	亢	氐	房	心	尾	箕	斗	女	虚	危	室	壁	奎	婁	胃
6月	昴	畢	觜	参	参	井	鬼	柳	星	張	翼	軫	角	亢	氐	房	心	尾	箕	斗	女	虚	危	室	壁	奎	婁	胃	昴	畢	☆
7月	觜	参	井	鬼	柳	星	張	翼	軫	角	亢	氐	房	心	尾	箕	斗	女	虚	危	室	壁	奎	婁	胃	昴	畢	觜	参	井	鬼
8月	柳	張	翼	軫	角	亢	氐	房	心	尾	箕	斗	女	虚	危	室	壁	奎	婁	胃	昴	畢	觜	参	井	鬼	柳	星	張	翼	軫
9月	角	亢	氐	房	心	尾	箕	斗	女	虚	危	室	壁	奎	婁	胃	昴	畢	觜	参	井	鬼	柳	星	張	翼	軫	角	亢	氐	☆
10月	房	心	尾	箕	斗	女	虚	危	室	壁	奎	婁	胃	昴	畢	觜	参	井	鬼	柳	星	張	翼	軫	角	亢	氐	房	心	尾	箕
11月	斗	女	虚	危	室	壁	奎	婁	胃	昴	畢	觜	参	井	鬼	柳	星	張	翼	軫	角	亢	氐	房	心	尾	箕	斗	女	虚	☆
12月	危	室	壁	奎	婁	胃	昴	畢	觜	参	井	鬼	柳	星	張	翼	軫	角	亢	氐	房	心	尾	箕	斗	女	虚	虚	危	室	壁

※グレーのマス目は、日曜日を表します。

2028年（令和10年）

	1	2	3	4	5	6	7	8	9	10	11	12	13	14	15	16	17	18	19	20	21	22	23	24	25	26	27	28	29	30	31
1月	奎	婁	胃	昴	畢	觜	参	井	鬼	柳	星	張	翼	軫	角	亢	氐	房	心	尾	箕	斗	女	虚	危	室	室	壁	奎	婁	胃
2月	昴	畢	觜	参	井	鬼	柳	星	張	翼	軫	角	亢	氐	房	心	尾	箕	斗	女	虚	危	室	壁	奎	婁	胃	昴	畢	☆	☆
3月	觜	参	井	鬼	柳	星	張	翼	軫	角	亢	氐	房	心	尾	箕	斗	女	虚	危	室	壁	奎	婁	胃	胃	昴	畢	觜	参	井
4月	鬼	柳	星	張	翼	軫	角	亢	氐	房	心	尾	箕	斗	女	虚	危	室	壁	奎	婁	胃	昴	畢	畢	觜	参	井	鬼	柳	☆
5月	星	張	翼	軫	角	亢	氐	房	心	尾	箕	斗	女	虚	危	室	壁	奎	婁	胃	昴	畢	觜	参	井	鬼	柳	星	張	翼	軫
6月	角	亢	氐	房	心	尾	箕	斗	女	虚	危	室	壁	奎	婁	胃	昴	畢	觜	参	井	鬼	参	井	鬼	柳	星	張	翼	軫	☆
7月	角	亢	氐	房	心	尾	箕	斗	女	虚	危	室	壁	奎	婁	胃	昴	畢	觜	参	井	鬼	柳	星	張	翼	軫	角	亢	氐	房
8月	心	尾	箕	斗	女	虚	危	室	壁	奎	婁	胃	昴	畢	觜	参	井	鬼	柳	張	翼	軫	角	亢	氐	房	心	尾	箕	斗	女
9月	虚	危	室	壁	奎	婁	胃	昴	畢	觜	参	井	鬼	柳	星	張	翼	軫	角	亢	氐	房	心	尾	箕	斗	女	虚	危	室	☆
10月	壁	奎	婁	胃	昴	畢	觜	参	井	鬼	柳	星	張	翼	軫	角	亢	氐	房	心	尾	箕	斗	女	虚	危	室	壁	奎	婁	胃
11月	昴	畢	觜	参	井	鬼	柳	星	張	翼	軫	角	亢	氐	房	心	尾	箕	斗	女	虚	危	室	壁	奎	婁	胃	昴	畢	觜	☆
12月	参	井	鬼	柳	星	張	翼	軫	角	亢	氐	房	心	尾	箕	斗	女	虚	危	室	壁	奎	婁	胃	昴	畢	觜	参	井	鬼	柳

2029年（令和11年）

	1	2	3	4	5	6	7	8	9	10	11	12	13	14	15	16	17	18	19	20	21	22	23	24	25	26	27	28	29	30	31
1月	星	張	翼	軫	角	亢	氐	房	心	尾	箕	斗	女	虚	虚	危	室	壁	奎	婁	胃	昴	畢	觜	参	井	鬼	柳	星	張	翼
2月	軫	角	亢	氐	房	心	尾	箕	斗	女	虚	危	室	壁	奎	婁	胃	昴	畢	觜	参	井	鬼	柳	星	張	翼	軫	☆	☆	☆
3月	角	亢	氐	房	心	尾	箕	斗	女	虚	危	室	壁	奎	奎	婁	胃	昴	畢	觜	参	井	鬼	柳	星	張	翼	軫	角	亢	氐
4月	房	心	尾	箕	斗	女	虚	危	室	壁	奎	婁	胃	胃	昴	畢	觜	参	井	鬼	柳	星	張	翼	軫	角	亢	氐	房	心	☆
5月	尾	箕	斗	女	虚	危	室	壁	奎	婁	胃	昴	畢	觜	参	井	鬼	柳	星	張	翼	軫	角	亢	氐	房	心	尾	箕	斗	女
6月	虚	危	室	壁	奎	婁	胃	昴	畢	觜	参	参	井	鬼	柳	星	張	翼	軫	角	亢	氐	房	心	尾	箕	斗	女	虚	危	☆
7月	室	壁	奎	婁	胃	昴	畢	觜	参	井	鬼	鬼	柳	星	張	翼	軫	角	亢	氐	房	心	尾	箕	斗	女	虚	危	室	壁	奎
8月	婁	胃	昴	畢	觜	参	井	鬼	柳	張	翼	軫	角	亢	氐	房	心	尾	箕	斗	女	虚	危	室	壁	奎	婁	胃	昴	畢	觜
9月	参	井	鬼	柳	星	張	翼	角	亢	氐	房	心	尾	箕	斗	女	虚	危	室	壁	奎	婁	胃	昴	畢	觜	参	井	鬼	柳	☆
10月	星	張	翼	軫	角	亢	氐	氐	房	心	尾	箕	斗	女	虚	危	室	壁	奎	婁	胃	昴	畢	觜	参	井	鬼	柳	星	張	翼
11月	軫	角	亢	氐	房	心	尾	箕	斗	女	虚	危	室	壁	奎	婁	胃	昴	畢	觜	参	井	鬼	柳	星	張	翼	軫	角	亢	☆
12月	氐	房	心	尾	斗	女	虚	危	室	壁	奎	婁	胃	昴	畢	觜	参	井	鬼	柳	星	張	翼	軫	角	亢	氐	房	心	尾	箕

2030年（令和12年）

	1	2	3	4	5	6	7	8	9	10	11	12	13	14	15	16	17	18	19	20	21	22	23	24	25	26	27	28	29	30	31
1月	斗	女	虚	虚	危	室	壁	奎	婁	胃	昴	畢	觜	参	井	鬼	柳	星	張	翼	軫	角	亢	氐	房	心	尾	箕	斗	女	虚
2月	危	室	室	壁	奎	婁	胃	昴	畢	觜	参	井	鬼	柳	星	張	翼	軫	角	亢	氐	房	心	尾	箕	斗	女	虚	☆	☆	☆
3月	危	室	壁	奎	婁	胃	昴	畢	觜	参	井	鬼	柳	星	張	翼	軫	角	亢	氐	房	心	尾	箕	斗	女	虚	危	室	壁	奎
4月	婁	胃	胃	昴	畢	觜	参	井	鬼	柳	星	張	翼	軫	角	亢	氐	房	心	尾	箕	斗	女	虚	危	室	壁	奎	婁	胃	☆
5月	昴	畢	觜	参	井	鬼	柳	星	張	翼	軫	角	亢	氐	房	心	尾	箕	斗	女	虚	危	室	壁	奎	婁	胃	昴	畢	觜	参
6月	参	井	鬼	柳	星	張	翼	軫	角	亢	氐	房	心	尾	箕	斗	女	虚	危	室	壁	奎	婁	胃	昴	畢	觜	参	井	鬼	☆
7月	鬼	柳	星	張	翼	軫	角	亢	氐	房	心	尾	箕	斗	女	虚	危	室	壁	奎	婁	胃	昴	畢	觜	参	井	鬼	柳	張	翼
8月	軫	角	亢	氐	房	心	房	箕	斗	女	虚	危	室	壁	奎	婁	胃	昴	畢	觜	参	井	鬼	柳	星	張	翼	軫	角	亢	氐
9月	房	心	尾	箕	斗	女	虚	危	室	壁	奎	婁	胃	昴	畢	觜	参	井	鬼	柳	星	張	翼	軫	角	亢	氐	房	心	尾	☆
10月	箕	斗	女	虚	危	室	壁	奎	婁	胃	昴	畢	觜	参	井	鬼	柳	星	張	翼	軫	角	亢	氐	房	心	心	尾	箕	斗	女
11月	虚	危	室	壁	奎	婁	胃	昴	畢	觜	参	井	鬼	柳	星	張	翼	軫	角	亢	氐	房	心	尾	斗	女	虚	危	室	壁	☆
12月	奎	婁	胃	昴	畢	觜	参	井	鬼	柳	星	張	翼	軫	角	亢	氐	房	心	尾	箕	斗	女	虚	虚	危	室	壁	奎	婁	胃

※グレーのマス目は、日曜日を表します。

おわりに

「心暗きときは、即ち遇（あ）うところ、ことごとく禍（わざわい）なり」

これは、空海の有名なお言葉です。心が暗いときは、災いばかりに遭遇すると意味です。

心が落ち込んでいると、次々に新たな悩みがやってきたり、不運なことが起きたりして、ますます落ち込んでしまうことがよくあります。こうなると、良いことは何ひとつやって来ません。空海は、そのような「災いはすべて自分が引き寄せている」と諭しておられます。

この空海のお言葉には続きがあります。

「眼明（まなこあき）らかなれば、即ち途（みち）に触れて皆宝なり」

あなたの眼が明るく開かれていれば、出会うものはすべて宝となります。幸せへの道は遠くにあるものではありません。あなたの心ひとつで目の前に開かれるのです。

「暗い心」と「明るい心」では、こんなにも違うのです。

空海は、「この世で起きた苦楽のすべては心が決めている」と教えておられるように、あなたの「心の持ち方ひとつ」で「苦」が来たり「福」が来たりするのです。

人は苦しい時、自分が原因だと思わず、他のせいにしてしまいがちです。あの人のせいで、運が悪かったせいで、などと自分以外にその原因を求めようとします。

そこで、空海の回答は、

「毒箭（どくぜん）を抜かずして、空（むな）しく来処（らいしょ）を問う」

毒矢が心に刺さっているのに、その犯人探しをしている暇はない。あれこれ原因を考えて悩む前に、まず毒矢を抜きなさい。そうしないと毒が体中に回りますよ、という意味です。

悩み事や不安事で落ち込んでいる時は、「何よりもまず自分の心の有り様を見つめなさい」、そして、「眼を明るくして前を向く方法を実行しなさい」と、空海は教えてくれているのです。

私は、落ち込んでいる人がいれば、「心が病気になっている。早く治療しなさい。そして元気になりなさい」とアドバイスしています。病気だと思えば、人のせいで、事故のせいでと思う前に、「この病気を早く治そう」と思うでしょう。その気持ちが大切なのです。

しかし、落ち込んでいる時に、心の治療法を探して元気を取り戻すのは、なかなか難しいことです。

そうした、何かに悩み自信を失った時は、不動明王のおまじない（真言）「**ノウ マク サンマンダ バザラ ダンカン**」を声に出して唱えてみてください。『大日パワー』により不思議なエネルギーがきっと湧いてくるはずです。

悩んでいる心には、この「おまじない」がとても良く効きます。何よりもまず真言を唱えて、心に刺さっている毒矢を抜きましょう。そうすれば、あなたの心は元気を取り戻すことができます。

この真言の言葉の波動が、宇宙とつながった時、自分の思った方向へ動き出します。そして、波動を増長するパワーとして、水晶やクリスタルといったパワーストーンを味方につけることで、自分のパワーを増幅させることができるのです。

心の明るい人には、多くの人が振り向いて集まって来ます。プラスのパワーが集まって来るのです。このプラスのパワーが集まることを、私は『オーラパワー』と言っています。

人は誰でも何らかの願望を抱いており、また、悩みを抱えています。願望達成も悩み解消も、すべては『宿』を知ることで道は開けます。この世で生まれた問題や願望は、この世で必ず解決し達成できるのです。

あなたの『宿』は、あなたの宝物です。持って生まれたもの、すなわち『宿』を知り、強い信念を持って、あなた自身が人生を選択して行くことが大切なのです。

その『宿』を活かし、自分自身の持っている『オーラパワー』と、さらに呪文により『大日パワー』を得ることができれば、怖いものなしです。夢を叶えるために、幸せな人生を実現するために、必ず役立ちます。そして、信仰心があれば、空海が「同行二人」で、いつも側にいて一緒に歩んでくれます。それが空海の宿曜占星術の素晴らしさです。

まとめると、①空海の「宿曜占星術」で自分の「宿」運命を知る、②パワーストーンにより「幸せを感じるオーラパワー」を育てる、そして、③真言を声に出して唱え、これを連続した波動（大日パワー）が作用し伝えることによって、間違いなくあなたは明るくなり、まわりの人たちも明るくすることができます。当然そうなれば、良い方向に人生が好転し、気がつけば「スカッとしない人生」から脱出している結果として、つながることでしょう。そのキッカケを本書を通じて、皆さんにお届けすることこそが私の役割なのです。

命さえあれば必ずあなたは幸せになります。その『幸せを感じる力』の育て方を本書を持ってお知らせすることができれば、私、上野玄津も、宿曜占星術により人々の幸せを願う高畑三恵子も、この上もない喜びです。　合掌

2020年（令和2）年10月12日

空海ゆかりの千光寺・白浜別格本山

管長　上野玄津

●空海ゆかりの千光寺イラストMAP
洗心水子供養 六地蔵尊
4月
5
3
4
本堂
千光寺ホームページ
3月
空海ゆかりの別格本山・
南紀白浜温泉の千光寺
インスタグラム
7
2月
2
1月
YouTube玄津の空海塾
金剛霊力岩
12月
1
一休さん

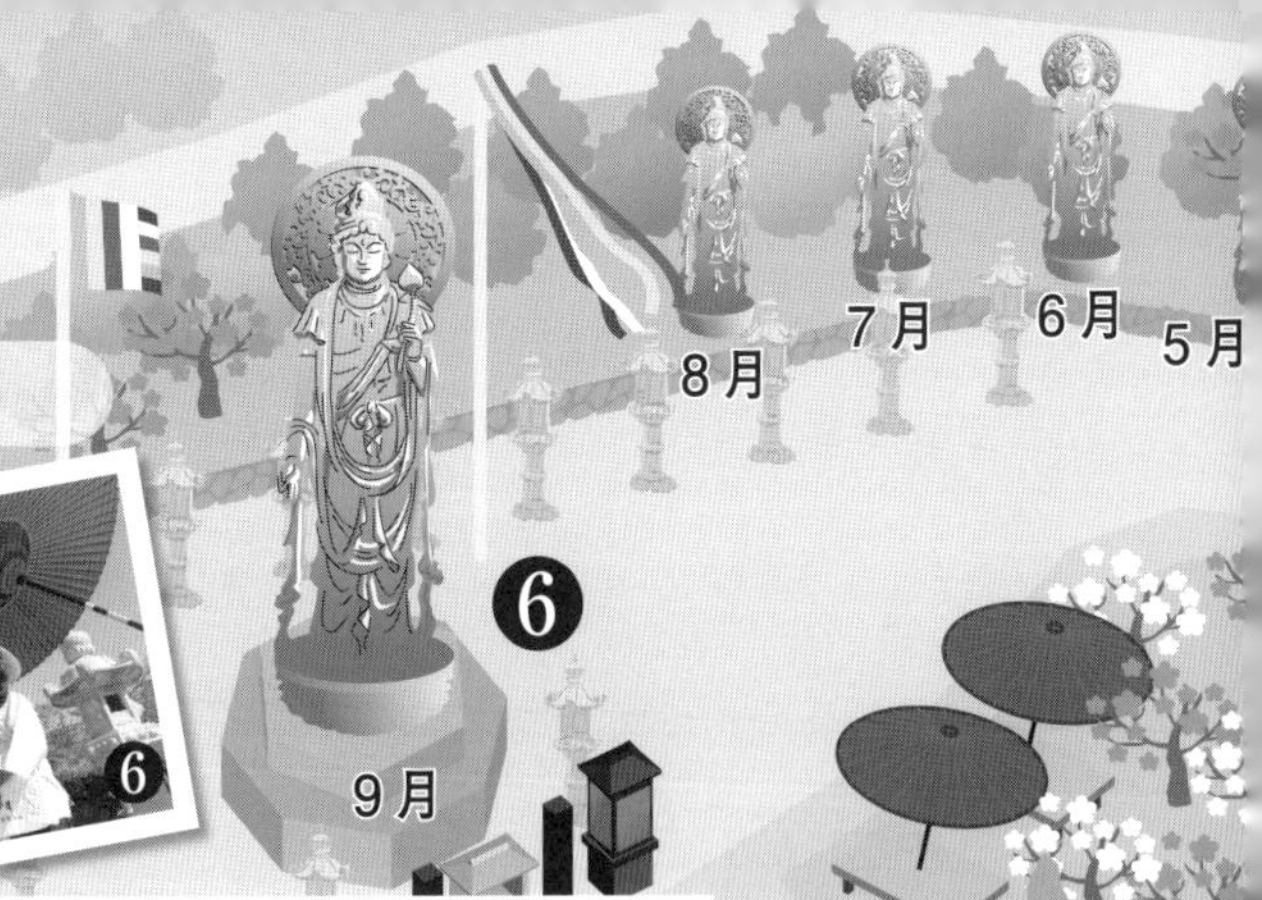

『空海』と一緒に廻る白浜千光寺境内のパンプスでも廻れるプチお遍路さんの『正しいお参りの作法』をご紹介します。

❶ 空海像と一礼
空海像の右（東）横①に立ち、⑦大日如来像へ向かって合唱したままお辞儀し、女性は右足から、男性の場合は左足から右手の千光寺本堂②へ向かう自然石の階段の方へ進みます。

❷ 心しずかに合掌
階段の左右の菩薩様にお辞儀をして、階段を上がり、改めて胸の前で合掌したままお辞儀をし、お賽銭は投げずにそっと入れます。鈴を鳴らして真言（右手看板下に記載）を唱えてから願い事を唱えます。

❸ 悪縁切り不動明王
本堂に向かい左手の順路に進み、右手にある厄よけ、良縁結びの「③悪縁切り不動明王像」の前にある手水舎で手や口を清めます。

❹ 手の作法
柄杓を右手に持ちたっぷりと水を汲んで左手を清めます。柄杓を左手に持ち替えて右手を清めます。再び柄杓を右手に持ち左手で水を受けて口をすすぎます。改めて左手を清めます。残った水で柄杓の柄を清めて元の場所に戻します。

❺ 煩悩を捨て去る
左手へ進むと大きな「⑤煩悩捨壺」があります。その壺の中へご自身の抑えきれない欲望や邪心を、頭の中で唱えながら捨てます。

❻ ご祈願
そして正面にある「⑥大慈眼観世音菩薩」の前で一揖（軽く一礼）し、胸の前で合掌したまま祈願します。終わると一礼します。

❼ 願掛けの七周参り
願掛け参りをされる方は、さらに「七周参り」（合計八回）を行います。願掛け参りの一周目は「自分の誕生月の菩薩様」。二周目は「今月の菩薩様」に祈願します。そして三周目は「先祖への感謝」。四周目は「両親への感謝」。五周目は「家族への感謝」。六周目は「先輩や知人、友人の笑顔を思い浮かべて」。最後の七周目は、洗心不動明王の「⑦洗心水」を身体の悪い所に少しかけて、願望成就を念じながら廻ります。そして、願掛け「七周参り」を終えた後に、本堂に改めて願い事をしてお務めは完了します。

平成出版 について

本書を発行した平成出版は、基本的な出版ポリシーとして、自分の主張を知ってもらいたい人々、世の中の新しい動きに注目する人々、起業家や新ジャンルに挑戦する経営者、専門家、クリエイターの皆さまの味方でありたいと願っています。
代表・須田早は、出版に関するあらゆる職務（編集、営業、広告、総務、財務、印刷管理、経営、ライター、フリー編集者、カメラマン、プロデューサーなど）を経験してきました。そして、従来の出版の殻を打ち破ることが、未来の日本の繁栄に繋がると信じています。志のある人を、広く世の中に知らしめるように、「読者が共感する本」を提供していきます。出版について、知りたい事やわからない事がありましたら、お気軽にメールをお寄せください。

book@syuppan.jp 平成出版 編集部一同

ISBN978-4-434-28079-5 C0014

SUPER★Star 空海の大日力 2

空海の大予言

令和2年（2020）10月12日 第1刷発行

著　者　上野 玄津（うえの・げんしん）
（共著）　高畑 三恵子（たかはた・みえこ）

発行人　須田早
発　行　**平成出版** 株式会社
〒104-0061 東京都中央区銀座7丁目13番5号
NREG銀座ビル1階
経営サポート部／東京都港区赤坂8丁目
TEL 03-3408-8300　FAX 03-3746-1588
平成出版ホームページ https://syuppan.jp
メール : book@syuppan.jp

発　売　株式会社 星雲社（共同出版社・流通責任出版社）
〒112-0005 東京都文京区水道1-3-30
TEL 03-3868-3275　FAX 03-3868-6588

企画協力：ひらまつたかお
編集協力：花田暁彦、安田京祐、大井恵次
本文組版：青井典子（アヲイデザイン）
本文イラスト：Alpha
印 刷：（株）ウイル・コーポレーション

※定価（本体価格＋消費税）は、表紙カバーに表示してあります。